天下大将軍
献
木

古代氏族の研究⑮

百済氏・高麗氏

韓地から渡来の名族

宝賀寿男

青垣出版

目次

第二部　高麗氏や新羅・伽耶系の諸氏族

資料編

装幀／松田晴夫（クリエイティブ・コンセプト）
見返し写真／高麗神社（埼玉県日高市）の将軍標

序説

はじめに――本書の目的

本古代氏族シリーズでは先に出した『秦氏・漢氏』で、渡来系の氏族のうち淵源を中国本土にもつという中国系氏族について、秦氏及び漢氏を主に取り上げて記述した。これら諸氏は、平安前期に成立の『新撰姓氏録』（以下では『姓氏録』とも記す）では、「諸蕃」のうち「漢」という区分に入れられる。「諸蕃」のうち、残された朝鮮半島出自の諸氏、とくにそのほぼ南域の韓地に淵源をもつ諸氏、『姓氏録』では「百済、高麗、新羅、任那」という区分に入る諸氏が同書の諸蕃諸氏のほぼ半数を占めており、これらを本書では取り上げる。そのうち、比較的有力な百済王族の流れ（これを「百済氏」と総称する）を中心にして、高句麗王族の流れ（これを「高麗氏」と総称する）や新羅、伽耶の王族の流れ、及び上記朝鮮諸王の配下にあった諸氏の流れについても、関連性が深いので併せて記述する。

用語としての「帰化人」「渡来人」の表現の問題については、『秦氏・漢氏』で触れたから、本書ではそれ以上は触れず、移住形態の多様性を踏まえて、「渡来人」のほうを主に用いることとする。すなわち、主に三世紀代頃からの古墳時代以降に外地から日本列島に渡来してきた人々及びその後の数世代（ないしそれ以上の世代を経た）の子孫たちについて、基本的に「渡来人」あるいは「渡来系氏族」と表記する。この辺は、表現上の問題である（「帰化人」という表示を必ずしも否定するものではないし、「渡来人」の表記の問題点もあり、これらを自覚、留意しておく）。「諸蕃」も、当時使われた用語であり、それが当時のわが国の中華思想の現れの一つだとしても、本書では、思想的色彩や差別的意味合いは含まずに、適宜、原典に応じてそのまま使うこととする。

中国・朝鮮半島から日本列島への人々の渡来の波は、日本列島（倭地）において、政治史上ではともかく、経済・社会や文化・技術上では大きな影響を与えたことは言うまでもない。そうした意味も含め、総合的に朝鮮系渡来氏族の活動を追いかけるものでもある。

古代史上では、敢えて大きく見ると、平安前期の九世紀前葉ごろまでの日本列島への人々の渡来の波は三波ないし四波ほどに分けられよう。そのうち、「渡来人」とされる波では、その第一波は、四世紀末頃から五世紀初頭頃にあり、概ね倭国が朝鮮半島で大規模な軍事活動をしていた時代くらいにあたり、為政者でいえば応神天皇朝ごろとなる。この頃以降では、葛城氏や蘇我氏など武内宿祢の後裔という（と称する）諸氏の活動が目覚ましくなり、それとともに、「渡来人」もその様々な活動が次第に史料に見えてくる。この頃は、中国系の秦氏・漢氏がその主体であった。

その第二波は、五世紀後葉の雄略朝のころで、高句麗による百済首都の漢城落城とその後の政情に主に因るもので、このときに渡来の人々は「今来の漢人」と言われた。最後の第三波は、七世紀後葉の百済及び高句麗の滅亡という朝鮮半島の激震期に渡来してきた人々であり、韓地系の諸氏はこの最後の時期に渡来してきたものが最も多い。もっとも、これら以外にも所属国の紛争・混乱や通交などを機に、適宜、渡来してきたものもおり、伽耶（任那）系の諸氏では、六世紀中葉の伽耶諸国滅亡を機に渡来したものもかなりあった。

『姓氏録』において「諸蕃」とされるものの最古級では天日矛系の諸氏があり、この場合の渡来時期は、神武天皇朝の前代頃（拙見〔本書シリーズ〕では、具体的に神武朝の時期を二世紀後葉頃とみるから、その前代は概ね二世紀中葉頃か）から半世紀ほどの期間となる。これから後の時期に、先祖が日本列島に渡来してきたという伝承をもつ氏についても、本書では広く検討対象としておく。こうした様々な渡来事情を踏まえて、古代史のなかで大きな動きを見ていく必要がある。

先の『秦氏・漢氏』でも触れたが、「諸蕃」とされる渡来系氏族は、『姓氏録』の所載合計で一一八二氏のうち、二七％強の三二六氏ほどを「諸蕃」の諸氏が占める。このほかにも、未定雑姓のなかに実質的な渡来系の諸氏も含まれるから、数的には畿内の有力諸氏のなかでかなりの割合を占めた。『姓氏録』が「畿内の有力氏族」を掲載するとした編纂方針に留意しておきたい（このほか、渡来系の氏族が系譜仮冒して皇別・神別に改変したとの指摘も加藤謙吉氏等にあるが、この指摘例の多くは必ずしも系譜仮冒とはいえないものであり、これを大きく評価するのは疑問である）。畿内からはずれた地域にも勿論、渡来系の諸氏があったが、この辺の事情は史料が乏しく、あまり知られないことに留意される。

これら渡来系諸氏の殆どが、漢地・韓地の王侯支配者層ないし知識人等という上級階層の出自と称していた。渡来系の諸氏が日本列島でどのような活動をし、事績を残したか、その祖系や同族はどうで、故地でどのような活動があったか、などが主な問題点となる。

このように朝鮮系諸氏は多種多様であるから、それぞれ個別にこれら諸氏の遠祖からの歴史を探究すれば大部な紙数となろうが、本書では、この「朝鮮系」を称するものについて、記載分量が制約される事情のもとで要点的に取り上げ、従来の研究の視点とは別の系譜や習俗・祭祀などの方面も含めて、総合的具体的に検討して記述することにしたい。

なかには、厳密に言うと「○○の後裔と称する氏族」と表記した方がよい氏族もあるが、これらについても、とりあえず「称」を省略して記したことが本書では多い。改めて言うまでもないのだが、総じて言えば、平安前期の遣唐使の廃止以降は、日本列島のなかで原住系・渡来系の人々の混合・融合がおおいに進み、それが千年超もの期間、永く続いて現在の日本人が次第に形成されていった事情がある（だから、本書での検討では、差別助長の意味はまったくなく、近世・現代の日本人の祖先系の一つとして倭地への渡来人を対象とすること、平安時代以降の朝鮮半島や中国・北アジアの王朝・民族など、種々の動向に言及するものではないことをお断りしておく）。

主な韓地系諸氏族の概観

朝鮮系（韓地系）と称する渡来氏族のうち、上記で触れた『姓氏録』諸蕃の「百済、高麗、新羅、任那」という四区分とそれに属する主な姓氏（合計一六三氏。これに未定雑姓を加えると一九五氏とみる）について、予め概観しておくと次の通り。同書は、延暦十八年（七九九）十二月に諸氏に提出を命じた各氏の本系帳をもとに、当時の朝廷が編纂した氏族書であり、弘仁五年（八一四）に完成する。

ちなみに、諸蕃の合計が三二六氏であり、「漢（中国系）」とされた区分と韓地系がともに一六三氏ずつである。これが、渡来系諸氏の奈良時代終末期（平安初期）段階におけるリストだといえよう。もちろん、平安期以降でも、新羅など外地から多少の流入は続いてあるが、多くは庶民クラスの動

〔『姓氏録』に掲載の韓地系諸氏の地域別内訳〕

	諸蕃								未定雑姓	合計
	左京	右京	山城	大和	摂津	河内	和泉	小計		
百済	14	46	6	6	9	15	8	(104)	16	120
高麗	15	9	5	6	3	3	—	(41)	7	48
新羅	1	3	1	1	1	1	1	(9)	8	17
任那	3	—	1	2	3	—	—	(9)	1	10
	33	58	13	15	16	19	9	(163)	32	195
参考-漢	39	44	9	11	13	36	11	(163)	16	179

きで、めぼしいものとは言えず、ここでは取り上げない。

①**百済**……王族系の百済王・和朝臣・百済朝臣・百済公・市往公・岡連・岡屋公・宇奴首・広井連・岡原連のほか、貴首王の子の辰斯王の後裔と称する菅野朝臣と同族の船史・津史（王辰爾後裔）など、速古王後裔と称する三善宿祢・錦部連、比流王後裔という春野連と同族、比有王後裔という飛鳥戸造、などがあり、臣下の流れでは調連・水海連、香山連、不破勝、伊部造、木曰佐、上勝、依羅連、信太首など。王族・臣下も含め、掲載合計で一二〇氏（未定雑姓も含む）もあげられ、韓地系では最も多数を占める。

ただ、そのなかには船史・白猪史などは王仁後裔の西文氏一族からの系譜仮冒（百済王族の亥陽君の後と称）、錦部連などは阿智使主後裔の東漢氏同族からの系譜仮冒も、各々考えられ、実態が所伝通りの系譜とは考え難いものも混入することに留意される。

②**高麗**……王族系という高麗朝臣・長背連・難波連・大狛連・狛造・狛首・黄文連のほか、臣下の流れの高田首、日置造と同族の鳥井宿祢・八坂造などがあり、系譜出自が微妙な豊原連、桑原村主などの諸氏もある。掲載合計で四八氏（未定雑姓も含む）であり、百済系に次ぐ数である。

③**新羅**……天日槍後裔の三宅連とその同族の橘守・糸井造、や海原造、伏丸、日根造など。新羅王族系と称する氏は殆どなく（金姓は同族であろうが）、天日槍が「新羅」の王子として新羅区分に入れられるが、この者の実態は伽耶系関連とみられる。このほか、日根造の出た朴姓王家の同族の流れが新良貴氏で、『姓氏録』では右京皇別にあげられる。

④**任那**……任那王族の流れという道田連、多々良公、辟田首、荒々公、及び王族の都怒阿羅斯止の流れの三間名公、大市首・清水首。上古の弁韓、伽耶の流れが「任那」とされる。実際には任那系かとみられるものがほかにもあり、葦屋村主など百済に分類される例、大賀良など未定雑姓で新羅とされる例もあるので、実態を考える必要がある。

多くの朝鮮系の姓氏について『姓氏録』掲載の諸氏の概要を以上に見たが、中国系に限らず、朝鮮系にあっても、諸蕃各氏が自己の家系に誇りをもち、具体的な祖系を多様に伝えていた。同書の掲載記事では韓地での故地や祖先の系譜に疑問なものも若干はあるが、系譜仮冒をして倭地古来の大族に架上する形のものは殆どない（ような模様である。中国系が百済系に系譜仮冒する例は若干ある）。こうした具体例に当たれば、新羅の「ハタ」から来たから秦氏、伽耶の「アヤ」（阿耶・安羅）から来たから漢氏だという、津田史学亜流学究のいい加減な地名こじつけ論がおかしな見方だとすぐに分かる。戦後の古代史学主流派のように、これら渡来系の祖系伝承を簡単に後世の造作だと片づけられない事情（姓氏を簡単に詐称できない当時の事情でもある）が、ここには厳然と存在する。

これら渡来系諸氏の活動が見えるのは主に平安中期頃までであって、そのうち代表的な百済氏及び高麗氏については、とりあえずの概要を以下に記しておく。

なお､中世の中下級官人の動向については､中原俊章氏の著『中世公家と地下官人』（一九八七年刊）があり、古代氏族諸氏の一族末裔の動向を通観する意味でも便利であるが、ここ中世の中下級官人のなかには朝鮮系氏族は殆ど見えない事情にある。

(1)百済氏の概観

百済王氏が中心的な存在であったが、カバネは「王」（コニキシ、コキシ）で、多くが百済滅亡前後に渡来してきた関係者の子孫である。余善光（禅広）は、百済最後の第卅一代王､義慈王の子弟で、先に舒明朝に派遣されてきたと伝え､百済滅亡後も日本にとどまり､持統朝七年（六九三）に「百済王」の姓氏を賜った。この一族から従三位まで昇進の南典や従四位下左衛士督の遠宝、陸奥から出た黄金を献上して従三位刑部卿まで昇進した敬福、鎮守府将軍の俊哲など、奈良時代に活躍した人物を多く出し、東北経営の担い手として重用された者が多い。桓武天皇の生母・高野新笠が百済王族の後裔から出た和史だったことから、その宗族として平安前期頃の桓武・嵯峨・仁明の諸朝には後宮の宮人を多く出し、この方面で尚侍従二位の百済王明信などの活動が著しい。

倭地での当初の居住地が摂津国難波の百済郡とされ、敬福のときころに河内国交野郡中宮（なかみや）の地に遷り、その付近に永く居住して明治に至った後裔もある。

百済王族より出た余氏や鬼室氏は、奈良時代以降は百済朝臣姓となるが、これらの系統からは九世紀初めごろの官人・画家百済河成が出ている。

(2) 高麗氏の概観

高麗は、高句麗王族の子孫が氏として名乗り、「狛」や「巨萬」とも表記される。

その中心にあったのが高麗王氏と肖奈王氏であり、前者は天智朝に来朝した王族の玄武若光が大宝三年（七〇三）に高麗王の姓氏を与えられ、後者は王族の肖奈（一に背奈）福徳の子孫で、肖奈福信らが天平十九年（七四七）に肖奈王の姓氏を与えられた。福信らは、その後、天平勝宝二年（七五〇）に高麗朝臣、更に高倉朝臣と姓氏を賜与された。高麗若光にせよ、肖奈福徳にせよ、ともに高句麗最後の王たる宝蔵王との関係は、不明か、ないしは確認がしがたい。肖奈福徳の孫の福信は、肖奈王から高倉朝臣まで姓氏の変更を経て、従三位造宮卿まで昇進した。この一族の大山、広山及び殿継など、対渤海など韓地外交関係に関わった者が多い。

高句麗からの移住者は、当初は東国の駿河・甲斐・相模などの七国に配置され、後に霊亀二年（七一六）五月、武蔵国高麗郡（埼玉県日高市）あたりに約千八百人が居住地を与えられ、その嫡宗の後裔は高麗郡の高麗神社の宮司を世襲して現在に至る。この宮司家の高麗氏は、若光の子孫を称して、若光を祖とする「高麗氏系図」が宮司家に伝えられるが、実際には肖奈福徳の後裔とするのが妥当であり、そうした内容の系図も別途、伝わる。若光の王賜姓後は動向不明であり、その子孫も現存史料からはなんら確認ができない。

高麗氏の同族には、高句麗第廿二代安蔵王やその次の安原王の一族後裔から出た狛氏（狛造、狛連、大狛連や長背連）がある。天平宝字二年（七五八）に多可連に改氏姓の高麗使主馬養らも同族か。

高麗氏の中央における後裔では、楽家の狛氏（狛宿祢姓）がある。平安中期以降に興福寺に属し雅楽（南都方楽人）の職掌を長く世襲して、左方舞を家の芸として仕えた。楽家狛氏は、後に上、西、辻、芝などの八家に分かれ、それぞれ名手を輩出して近世に至った。江戸期などに従三位叙位者を合計で四名出した大原野神主狛氏もあった。

韓地系諸氏族についての研究と主な問題点

先に本シリーズの『秦氏・漢氏』において、渡来系氏族一般についての研究と主な問題点はあげたところでもあるが、本書では、とくに狭義の朝鮮系諸氏に対象を絞って、これに関する研究や問題点をあげておく。

戦後の古代史学主流となった津田博士などの見方に立って、大和王権の対外交渉や渡来人の研究を行おうとするとき、史料切捨てや造作論などで対応すると、種々の問題点はほとんど解明できない（一方、朝鮮半島系の歴史研究者の記事・著作には、総じて民族主義的な史観が多く、イデオロギー面、心情的・主観的な面が強く出るなどで疑問な見解・論理が多々ある。本書では、李丙燾（へいとう）著『韓国古代史』〔金思燁（キムサヨ）訳。一九七九年刊〕などを踏まえ、極力合理的に考えたい。その場合、『三国史記』の記事そのままによる年代観・紀年にしばられないような留意が特に必要である）。

他方で、ハタ（秦・幡多・波多など多種の表記）や高麗・高来などを、安易ないし素朴に中国・朝鮮に結びつける見方も問題が大きい。渡来系氏族という場合、四世紀後葉の大和王権による韓地出兵以降に日本列島に渡来した多くの人々や諸氏について、具体的に取り上げて考えなければ意味が乏しい。例えば、在日朝鮮人作家金達寿（キム・タルス）氏の大著『日本のなかの朝鮮文化』や『日本古代史と朝鮮』『古代日朝関係史入門』などは関係各地を足で歩いた成果をまとめた労作で、示唆深い記事も多々あり、種々参考にさせていただいたが、そこに示されるのが「学問的な評価・判断」

とは必ずしも言えない。この辺は、個別に見て具体的で冷静・的確な分析・調査が必要だと言うことである。ハタ氏や渡来系氏族関係の記事・伝承、あるいは『三国史記』関係の記事（とくに紀年）を鵜呑みして論ずるのは、かえって問題解明にはつながらず、混乱に通ずる。例えば、宋潤奎氏の著『古代日本の渡来勢力』（二〇〇三年刊）などにも、上記のような問題点が多く見られる。

渡来系氏族の先祖の系譜については、まともに探究しようとする気運が、従来はあまり起きずにきた。広く朝鮮半島や一部に日本列島でかなり広範な展開を見せる同族諸氏の総合的な動向まで研究を拡げると、上古代の諸問題の解明につながりそうでもあるが、こうした形の研究自体は、質的にも量的にも乏しさを否めない。

多くの系図史料にあたったはずの太田亮博士の見解などを見ても、著作の基礎となる史料の収集範囲が割合狭いためか（例えば、東大史料編纂所や宮内庁書陵部の所蔵史料等は、太田博士の目に入っておらず。総じて朝鮮系史料は乏しい）、そもそも、それしか資料が彼の手元になかったせいなのか、渡来系の諸氏や朝鮮半島諸国の年代観について、かなり多くの誤解があるように思われる。現在の朝鮮半島に残るものを含め、日本列島のみならず中国を含む東アジア世界のなかで見ても、総じて史料が乏しいからやむをえない面もあるのだが、できるだけ実物大の人間像を考えて具体的に考えて行きたい。

様々な意味で、渡来系の諸氏研究にあっては、その祖系の原型ないし実態の探索は複雑で困難であり、研究の現状はその解明にはほど遠い。このため、個別に渡来系の諸氏を研究するにあたっても、様々な面で総合的な知識・史料が具体的な裏付けをするなかで必要である。朝鮮半島に現存する古代史料は僅少であり、祖系や日本に定着した後の系譜についても、正しい所伝が現在に残るとは言いがたい。中国でも朝鮮系氏族の史料は乏しいが、交流関係や唐への連行者関係の史料などあり、中国における古代朝鮮史検討は有益になる場合があろうと思われる。

中国系諸氏を含む渡来系氏族全般についての著作・研究は、きわめて数が多く、網羅しがたいし、海外(中国及び朝鮮半島)での研究も種々ある。管見に入ったところで日本国内の主な研究を、先に『秦氏・漢氏』であげたから、ここでは重複を省く意味で、朝鮮系諸氏に多少の言及があっても、本書ではあげず、主に朝鮮系氏族とその動向に関するものに限り(朝鮮史全般のものはあげない。かつ、あまり古いものは除く)、太田亮博士の辞典類や佐伯有清博士の『新撰姓氏録の研究』(考証篇)を除いて、順不同で次ぎにあげておく。なお、天日矛関係については、拙著『神功皇后と天日矛の伝承』をご参照いただきたい。

百済氏関係では、今井啓一氏の『百済王敬福』(一九六五年刊)、平野邦雄氏の「畿内の帰化人」(『古代の日本』第五巻近畿に所収。一九七〇年)、佐伯有清氏の「朝鮮系氏族とその後裔たち」「高松塚古墳壁画と朝鮮系氏族」(ともに『古代史の謎を探る』に所収。一九七三年)、上田正昭氏の「桓武朝廷と百済王氏」(『論究・古代史と東アジア』所収。一九九八年)や『渡来の日本史』(「百済王氏の軌跡」「高麗氏と船氏」の章もある。二〇一三年)、大坪秀敏氏の「百済王賜姓に関する一考察」(『国史学研究』第十三号所収。一九八七年)、「大仏造営過程における百済系渡来人—百済王氏を中心に—」(『国史学研究』第十五号所収。一九八九年)、「光仁朝における百済王氏」「桓武朝における百済王氏」(ともに『龍谷史壇』の一一三号、一一九・一二〇号に所収。一九九九年及び二〇〇三年)及び『百済王氏と古代日本』(二〇〇八年。上掲の論考を含む)、藤本孝一氏の「三松家系図」(『平安博物館研究紀要』第七輯。一九八二年)、上野利三氏の「「百済王三松氏系図」の史料価値について」（『慶應義塾大学一二五年記念論文集』第五。一九八三年）及び利光三津夫と共著で「律令制下の百済王氏」（『法史学の諸問題』所収。一九八七年）、西本昌弘氏の「百済王姓の成立と日本古代帝国」（『日本史研究』三一七号所収。一九八九年）、西本昌弘氏の「豊璋と翹岐」（『ヒストリア』一〇七号所収。一九八五年）及び「豊璋再論」（『日本歴史』第六九六号所収。二〇〇六年）、遠山美都男氏の『白村江』（一九九七年）、がある。

鈴木靖民氏の「七世紀中葉の百済の政変」（『日本の古代国家の形成と東アジア』所収。二〇一一年）、三松みよ子氏の「百済王凋落についての一考察」（『藤沢一夫先生卒寿記念論文集』所収。二〇〇二年）、崔恩永氏の「百済王氏の成立と動向に関する研究」（博士学位請求論文、滋賀県立大学大学院。二〇一七年）、田中史生氏の「「王」姓賜与と日本古代国家」「桓武朝の百済王氏」（ともに『日本古代国家の民族支配と渡来人』所収。一九九七年）や『渡来人と帰化人』（二〇一九年。高麗氏にも言及がある）、間瀬智広氏の「「百済王」姓の成立と百済王氏の楽舞奏上―日本古代の対外交渉と「王」姓氏族処遇―」（『歴史研究』五一号。二〇〇五年）、榊原聖子氏の「帰化人の研究―特に百済王氏を中心として―」（『皇学館論叢』二八巻三号所収。一九九五年六月）、胡口靖夫氏の『近江朝と渡来人―百済鬼室氏を中心として』（一九九六年刊）、宋浣範氏の『日本律令国家と百済王氏』（東京大学博士学位請求論文、二〇〇五年）、古市晃氏の「百済王氏と百済郡」（『検証古代日本と百済』所収。二〇〇三年）、藤沢一夫氏の「摂津国百済寺考」（『日本文化と朝鮮』所収。一九七三年）、林陸朗氏の「高野新笠をめぐって」（『折口博士記念古代研究所紀要』三所収。一九七七年）、瀧浪貞子氏の「高野新笠と大枝賜姓」（『日本古代宮廷社会の研究』所収。一九九一年）、上遠野浩一氏の「百済王氏と交野」（『塚口義信博士古稀記念日本古代学論叢』所収。二〇一六年）、前川明久氏の「贄土師韓竈考」（『日本古代氏族と王権の研究』所収。一九八六年）、小宮山嘉浩氏の「百済王氏の特性とその変質」(『学習院史学』四五。二〇〇七年三月)、山下剛司氏の「百済王氏の東北補任」(『鷹陵史学』三七所収。二〇一一年九月)及び「百済王氏存続の要因」(『佛教大学総合研究所紀要』二一所収。二〇一四年三月)、中川久仁子氏の「和気清麻呂と「和氏譜」」(『日本古代の氏と系譜』所収。二〇一九年)、など。

常陸の百済氏については、大澤泉氏の「鎌倉期常陸国における国衙機構の変遷と在庁官人」(高橋修編『常陸平氏』所収。二〇一五年。初出は『茨城県史研究』九一号所収、二〇〇七年)、小森正明氏の「中世における常陸国衙の一断面—税所氏の基礎的考察を中心として」(上記の高橋修編『常陸平氏』に所収)。

『枚方市史(第二巻)』(一九七二年刊)、『新版　郷土枚方の歴史』(二〇一四年刊)、調査報告書『特別史跡 百済寺跡』(二〇一五年刊)など、枚方市の市史編纂委員会・教育委員会などの編集・発行の資料。

本国の百済王家の系図及び紀年の研究については、総じて『三国史記』に頼りすぎる傾向があって、これは問題が大きいと思われるが、関連研究はあまり管見に入らず、笠井倭人氏の「中国史書における百済王統譜」(当初『日本書紀研究』一九七五年、後に『古代の日朝関係と日本書紀』二〇〇〇年に所収)くらいか。百済重臣については、坂元義種氏の「五世紀の〈百済大王〉とその王・侯」(『古代東アジアの日本と朝鮮』所収。一九七八年)がある。

高麗氏関係では、中津攸子氏の著『武田氏の祖は高麗王か』(一九七六年刊)や、今井啓一氏の「湘南大磯高麗寺・高麗神社をめぐって」(『芸林』十七巻六号所収。一九六〇年十二月)、佐伯有清氏の「背奈氏の氏称とその一族」(『新撰姓氏録の研究 拾遺篇』所収、二〇〇一年。当初『成城文芸』一三六号に所収)、近江昌司氏の「仲麻呂政権下の高麗朝臣福信」（『日本古代の政治と制度』所収。一九八五年）、大坪秀敏氏の「背奈氏に対する賜姓の一考察」（『国史学研究』第十八号所収。一九九二年）、田中史生氏の「「王」姓賜与と日本古代国家」（『日本古代国家の民族支配と渡来人』所収。一九九七年）、井上満郎氏の「古代南山城と渡来人」（『京都府埋蔵文化財論集』第六集所収。二〇一〇年）、高麗澄雄氏編の『高麗神社と高麗郷』（一九七九年刊）、加藤かな子氏の「北武蔵の古代氏族と高麗郡設置」（『駒沢史学』三七号所収。一九八七年）、菅沢庸子氏の「古代日本における高麗の残像」（『史窓』四七所収。一九九〇年）、金任仲氏の「古代日本と朝鮮渡来文化」（『文芸研究』一〇九号所収。二〇〇九年）、吉田ゆり子氏の「近世における「国人領主」と旧臣・「本貫地」―狛氏と山城国上狛村を例として―」（『史料館研究紀要』二九号所収。一九九八年）、加藤謙吉氏の「高麗若光と高麗福信」（『日本古代の豪族と渡来人』所収。二〇一八年）長谷部将司氏の「高麗朝臣氏の氏族的性格」（『日本古代の氏と系譜』所収。二〇一九年）、などというところであり、本格的な取組みがあまり多くはなされなかった。

地方史関係では、『新編埼玉県史　通史編1』、『日高市史』（通史編が二〇〇〇年、原始・古代資料編が一九九七年）や『山城町史』（本文編・史料編。一九八七年、一九九〇年）など。

新羅・伽耶関係では、天日矛関係の研究や出羽弘明氏の『新羅神と日本古代史』（二〇一四年）をあげておく。

渡来系諸氏の子孫たちでは、中国系の秦氏・漢氏も含めて、総じて言えば武士化への対応が弱い。中央で官位やところを得ず、地方へ行っても国衙への入り込みが殆どできずに郡司クラスにとどまり、地方でも権力把握が中途半端に終わったことによるものか。中世では、周防介など国衙を押さえた大内氏などごく一部を除き、多くが時代とともに衰滅傾向があり、ないしは他氏族に吸収されていった模様である。このように、氏の存続が弱かったから、総じて残される史料が乏しい。また、『三国史記』の各種記事をどこまで信頼できるのかという大きな問題点もあり、百済・高句麗関係では国・王家の滅亡があって資料がきわめて不十分であり、朝鮮半島には史料の残存が乏しいことが惜しまれる。

本書で検討することになる朝鮮系諸氏に関する主な問題点（順不同）も、ほぼ共通であって、おおむね次のようなものとなろう。これら列挙される問題点について、様々な視点から取り組んで鋭意解明につとめたが、それがどこまでできたのかという課題がある。ただ、問題解明への一歩が本書により踏み出されたと評価が受けられれば、著者にとって喜ばしいことである。

主な**問題点**としては、いつ頃にどのような経緯・縁由で彼らが日本列島に来たのか、当該の氏の起源がどのようなもので、その祖先が居た海外の故地（中国、朝鮮半島）はどこで、どのような者・身分や氏族でどのような活動をしたか、ということが先ずあげられる。その基礎となる朝鮮半島での百済・高句麗などの諸王家の系譜について、その探索・審査の問題もある。

日本列島においては、その本拠地にいつ頃にどのような契機で定住したか、一族諸氏がどのように分布したか、政治的、社会的文化的あるいは技術的にどのような役割を果たしたのか、本拠地などの移遷がある場合は何時どのような事情があったか、などがある。

なかでも、百済氏という広範に多数分布した諸氏にあっては、単一の血縁氏族（部族）か擬制同族か、日本列島及び韓地にどのような同族諸氏があったのか、本宗家はどの系統か、諸氏の分布・

移遷や分岐の経緯はどうだったのか、という問題がある。百済氏や高麗氏が中央政界でかなり大きな役割をしたこともあったが、その基盤はなにで、それが何時までどのように存続したかの問題もある。

このほか、日本列島でどのような神社・寺に関与したのかしないのか（渡来系氏族の神社祭祀はどのようなものか）、習俗・文化や技術関係はどうか、考古遺物をどのように各関係地に残したのか、中世以降にはどのような後裔・諸氏が出て、どのように活動したのか、外地を含め遠い先祖などの具体的な歴代の系譜はどこまで伝えられるのか、そもそも、祖系探究はどこまで可能か、などという点も無視できない。

諸蕃とされた諸氏については、現存する史料・記録に乏しい面もあることを十分承知しつつ、これら諸問題の解明につとめたい。渡来系氏族の探究により、関連して、日本古来の氏族の動向などの探究にもつながることもある。こうした諸事情があるから、各種史料の丁寧で総合的な検討につとめていきたい。論拠のない勝手な史料切捨てや予断・想像を行わず、古い過去に対する妙な謝罪感・贖罪感あるいは優越感などの情緒的なものをもたずに、できるだけ冷静に客観的合理的に史実原型の探究につとめていきたい。

韓地関係諸氏族の系図史料

韓地関係諸氏族については、百済・伽耶諸国及び高句麗の滅亡で多くの史料が失われ、しかも朝鮮半島では王国・王朝が滅びると、その王家一族が族滅される傾向もあって、子孫も殆ど残らないから、「族譜」の国とはいえ、十四世紀以前の系図史料も残らず、朝鮮最古の現存族譜は十五世紀後半の安東権氏の世譜『成化譜』とされる。むしろ、日本列島のほうに韓地関係の系図史料も多少は残るが、これも多くはない。そうしたなかではあるが、管見に入った関係系図史料をここであげておく。

韓地関係全般にわたるものでは、『三国史記』や『三国遺事』に韓地の諸王家の系譜記事があるが、これがどの程度、信頼できるのかという問題があり、細部までそのままは信頼できない。また、『書紀』や中国史書にも関係記事がある。こうした史料の比較検討の必要がある。

これらのほか、明治期に鈴木真年が整理・編集した『朝鮮歴代系図』（天理図書館所蔵）があり、箕子朝鮮にはじまり李氏朝鮮までの朝鮮半島で興起、滅亡した諸王国・諸王朝について、歴代諸王の系図が記載される。例によって、真年は出典を記さないが、それぞれが系図所伝として比較的信頼性があるものと考えられる。

また、主に『三国史記』の系譜記事を現代の研究者が整理したものとして、太田亮博士が『姓氏家系大辞典』の関係各項での系譜や、大和書房版『日本古代史大辞典』（二〇〇六年刊）に掲載される井上直樹氏作成の「朝鮮三国王系図」がある。金思燁氏の訳による『完訳三国遺事』（一九七六年刊）の巻末、李丙燾氏の著『韓国古代史』（一九七九年刊）の巻末、などの書にも同様な系譜の記載があり、総じて『三国史記』を基礎とした系譜記事で溢れているが、これに囚われすぎないように十分な注意を要する。

百済氏関係については、河内国交野郡に長く続く三松家に「百済王三松氏系図」が伝えられ、これが明治期の栗原信充による考訂本のほか、大正期の三松俊雄編、三松俊忠篇などもあり、鈴木真年も同系図や「百済王後裔系図」を『百家系図』巻五〇で紹介する。なお、『続群書類従』系譜部にも「百済王氏系図」が収録されたことが知られるが、系図本文は現在伝わらない（続群書類従目録を見ると、底本が中山信名〔塙保己一の門下〕の旧蔵本と知られ、それが下記の『常陸国在庁官人百済両家系図』に残る）。

常陸の百済氏後裔については、栗田寛本に『若狭武田、鹿島、香取大宮司、相模軍荼利、常陸平岡、土佐吉良、山本系図』に所収され、鈴木真年も『百家系図』巻九に「平岡系図」を所収し、中山信名の編著に『常陸国在庁官人百済両家系図』（静嘉堂文庫蔵）がある。

そのほかの百済氏一族諸氏については、鈴木真年の『百家系図』巻九に「山川連系図」、巻十二に「清岡連系図」、巻四六に「岡連系図」があり、『百家系図稿』では巻五に「市往公・岡連系図」、巻七に「和朝臣系図」、巻九に「百済朝臣系図」「御春朝臣系図」がある。中田憲信編の『諸系譜』には、岡連に関係する系図が掲載される。

王辰爾一族の系図では、『百家系図稿』巻九に「船連系図」、巻十に「葛井宿祢系図」。

百済国臣下の流れでは、『百家系図稿』巻九に「長岑宿祢系図」、『諸氏家牒』下に「香山宿祢系図」、がある。

高麗氏関係については、『高麗氏古系図』（高麗大記原蔵）が著名であるが、その信頼性については十分に検討を要する。鈴木真年執筆の『百家系図稿』巻六に「高麗系図」、巻九に「高麗百済系図」、巻十に「勝系図」があり、『佐竹諸士系図』八（秋田県庁原蔵）に所収の「長背連之系」がある。

楽人の狛氏については、「狛氏系図」が静嘉堂文庫や『続群書類従』巻一八七、『系図綜覧』下巻などに所収されるほか、『地下家伝』や「楽所補任」（『群書類従』所収）、『旧楽所系譜』（東大史料編纂所蔵。芝葛盛原蔵）もある。総じて、狛光高に始まるものが多い。

高句麗国臣下の流れでは、『百家系図稿』巻五に「高田首系図」、巻八に「朝鮮系図」（日置造・八坂造一族の系図）や中田憲信の『諸系譜』第卅冊に「八阪造系図」がある。

新羅及び伽耶関係については、鈴木真年の『百家系図』巻三四に「金系図」、『百家系図稿』巻一に「椿氏系図」、巻三に「岩井系図」、巻六に「新羅王系図」、「朴姓系図」、「金系図」、「任那金氏系図」、巻二一に「楊井系図」、があり、中田憲信の『諸系譜』には第七冊に「多々良公系図」、「大内系図」、第十冊に「任那国主系」、第卅冊に「豊原姓系図」がある。なお、中世の大内氏一族諸氏の系図は多いが、古代史には殆どが関係ないので、ここでは省略する。

これらが古代及び中世の部分に関する韓地系諸氏（後裔と称する氏も含む）について管見に入ったもののほぼ全てである（朝鮮半島の諸氏の族譜を除く）。太田亮博士の『姓氏家系大辞典』では、これら系図の存在を殆ど認識なかった模様で、ごく簡単な系図しか記されない。これら系譜や所伝が内容的にもかなりマチマチでもあるので、記紀や『新撰姓氏録』、その他の関係する各種文献資料などと比較検討しつつ、全体として整合性のある合理的現実的な把握が求められる。繰り返すが、『三国史記』記事の盲信は、様々な意味で危険であり、史料が乏しいからといって、これだけに依拠するのは問題がきわめて大きい。

古代朝鮮諸国の位置

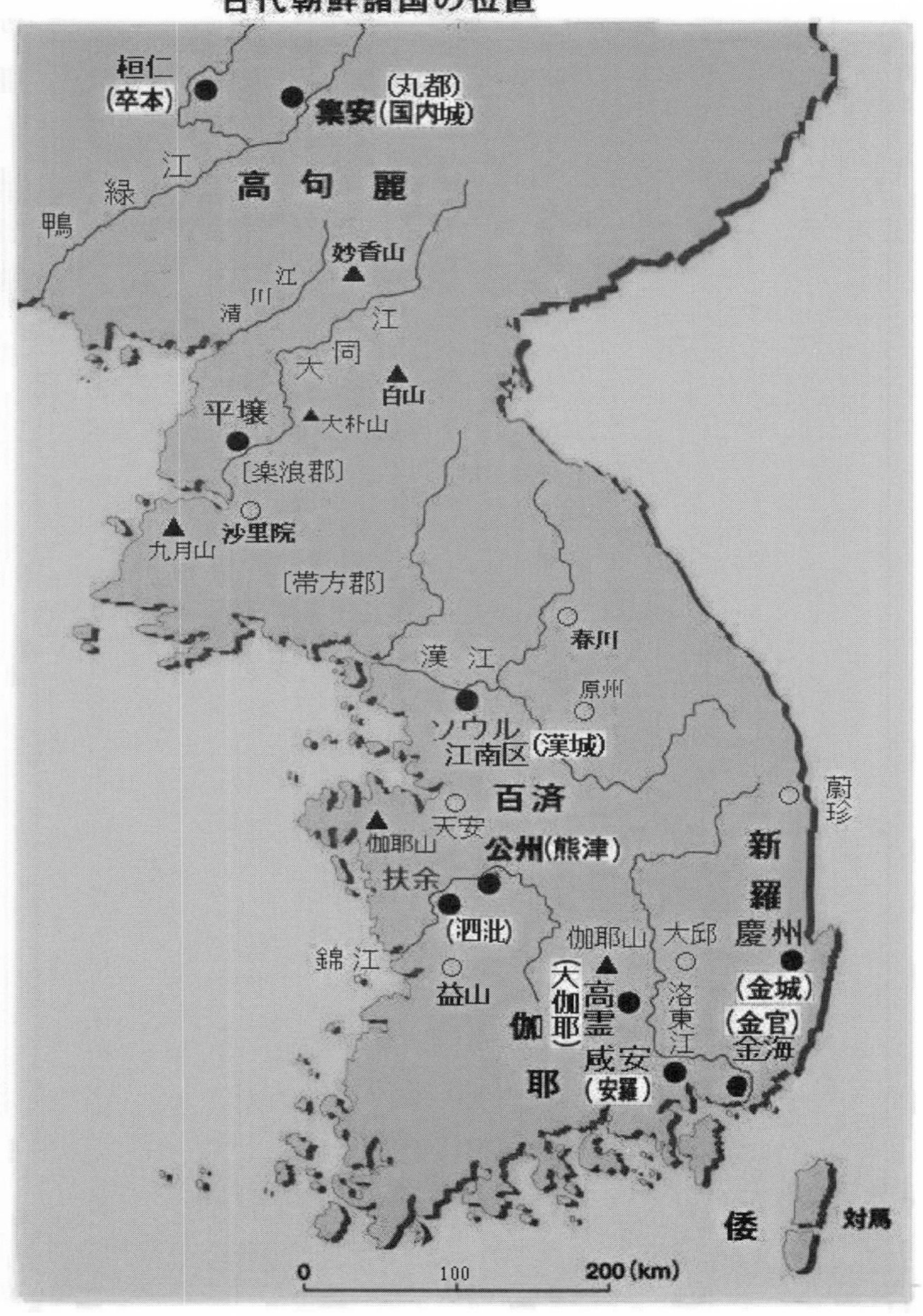
桓仁
(卒本)
(丸都)
集安(国内城)
鴨
緑
江
高句麗
妙香山
清川江
大同江
白山
平壌
大朴山
〔楽浪郡〕
沙里院
九月山
〔帯方郡〕
春川
漢江
原州
ソウル
江南区(漢城)
百済
天安
伽耶山
公州(熊津)
扶余
(泗沘)
錦江
益山
蔚珍
新羅
慶州
(金城)
大邱
伽耶山
(大伽耶)
高霊
洛東江
(金官)
金海
伽耶
咸安
(安羅)
倭
対馬
0
100
200(km)

第一部　百済氏とその関係諸氏族

一　百済王一族の列島渡来と平安期頃までの動向

百済の衰退と武寧王の再興活動

わが国における百済王氏や百済関係諸氏の活動の歴史は、本国たる百済の滅亡事件に主に起因するものだから、その基礎となる百済の衰退期及び滅亡の経緯についてまず触れる。

百済は初期から全盛期にかけて、ソウルの漢城（慰礼城）を王都とし、現在の京畿道を中心領域としていたが、高句麗の長寿王が自ら率いて攻めてきた大軍により王都が陥落した。これが蓋鹵王（百済廿一代。『書紀』に加須利君、『宋書』に余慶の名で記載）の廿一年（西暦四七五年に比定される）のことで、中国の宋朝から鎮東大将軍の爵号を受けた王も、殺害された。百済は一時的に滅亡したことになる。

再起をはかる百済は、南遷して現在の忠清南道の錦江の中流域の熊津（現・公州）を王都にした。漢城の陥落とその後の経緯については、『三国史記』と『書紀』（雄略廿一、二年条。同書が引用する『百済記』でも同じ）で記事がある。そのとき、王子文周は救援を求めて南方に派遣されており、援軍を引き連れて帰ったとき既に王都は陥落しており、翌月に文周王として即位して都城を南遷させた。この文周王も、ほどなく権臣解仇の手により暗殺されて幼児の三斤王に替わり、新王は真氏一族を登用して反乱を起こした解仇を討伐したものの、これも三年目には死去して東城王に替わる。この四七五〜八年の頃が百済の激震期で、このあたりが百済史の一区切り（建国からの漢城都邑期と次の熊津都邑期〔五三八までの約六〇年〕との境）とされる。

この漢城陥落の時、倭国では雄略朝であり（雄略の治世期は、拙見では四六五〜八七の廿三年間。『天皇氏族』に掲載の表を参照）、倭五王の武として中国南朝の宋に四七八年に遣使して、順帝より「使持節都督倭・新羅・任那・加羅・秦韓・慕韓六国諸軍事安東大将軍倭王」の称号を得た。百済に対しては、任那（この場合は広義）から久麻那利（熊津）の地を百済に与えて復興させ、次いで百済の三斤王が亡くなると（雄略廿三年条に記載）、倭に入質の昆支王（軍君）の次子末多王に筑紫の兵五百人をつけて帰国させ東城王として即位させるとともに、倭の安致臣・馬飼臣らが水軍を率いて高句麗を討った、と『書紀』に記される。

東城王が倭の支援を受けて四七九年に即位すると、百済は復興へ向けて大きく踏み出す。伝統的な貴族連合体制のなかで解氏から真氏へと権力が移り、さらに真氏に代わって、その後は新たに燕氏・苩（はく）氏・沙氏などの熊津地方に土着の氏族が高位の官職に登用される動きがあり、それとともに王権が強化され、南方への進出、勢力拡張もなされた。小国分立状態の伽耶地方へも百済は勢力拡大を図り、倭国や新羅と結んで高句麗の軍事的に対抗した。この東城王も、治世廿二年後には権力闘争の中で暗殺され、次ぎに五〇一年に武寧王が即位した。

武寧王は、熊津を中心とする百済を更に発展させるべく、中国南朝（梁に入貢して冊封をうける）及び倭国との関係を深め、領内の支配強化をするとともに南西方面への勢力拡張を図った。伽耶の有力国伴跛（高霊の大伽耶にあたるか）から己汶・帯沙を奪い、東進して伽耶地方の中枢部に迫った。

この時期には、百済は対外活動も活発に行い、中国南朝の梁に新羅使を同伴して入朝し、新羅や伽耶諸国を付庸することを言い、倭国へは南方進出や軍事の支援と引換えに五経博士などを派遣してきた。

『書紀』には、継体天皇六年（五一三年に当たるが、あるいは実際にはもう少し後か）に日本から百済へ任那四県（上哆唎など）を割譲し、更に己汶・帯沙も与えたという記事が見える。以後、倭国への軍事支援要請と技術者の派遣は、百済の継続的な対倭政策となる。一九七一年に未盗掘のまま発見された**武寧王陵**から金製装身具・銅鏡・環頭太刀など多様で豪華な副葬品が出土した。

この王陵からは、倭から運ばれた高野槙で造られた王と王妃の柩も出ている。その材料が日本にしか生育せず、武寧王と日本の深い関係が窺える。この武寧王陵と滋賀県の三上山下古墳（野洲市小篠原の甲山古墳。大岩山古墳群の中の直径約三〇メートルの円墳で、熊本県宇土半島の凝灰岩で造られた巨大な家形石棺を安置）、群馬県の綿貫観音山古墳（高崎市綿貫町所在の墳丘長九七メートルの前方後円墳。横穴式石室の玄室は群馬県内では最大規模で、見瀬丸山古墳の玄室と同じ平面規模）から出土した三つの獣帯鏡は同范鏡で、この点でも倭地との関係深さを物語る。近江のほうは安直一族で、上野のほうは上毛野一族に関係する墳墓か。

武寧王墓誌には、「寧東大将軍百済斯麻王、年六十二歳、癸卯年五月丙戌朔七日壬辰崩到（癸卯年＝五二三年で、この記事から生年が四六二年となる）」と見える。斯麻王は「嶋王」であり、筑紫の各羅島（かから）（松浦半島突端の呼子港のすぐ北に位置する加部島・加唐島のうち後者（佐賀県唐津市鎮西町）とされる）で生まれた故に「嶋君」という、『書紀』雄略五年条の記事に見える故事に基づいたものか。同書武烈四年条にも、「武寧王の諱は斯麻王と言う」「昆支王子之子。即末多王異母兄也」とあり、「三国史記」

にも武寧王の名は斯摩とされる。享年の六十二歳が正しければ、末多王(東城王)の子(百済本紀の記事)ではなく、兄弟としたほうが妥当となろう(父が蓋鹵王か昆支王かは決め難いが)。

武寧王が高句麗勢力を撃退したことにより、弱体化していた百済は次第に国力を次第に回復する。次の聖明王(聖王)の五三八年には新王都として泗沘(サビ)を建設し、伽耶などを含む周囲への更なる拡大を図った。この間、新羅も伽耶方面等に勢力を拡大し、金官伽耶国を五三一年に滅ぼし、五五四年には伏兵ながら聖明王を討ちとり(新羅と管山城〔忠清北道沃川郡〕で戦うなか、孤立した王子昌〔後の威徳王〕を救援しようと動き、狗川〔同郡域〕で新羅の伏兵に襲われ戦死。在位三二年)、五六一年には本伽耶(高霊)も滅ぼして、伽耶地方は殆ど全域が新羅の領域となった。この六世紀後半頃にも、伽耶方面から倭への渡来の波があって、百済からも造寺・造仏の工や画工などの技術者が相次いでやってきた。

百済の滅亡

百済にはその後も一進一退があったが、この辺は省略して、中国では、七世紀になって六一八年に李淵(隋の王室と同じ武川鎮軍閥の出身で、血統の実態は鮮卑系の李氏)が隋王朝を滅ぼして、これに替わる。唐王朝は、同中葉になると北方の脅威、高句麗制圧をめざし、その背後を叩くため新羅とともに百済を攻撃し、六六〇年に百済は滅亡した。王族や遺臣たちは倭国の支援で百済復興活動をしたが、六六三年八月の白村江(現在の錦江河口付近か)での敗戦とともに、この動きも決定的に鎮圧された。その後に唐は旧百済・高句麗領の経営に乗り出したものの、本国における諸問題と新羅による攻撃の結果、最終的に朝鮮半島から撤退し、百済の故地は新羅領となった。この百済滅亡に至る経緯を、もうすこし書く。

六四一年に即位した百済の義慈王は、翌年には自ら兵を率いて新羅に侵攻し、大耶城（慶尚南道陜川郡）など四十余城を陥落させて新羅に大打撃を与えた。この時落城したのは主に伽耶地方の城だとされ（「新羅本紀」）、王族金春秋の娘婿一族も殺害された。ところで、六四二年一月、百済では大乱が起きているとの報告を、百済に使者として派遣されていた阿曇山背連比羅夫がしており、日本に亡命した王族の翹岐を自分の家に迎えた。翌六四三年には、百済は高句麗と和睦し、かつて高句麗との争奪戦の中で新羅に取られた漢城の奪回を目指した。義慈王は若い頃に「海東曽子」と呼ばれたが、即位後は専制的な体制の構築を目指し、独裁権の強化と反対派の粛清を進め、臣下の献言をきかなくなる。

その意味で、六四二年は、最終的に六七六年の新羅による朝鮮半島統一に帰着する東アジアの大変動が始まる画期とみられる。同じ年には、高句麗でも淵蓋蘇文（伊梨柯須弥、泉蓋蘇文、蓋金とも書く）がクーデターで栄留王や近臣たちを殺害して実権を握る。新羅でも同年頃に、善徳女王を中心として王族の金春秋や金庾信（ゆしん）（金官伽耶の王族で、金海金氏の祖）の三名結束による権力体制が成った。倭国では、舒明天皇が崩御して、皇后の皇極天皇が即位したが、その元年が六四二年で、この当時は蘇我蝦夷・入鹿親子が実権を握り、「大陵・小陵」と称する双墓の築造がなされる。このように六四二年頃を境に、朝鮮半島及び倭地の諸国では、権力主体の変更や権力集中が進んだ。

百済が高句麗と協同して新羅への侵攻を続けたことで、善徳女王と金春秋（次の新羅王となって武烈王）は、唐への粘り強い外交を展開し、援軍要請を繰り返した。こうした事情のもと、唐は敵対する高句麗の同盟国の百済を倒して背後をおさえる意図もあって、六六〇年に水陸合わせ十三万という大軍を百済へ向けて差し向けた。これに呼応して新羅も、金庾信の指揮で五万の出兵をした。同年三月、唐の左武衛大将軍・蘇定方の率いる軍勢が山東半島から渡海して百済に上陸し、侵攻を開始した。これに対し、百済側では有効な戦略・対処策を立てえず、局地戦では奮闘もあったものの、七月には王都泗沘が占領され、義慈王は熊津に逃れたが間もなく降伏し、百済は滅亡した。

この戦の後に唐軍の主力が旧百済領を離れると、鬼室福信や達率の黒歯常之、僧道琛（どうちん）などの百済遺臣が立ち上がった。百済滅亡を知った倭国でも、百済復興の全面的支援を決め活動する。倭国に人質としてあった王子・余豊璋を急遽帰国させるとともに、阿倍比羅夫・廬原君臣らからなる数万の救援軍を派遣し、斉明天皇も筑紫の朝倉橘広庭宮に遷った。百済の地に戻った豊璋は、義慈王後継の百済王に推戴されたが、軍の実権を握る鬼室福信との対立が激化して、これを殺害するという内紛が起きた。倭国では、大規模の軍勢を朝鮮半島へ派兵し、敵対する唐本国からも劉仁軌の率いる増援軍が到着して、六六三年に白村江で両軍が決戦に及んだ。この戦に兵力・装備、戦術の差で大敗した倭国の軍兵は、亡命を希望する百済貴族やその妻子を伴って帰り、豊璋のほうは高句麗へ

白馬江（錦江）と落花巌。
660 年百済滅亡に際し、多くの宮廷人がこの岸壁を飛び降りた

と逃れた。その高句麗もまた五年後の六六八年に唐の軍門に降ったことで、百済は完全に滅亡した。

唐は、高句麗の都があった平壌に安東都護府を設置し、百済の故地には熊津都督府をはじめとする五つの都督府を設置して、熊津都督に全体の統轄をさせた。六六四年には劉仁軌の上表を受けて、義慈王の太子・扶余隆を熊津都督に任じ、翌年八月には、唐は就利山において扶余隆と新羅の文武王に劉仁起の立会のもとで、熊津都督府支配地域（旧百済）と新羅の国境画定の会盟を行わせる。このような形で、唐は朝鮮半島の支配を目指した。

その後の百済王族の動向

百済の遺民の動きを見ると、義慈王の子の扶余隆は、歴代百済国王が唐から与えられていた「熊津都督帯方郡王」に任じられ、子孫にもこの称号が継承された。隆の子が文宣、その子が敬であり、敬も「帯方郡王衛尉卿」に任じたが名目にすぎない。隆の子の徳章（文宣と同人か）は渭州刺史になり、その二女（嗣虢王李氏妃、吉琚妻）の名も伝える。

「帯方郡王」の称号は亡国百済の王族が唐から新羅王と同格と扱われたことを示し、それとともに、高句麗最後の王・宝蔵王の遼東都督の任命とも対比できる。扶余隆へのこの待遇が百済遺民の慰撫よりは、百済や高句麗（安東都護府・遼東郡王）に関して、滅亡前の冊封国ではなく唐の羈縻州として組み込み、残された新羅（鶏林州都督府・楽浪郡王）も羈縻体制に組み入れるという朝鮮半島全域支配を視野に入れたものとされる。しかし、現実には、百済の旧地は荒廃して、そこを新羅が占拠していたため、隆は現地に戻らず死んでおり、孫の敬も帯方郡王に封じられたものの、旧地は新羅及び渤海靺鞨のものとなっていて、名目にすぎない。その後孫は不明で、百済王家の血筋は絶えたといえよう。

百済滅亡のとき階伯などの戦死者もいたが、討死・亡命などをせずに残った百済高官たちが多く新羅に降った。六六〇年の論功行賞では、佐平の忠常、常永、達率の自簡など百済遺臣（いずれも姓氏が不明）に対し、新羅での地位が与えられた（百済の上層部でもメインとは言いがたい人々のようで、これらの子孫は不明。新羅でも、その後の重臣・貴族にはつながらない）。

その一方、多くの亡命者もおり、白村江戦の後に、約三千人（天智四～八年の三回の記事の合計）ともいわれる多数の百済人が倭国へ亡命した。その中心が豊璋の弟・善光の子孫で、倭国で百済王の姓氏を賜り、この百済王氏を中心として百済関係者が倭国に根付いていく。高句麗へも、豊璋を始め百済有力者が多数逃れたことが『書紀』や『旧唐書』に見える。高句麗の滅亡後に、豊璋は唐に捕縛され、嶺南（広東省・広西自治区あたりか）へ流刑に処された模様である（『資治通鑑』。ただし、『新唐書』は行方不明とされる）。

百済滅亡時に唐へ送られた王族・貴族も多数おり、王、妻の恩古及び太子隆や孝・演など四王子、大佐平の沙宅千福や国弁成・沙宅孫登などの重臣・将軍級が五十八人で（八十八ともいう）、百姓が一万二千人超とされる（『三国史記』や『旧唐書』『新唐書』。こうした高官や大勢の人数の連行・亡命の動きから見ると、殆ど根こそぎ、百済国の支配層が滅亡により消えたと言えよう）。その後でも、沙宅孫登は、天智天皇八年（六六九。同十年〔六七一〕にも記事があり、前者が正しい模様）に唐の郭務悰が引率する約六百人と自分に従う千四百人（倭兵虜や亡命百済人を含むか）と共に四七隻の船に分乗して、韓地南方の比智島（巨済島の西南側の非珍島と推定）に一時停泊した後、日本に来ている。

この辺の滅亡後の事情が、西安や洛陽で発見された入唐百済人の墓で分る面もある。百済王子扶動向が知られる。

余隆や、百済の武将**黒歯常之**（唐で右武衛大将軍や燕然道大総管、燕国公となるも、冤罪で六八九年十一月に被殺。後述）、祢軍など六人の百済人とその子孫たちの墓が、これまで合計で十か所ほどで発見された。彼らは唐に仕え活動した者も出したが、それらから出土の九つの墓誌等により三世代ほどの動向が知られる。

百済の滅亡のとき唐に帰服して仕えた百済人が任じた官職では、扶余隆が最も高く、正三品上の「光禄大夫、太常卿、使持節熊津都督、帯方郡王」であり、永淳元年（六八二）十二月に享年六八歳で死去後には正二品の輔国大将軍を贈られた。次に、黒歯常之は正三品下の「左武威衛大将軍、検校左羽林軍、燕国公」で、死去の九年後の聖暦元年（六九八）には左玉鈐衛大将軍（正三品上）を贈られ、沙吒忠義は右武威衛大将軍、祢寔進は正三品の左威衛大将軍であった。この辺が大部族長としての処遇とされる。

在唐の百済移民関係としては、中国の天竜山石窟（山西省太原市晋源区にある南北朝東魏～唐の王朝四時代にわたる仏教石窟寺院遺跡で、山腹に東西二群の二三洞がある。太原市中央の南西約十七キロに位置する）には、「大唐勿部将軍功徳記」（七〇六年に造られた造像石刻）があることが知られる。

これは、黒歯常之の女婿で、唐で右金吾衛将軍・上柱国・遵化郡開国公となった**勿部珣**（音は「ブツブ・シュン」か）のことである。「勿部」と解読される姓氏が百済に見えないこと（その後の中国にも姓氏が残らない）、「本枝東海」と見える記事、黒歯常之が「風達郡将」を兼任した事情等から、倭地の物部一族の出で伊予の風速国造出身かと推する見方（小野勝年博士の『史林』七七巻三号掲載論考など）もある。出身地の確認はできないが（下記の事情などから伊予説は疑問かもしれないが）、倭地から出た「勿部＝物部」は妥当そうである。ちなみに、伊予国風速郡の物部薬は、百済救援戦に一兵士で出征して唐軍の捕虜となり長かったが帰国し、持統十年（六九六）四月に、肥後国皮石郡の壬生諸石とともに、追大弐の冠位（冠位四十八階の一つで、前代の大乙上、後代の正八位下に相当）や絲・布・水田などを与えられている。百済救援軍の後将軍には大山上物部連熊がいたが、これは冠位・連姓から見て、大和の物部連一族なのだろう。

聖明王の時に、奈率に物部連用哥多・物部哥非の二名、物部莫哥武や物部施徳麻哿牟がおり（これら四人は名前の共通性から兄弟か）、威徳王の時の奈率に物部烏が見えるなど、百済の重臣としても物部氏は活動したが（以上は『書紀』）、これらが物部氏のどの系統から出たのかは、現在に残る系図からは分からない。継体朝に百済へ副使として行った物部至至連（物部伊勢連父根）の後が百済に残った可能性と韓国連同族の可能性が考えられる。

父祖が武烈天皇時代に三韓に使したことに因んで韓国連（辛国連）を名乗る一派が物部氏族にあった（『姓氏録』和泉神別）。いわゆる役行者の小角が伊豆島へ配流された記事（『続紀』文武天皇三年〔六九九〕五月条）には、その弟子に外従五位下韓国連広足が見える。約三十年後の天平四年（七三二）十月に広足は典薬頭に任じられ、『藤原武智麿伝』には、当代の名人が列挙されるなかで「呪禁に余仁軍、韓国連広足」があげられる。呪禁については、百済の人、津留牙使主より出づとされる末使主氏が『姓氏録』山城諸蕃に見え、その一族の呪禁師末使主望足も『続紀』に見える事情がある。

一方、倭国に来た百済遺民のうち百済王族では、次のように主なものが記される。

義慈王の子弟では、豊璋と善光が倭に来ていたが、このうち豊璋が百済滅亡の際に高句麗に逃げ、善光は倭に残った。この豊璋と善光については、豊、勇の名で義慈王の子に考える見方もある（『旧唐書』列伝の劉仁軌伝に、「扶余勇者、扶余隆之弟也、是時走在倭国、以為扶余豊之応、故仁軌表言之」との記事が根拠の一つ）。先にあげた翹岐が豊璋にあたるとみる説（鈴木靖民氏など）もあるが、同人とすることの決め手がなく、むしろ糺解（斉明天皇七年夏四月条に、福信が王子糺解を迎えたいと遣使して乞うたことが記）が豊璋（あるいは善光）にあたり、豊璋と善光の両者は兄弟で、年代・年齢的に見て、義慈王の弟とするのが妥当のようである。『書紀』舒明天皇三年（六三一）三月条には豊璋の入質記事があり、これに拠ると翹岐より早く倭に来たことになるが、この記事の年代の信頼性も問題があるかもしれない。

善光の親族関係、系譜の位置づけにも問題がある。『姓氏録』や「三松氏系図」では義慈王の子とされるが、これは百済王の王位継承、王家の嫡統という主張に基づくものとみられ、年齢を考えると義慈王の弟とするのがよい（生年は、義慈王が五九九年とされ、善光は生年不明も、一に六〇一年説もあるなど、子孫の生年などから推すと七世紀初頭頃の生まれか）。『続紀』には、義慈王が舒明天皇の御世（六二九～六四一年）に「其子豊璋王及禅広王」を倭に遣して入侍させたと見えるが（天平神護二年〔七六六〕六月廿八日条。禅広の来朝時には、子の昌成は既に生まれていたことが同記事より分かる）、「其子」とは王族子弟くらいの意味か。倭への入質・派遣時期が義慈王の治世（六四一～六六〇年）よりも早ければ、当然、先代の武王の子とされよう（舒明天皇と義慈王の治世期間は一年ほどしか重ならない事情がある。王子両者が一緒に来たかも不明）。

義慈王の子としては、滅亡時は孝、泰、隆、演の四人の名が確認できるほか、庶子が四十名余いたという（善光とは別人の勇や躬、忠もいたか）。これら諸王子の子孫は、「王」の氏姓で、中国山東省の煙台、膠州、萊州の王氏として続いたともいうが、いま具体的な確認はできない（韓国の王姓には六系統あり、一つが高麗王朝の始祖王建の後裔の開城王氏だが、他は先祖が国王とは無関係の氏で、百済とも無関係)。朝鮮の徐氏のうち、**扶余徐氏**は、義慈王の太子・扶余隆(生没が六一五〜八二)の後裔であって、兵部尚書に任じ太源君に封じられた徐存を一世だと伝えるが、その一方、利川徐氏では、徐存は徐神逸の五世の子孫としており、扶余隆後裔説は疑問が大きい。「扶余隆墓誌」には「百済辰朝の人」という記事があり、これが史実ならば、百済王家の先祖が箕子の末裔にあたり、利川などの徐氏とも同族となろうという程度の話しではなかろうか。

百済遺民たちの動向

主な倭国亡命の百済臣下たちの動向では、天智十年(六七一)正月に官位を授かった次の人々がいる(『書紀』同年正月条)。上位から見ていくと、

大錦下は、佐平余自信・沙宅紹明(法官大輔)。

小錦下は、鬼室集斯(学職頭。このときの叙位は、天智四年の確認か重複であろう)。

大山下は、達率谷那晋首・木素貴子・憶禮福留・答本春初(以上は兵法)。本日比子・「賛波羅・金羅金須」(本日比子と合わせて一名の名のように『書紀』では記載。二名説、三名説もあり、どこか表記に混乱があるか)・鬼室集信(以上は「解薬」。薬に通じるとの意)。

小山上は、達率徳頂上・吉大尚(以上は解薬)。許率母(五経に明るい)。角福牟(陰陽)。

小山下は、残余の達率たち五十余人。

これらのうち、王族では佐平余自信や佐平鬼室集斯があり、これは別項で説明するとして、残りの主な者では、

沙宅紹明：天智十年に大錦下の位を授かり、天武二年（六七三）閏六月に没して、外少紫・大佐平を贈られた。『藤氏家伝』に「才思頴抜、文章冠世」と評され、鎌足の碑文を作ったと見える。その子孫とみられる女孺沙宅万福が神護景雲二年（七六八）に無位から従五位下に叙せられており、持統天皇五年（六九一年）条には呪禁博士の沙宅万首も見え、紹明の子弟か。総じて、この一族は振わず、『大日本古文書』には天平勝宝五年（七五三）の沙宅行金・沙宅山などが見えるものの、六国史に改賜姓の記事がなく、平安前期の『姓氏録』には沙宅氏は掲載されていない。

百済八大姓（貴族）の一つ沙氏の出である。先祖では、欽明朝の頃に上佐平沙宅己婁がおり、武王時代に佐平を務めた沙宅積徳は、娘が武王の王妃となり（義慈王の母か）、沙宅智積は義慈王の時に大佐平を務めて石碑が扶餘に残る。百済滅亡時大佐平沙宅千福もおり、沙宅一族には、唐への連行者もあった。

谷那晋首：兵法に詳しいとあり、将軍級とみられる。天智二年（六六三）九月七日条に、白村江敗戦の後に百済の滅亡といえる記事があり、この時に日本の船師（水軍）とともに倭に向かったと見える。この記事には佐平余自信や達率木素貴子・憶禮福留の名前も見え、これらがみな亡命の遺民といえよう。子孫では、『武智麻呂伝』に優れたた陰陽技術で有名な谷那庚受が見え、神亀元年（七二四）に従六位下で**難波連**を賜姓した（『続紀』）。

天平二年（七三〇）にはその子らしい難波連吉成が陰陽医術関係で見える。同族に難波薬師氏があり、天平宝字二年（七五八）に内薬司佑兼出雲員外掾正六位上難波薬師奈良ら十一人が言上して、遠祖の徳来が本は高麗人であったが百済に移り、雄略朝に百済から倭に貢進された経緯があり、徳来の五世孫の恵日が推古朝に唐に派遣されて医術を学び、これに因んで薬師を姓としたが、今は名実錯乱を恐れるで薬師を改めて、難波連と号したいと願い、これを許された。同年に難波連奈良は外従五位下を授かる。

延暦六年（七八七）に内薬侍医正六位上難波連伊賀麻呂が見え（「東大寺使解」）、次ぎに難波連広名が延暦二三年（八〇四）の侍医外従五位下、同姓の広成が大同三年（八〇八）の内薬正に任としてともに六国史に見えるが、広名・広成は兄弟で伊賀麻呂の子か。伊賀麻呂の先祖が吉成か奈良かは不明であるが、職掌から見れば奈良の流れか。

『姓氏録』には右京諸蕃に難波連が見え、高麗国好太王より出ると記される。谷那氏の名は谷那鉄山（『書紀』神功皇后五二年条に見える）の地名に因み、高句麗・百済がこの地の争奪戦をした結果、高句麗王家一族の出ではあっても、百済に服属したものか。

木素貴子：『懐風藻』には学士として大友皇子の賓客となると見える。『姓氏録』には左京諸蕃の林連の祖が百済国の人、木貴公より出づとあり、同人としてよいのだろう（鮎貝房之進、佐伯有清など）。林連は山城国葛野郡の上林郷・下林郷を本居とした。百済八大姓の一つ木氏の出であり、持統天皇五年（六九一年）条に見える呪禁博士の木素丁武は貴子の子弟かとみられる。

憶禮福留：天智四年八月条に達率四比福夫とともに筑紫国で、大野及椽（き）（基肄）という二城の築城を担当したと見える。憶礼氏は天平宝字五年（七六一）に憶頼子老が石野連の賜姓をうけ、『姓氏録』には左京諸蕃にあげて、百済の近速王の孫（後孫）、憶頼福留より出ると見える。天武天皇の侍医、百済人の「億仁」は死に臨んで勤大壹を授けられたが（朱鳥元年〔六八六〕五月紀）、この者も関係者かもしれない。なお、万葉歌人で遣唐少録・筑前守などに任じた山上憶良（億良）の名が「憶礼」に通じるとみて、この関係者かとみる向きもあるようだが、まったくの誤解である

（和珥氏族の山上臣の出）。

答本春初：天智四年八月に長門国に派遣され、城を築いたと見える。子孫では、後に答本（答炑）陽春が『懐風藻』に見え、神亀元年（七二四）に麻田連と賜姓された。その後裔一族では、左大史の麻田連金生、主税助・大学博士などの真浄、同じく左大史・典薬頭の狎賦(かりふ)が六国史に見える。『姓氏録』には、「麻田連、出自は百済国朝鮮王淮也」とあり、箕子朝鮮王家の後裔という系譜をもつ。後に記す韓須敬の子孫の広海造も、箕淮後裔の同族であった。

徳頂上：よく薬に通じるとあり、持統天皇五年（六九一年）十二月条に医博士務大参の徳自珍が銀廿両を賜ると見えるから、子孫か。そのほか、鋳造師の徳因時、経師の徳足人らも見える。

吉大尚：任那系の倭人の後裔（和珥氏同族）とされ、弟の少尚らとともに渡来。世々医術を伝え、文芸に通じた。子の宜(よろし)は図書頭、典薬頭、内薬正に任じ、神亀元年（七二四）に従五位上吉宜・従従五位下吉智首が並んで吉田(きちだ)連を賜姓された（『続紀』）。吉宜・吉智首は『懐風藻』に入る。後裔一族には、各々内薬正や侍医に任じた兄人、斐太麻呂、古麻呂がおり、吉田宿祢書主は大歌所別当となり、さらに興世朝臣姓を賜って、貞町は元慶頃に少外記に任じた。

許率母：天武六年五月条に、大山下を授け食封三十戸を支給した、大博士で五経に通じると見え、上記記事と話が前後する。

角福牟：陰陽関係では、角兄麻呂が見え、学業優遊師範とされたが、神亀元年（七二四）に羽林連を賜姓した。ほかに経師・書生として、角恵麻呂や角勝万呂が見える。

百済遺民の流れを汲む諸氏は非常に多く、網羅しきれないので、本文では主だったところを簡単にあげておく（詳細は、巻末の姓氏苗字の記事を参照）。

築城に活躍した**四比福夫**の子孫は陰陽・天文の分野で活躍し、志斐連、さらに椎野連を賜姓した。天平七年（七三五）の「左京職符」に東市司大属の四比元孫が見え、天平神護二年（七六六）三月には右京人の正七位上四比河守が椎野連を賜姓した（『続紀』）。

仏師で東大寺の造仏長官となった**国中連公麻呂**の祖父は、天智二年（六六三）に百済から渡来した徳率国骨富とされる（『続紀』）。国氏は百済八姓の一つに数える大族で、百済滅亡の時に義慈王とともに捉えられ唐に送られた者のなかに、重臣の国弁成も見える（『書紀』）。この国氏は、大和国葛下郡国中村に住んだという。大仏造成の功で、公麻呂は従四位下造東大寺次官まで昇進し、国中連の賜姓を受けた。国中連一族には、造寺司将領となった足万呂（公麻呂の兄弟か）や木工助に任じた三成も見えるが、『姓氏録』には不記載である。

沙門詠の子孫は、楽浪氏から高丘連、**高丘宿祢**（河内諸蕃）を賜姓し、大外記となった高丘宿祢比良麻呂（奈良時代後期に内蔵頭兼大外記遠江守従四位下で死去）、高丘宿祢五常が出た。その系譜としては、秦氏の遠い同族で、大石（左京諸蕃。村主が脱漏か）・大山忌寸（右京諸蕃）と同族であって、『姓氏録』には漢の部に「百済公族大夫高侯の後」と記される（「百済公族」は疑問だが）。百済重臣のなかに見える高氏はこの関係者で、内頭恩率高軌の娘・真華姫は、百済蓋鹵王妃となった（百済第二五代武寧王（生没が四六二～五二三）の母という）という。これら高丘・大石の一族については、建安廿二年（二一七）に百済に入ったと伝えるが、本シリーズの『秦氏・漢氏』にも書いており、参照されたい。

医術家の甲許母（胛巨茂）の子孫は城上連姓を賜り、真立・石村などの医師を出した。百済徳率の荊員常（一に貞常）の一族後裔は、『懐風藻』に見える左大史荊助仁を出し、荊軌武は神亀元年（七二四）に**香山連**（左京諸蕃）を賜姓して、後にこれが宿祢姓となる。韓須敬の子孫は内薬侍医の韓男成を出して、広海造、広海連を賜姓し（この氏は箕子朝鮮王の末裔）、徳率古曽父佐の子孫は豊村造を賜姓し、大学助教の豊村家永を出した。

このほか、『懐風藻』に漢詩を収める刀利宣命（『万葉集』歌人の土理〔刀理〕宣令とも同人か）や刀利康嗣ら刀利氏一族からは、刀利甲斐麻呂らが天平宝字五年（七六一）に丘上連を賜姓しており、このとき同時に百済系の戸浄道らが松井連、烏那龍神が水雄造という賜姓なども見える。戸氏は陸奥産金関係者のなかに戸浄山が見え、宝亀年間などには内匠助外従五位下松井連浄山として見える（名前と活動時期から見て、浄道の兄弟か）。平安前期の承和二年（八三五）には、左近衛戸嶋守・右兵衛同姓真魚らが安岑連を賜姓し、その先が百済人と見える（『続後紀』）。

これらに見るように、百済滅亡後に渡来してきた遺臣たちの一族後裔は、様々な新技術・学識をもち、陰陽・呪禁・医術・薬学・儒学・算術・暦学・天文・文筆・造仏・木工や仏教などの専門知識をもって各分野で広く活躍し、飛鳥・奈良時代の文化・技術に大きな貢献をした。畿内周辺部や東国の開拓にも従事し、軍事技術面での寄与もあった。僧侶・技術者・農民などの多様な階層が含まれたというが、多くは上層階級であった。

百済王氏の成立と飛鳥時代の動向

余豊璋は韓地から倭には戻らず、白村江戦大敗の後に高句麗に逃れたが、唐に捕らえられ流罪となったことは先に述べた。その弟の余善光（禅広）は、『書紀』天智三年（六六四）三月条に、摂津の難波（大阪市天王寺区の堂ケ芝・百済寺跡と細工谷・百済尼寺跡のあたり）に住まわせると記事が見える。以後、天武天皇・持統天皇の時期には倭地の「百済王」として優遇され、百済人遺民が善光一族を頼って続々と渡来、遷住してきたので、この居住地一帯が後には百済郡と呼ばれる。

善光は、持統天皇より持統五年（六九一）正月に百済王の姓氏を賜り、官位は正広肆（従三位相当。当時の右大臣多治比嶋に次ぐ官位）まで昇り、死んで正広参（正三位相当）を贈られた。こうした官位授与は、蕃客から大和王権への内臣化とみられている。

「百済」を名乗る氏族は、カバネがいくつかあり、百済朝臣、百済公、百済連、百済造、百済宿祢などが史料に見えるが、「王」（こにきし）という特殊で高い姓の示すとおり、かつての百済国王を象徴する存在とみられる。ほかに、「王」姓の賜与は、高句麗系の高麗王・肖奈（せな）王しかない。

延暦九年（七九〇）に菅野朝臣への改姓上表にあたり、当事者の**菅野真道**（当時は津連姓で、図書頭従五位上兼東宮学士左兵衛佐伊予守）だけでなく、百済王仁貞（左中弁正五位上兼木工頭。全福の子）・百済王元信（治部少輔従五位下。敬福の孫か）・百済王忠信（中衛少将従五位下。敬福の孫）という百済王氏一族が後見者的に名を連ねて補助しており、百済系渡来氏族全体の宗家的地位にあった。とはいえ、百済の亡命政権とか、百済遺民全体の統率者とまでみるのは行き過ぎであろう。

菅野真道のほうは、賜姓後には、延暦廿四年（八〇五）正月に参議に任じ、更に従三位にも達した。真道の娘・人数は尚蔵従三位となっており、真道の後裔の菅野朝臣氏からは平安時代には大外記を輩出した。津史・菅野朝臣は、王辰爾後裔の船史・白猪史の一族の出であり、百済王族の後裔と称していた。白猪史の流れから葛井宿祢氏が出ており、葛井道依の娘・藤子は、桓武の子・平城天皇の宮人となって、阿保親王（在原朝臣の祖）を産んだ。葛井宿祢氏の後は「藤井」と名乗って、中世官人までつながる。

王辰爾とその一族の後裔は、文筆関係に従事して栄えた一派であり、本来は王氏を称した。この一族（御船宿祢など）は朝臣姓を賜る際に単に姓だけでなく、氏も菅野と改めている例が多く、百済王家系と称していても、この王一族だけ特殊な結びつきがみられる。こうした事情からみて、この系統が百済王系とするのは仮冒で、本来は漢系西文一族（王仁吉師後裔）とかなり密接な関係を有する系統なのであろう。津史一族が奉祀したといわれるのが大阪府羽曳野市高鷲に鎮座の大津神社（河内国丹比郡の式内社、丹下郷の大宮）で、中世は午頭天王社、河内国大宮と称された。

さて、善光の子の**百済王昌成**は父に先立って六七四年に死んでおり、そのときに小紫位（従三位相当）を贈られた（義慈王の子の扶余隆の生没が六一五～六八二とされるのにほぼ対応か。善光は六九三年に死没）。紫位の追贈は、この昌成と百済遺臣の沙宅紹明以外は、残り全てが壬申の乱の功臣たちであった。朱鳥元年（六八六）の天武天皇の殯にあっては、祖父善光に替わって郎虞が誄事（しのびごと）を述べている。郎虞は、大学頭に任じ、時期不明ながら百済王氏の当時の本拠の摂津亮にもなっている。

昌成の諸子からは、百済王氏として長く後世につながる。昌成の子には、遠宝、郎虞（良虞）、南典の三男子がおり、いずれも従四位下かそれ以上となる。末子の南典は備前守按察使で、備前国から六郡を分離して美作国を成立させ、播磨按察使を経て、天平九年（七三七）には百済王氏として初めて従三位まで昇り（非参議）、公卿に列した。

百済王氏一族の官位昇進のコースを見ると、「正六位上↓従五位下」という昇叙にあたり、多治比真人・藤原朝臣・石川朝臣（蘇我氏嫡裔）の三氏とともに合計四氏だけが、外位（外従五位下）を経ずになされていて、これが一流貴族の証しとみられている。

なお、飛鳥の**高松塚古墳**の（下段直径廿三メートルの終末期の二段築成円墳）の被葬者問題のなかで、青龍・白虎・朱雀・玄武の四神が描かれる壁画をともにもつ南方近隣のキトラ古墳（下段直径十四メートルの終末期の二段築成円墳）と併せて、この両墓が百済王善光・昌成親子の墳墓かとみる見方（千田稔氏など）もある。百済王氏一族が星辰信仰を持っていたとして、その傍証ともいわれるが、新羅や伽耶には星辰信仰が見られるが、百済についてはは疑問がある。

この問題についてては、百済王氏一族の居住地・難波を考え、高松塚の所在地から見れば、皇族（天武の諸皇子の忍壁皇子、高市皇子などが候補）の墳墓とするのが妥当かとみられる。古墳の壁画には、高句麗系の氏族で画工司の画部を出した黄文連（『姓氏録』山城諸蕃。高句麗の久斯祁王の後裔という系譜。後述）や黄文画師の一族が関与した可能性もあろうか。

二〇一〇年五月十四日付け朝日新聞の記事に拠ると、当時のシンポジウムの紹介があって、来村多加史・阪南大教授は、通説通り、天武天皇の皇子の可能性が高いと述べた。キトラ・高松塚両古墳の位置は、飛鳥の陵墓が集中する場所で、谷の一番奥にある。天武・持統合葬陵（野口王墓。檜隈大内陵）が大、中尾山古墳（明日香村平田に所在の終末期の八角墳）が中、高松塚が小として、三つの墓域がぴったりくっつき（ほぼ垂直に並ぶ）、これが豪族の墓であるわけはないと考え、両古墳は兄弟古墳のように類似性を持ち、ともに皇子の墓でいいと考える。木下正史・東京学芸大特任教授は、四神図だけで壁画の意味や被葬者を考えるのは無理だとし、人物群像は元旦朝賀の儀式を描いており、被葬者は天皇に限りなく近い人物だと思う。高松塚の被葬者は刑部皇子（忍壁皇子。大宝律令を主宰）だろう、とする。

百済王敬福の献金

奈良時代に活動する百済王昌成の孫世代では、遠宝の子の百済王慈敬、郎虞の子の百済王孝忠・百済王敬福の活動に留意される。

百済王慈敬は、天平十二年（七四〇）の聖武天皇の難波宮行幸で百済王一族が風俗楽を演奏したことに対する功賞で従五位上に進み、翌年に宮内大輔に任ぜられた。天平十六年（七四四）二月に同天皇が安曇江（現・大阪市北区野崎町付近）に行幸した際にも百済楽を奏して、他の一族とともに叙位を受け、正五位下に叙されたが、これが極位である。この安曇江遊覧のときに、百済王女天が無位から従四位下に、従五位上百済王慈敬及び従五位下孝忠・全福が並びに正五位下に叙された。百済王女天は系図には見えないが、既に従三位に達していた南典の娘かもしれない。

慈敬の子のなかに百済王英孫がおり、陸奥鎮守副将軍・出羽守などを経て、従四位下右衛士督兼摂津守まで昇進した。英孫の子は従五位下淳仁と伝えるが、その後は知られない。

郎虞の長男が百済王孝忠で、聖武朝後半の橘諸兄政権下で順調に昇進し、天平十八年（七四六）には左中弁、次いで大宰大弐に転じた。藤原仲麻呂による紫微中台の新設に応じ紫微少弼（次官）となり、出雲守に転じて、天平勝宝四年（七五二）の東大寺大仏開眼会のとき鎮裏京使に任ぜられ、内裏と平城京の警護を務めた。官位は従四位下まで昇進した。

孝忠のすぐ下の弟が正五位下尾張守まで昇進の全福で、その弟が敬福である。

百済王敬福は、善光の曾孫となるが、生没が六九八～七六六年で享年が六九歳とされ、極位は従三位刑部卿である。天平廿一年（七四九）再任の陸奥守に在った時に、陸奥国小田郡から出た黄金九百両（約十三キロという）を東大寺大仏の建立のため献上した功賞で、敬福は従五位陸奥守から従三位河内守にいっきょに四階級も特進した。この黄金貢進が、敬福にとっても、朝廷にとっても重要な事件であった。

なお、この黄金献上については、敬福の策謀ではないかと疑う見方もある（辻善之助『日本仏教史』、谷川健一氏『四天王寺の鷹』）。谷川氏は、陸奥国からたしかに金は産出したが、奈良大仏の造立に要した錬金は一万四三六両とあり（東大寺の「大仏殿碑文」）、陸奥産金は敬福が良弁・宇佐八幡宮神職団と仕組んで演出した疑いは極めて濃厚で、ひそかに朝鮮半島の新羅から金を入手したものだとする。天平勝宝七年（七五七）正月に造東大寺司は、大仏塗金のために孝謙天皇側近の巨万（高麗）福信を通じて伺いをたて、東大寺に保管される砂金のうち二〇一六両の下付を請い、受け取ったという記録もある（「造東大寺沙金奏請文」）、という指摘もする。この辺に関して、天皇往古の倭建命東征が東国の産金地を辿るものであり、陸奥の小田郡まで達して、その辺りに配下の大伴氏一族を残して引き返した経緯を考えると、この地の産金の否定はできないと私見でも思われるが、これが奈良大仏造立にどこまで寄与したかは、あまり過大評価しないほうがよいのかもしれない。

敬福はその後、宮内卿、左大弁や出雲・讃岐などの国守を歴任した。橘奈良麻呂の乱では、衛府の兵を率いて陰謀参加者の勾留や警備などの任に当たった。藤原仲麻呂の乱でも功績があり、外衛大将として仲麻呂の支持で即位の淳仁天皇を捕らえ幽閉する役目を引きうけた。天平神護元年（七六五）、称徳天皇の紀伊行幸には御後騎兵将軍として随行し、その帰途に天皇が河内国の弓削寺に行幸したのおりに、敬福らは百済舞を奏した。豪放な性格で、聖武天皇の信任も得たといわれる。

敬福の長男が理伯で、官位は右京大夫従四位下に達し、この子女が百済王俊哲や女子の百済王明信などであって、俊哲の子孫の系統が後世へ長くつながる。

敬福の採金関係者に付言すると、上総守から陸奥守への転出に当たり、上総住人の**丈部大麻呂**を随伴した（市原の郡司関係者か）。敬福は陸奥守に任じ黄金九百両を貢納したが、この貢納こそ大麻呂が小田郡（現・宮城県涌谷町）において黄金採掘の重責を果たしたものである。産金事業には、このほか朱牟須売、冶金人左京人の戸浄山という渡来系技術者が参加していた（天平勝宝元年〔七四九〕五月条で産金関係者が叙位）。

丈部大麻呂は、その功積で白丁の身分から一躍従五位下の位を授けられて（陸奥大掾正六位上の余足人と共に叙位）、貴族官人の身分となり、九年後の天平勝宝三年（七五九）十月に斎宮頭に補任された。その二年後の天平宝字五年（七六一）に退任したが、これは仲麻呂の乱に連座とみられている。その後二十年の間、動静は明らかでないが、『続紀』延暦二年（七八三）二月条に、「復丈部大麻呂従五位下」とあり、官位を剥奪され位田・位録一切失ったものの復位し、その一年後には造長岡宮使に任命され、その功で従五位上を授けられた。この官界復帰には、天皇に近侍し奏請・伝宣等を司る尚侍従三位・百済王明信（敬福の孫娘）が天皇に要請したことによるのではないかとの推論（三松みよ子氏）がある。百済王氏一族の厚い庇護を受け、貴族官人として活動した模様である。

百済王敬福の建立と伝える枚方市の百済寺建設にかかわり、造営使としての重責を果たせる程の技量を修得したとみることが、大麻呂の復位・任官の根拠にある。その後は、高齢にもかかわらず、織部正に任じ、次いで延暦六年（七八七）には隠岐守となった。

河内国交野郡への遷住

百済王氏の本拠地は、善光の居住地に見るように当初は難波、すなわち摂津国百済郡（大阪市天王寺区のほぼ東部にあたり、生野区・阿倍野区・東住吉区にもかかる地域か）にあった。百済郡の成立時期と郡域に関する記録は、明確ではないが、七世紀後葉ないし八世紀前葉には郡が成立していた。『続紀』延暦十年（七九一）八月条に百済郡が見え、この記事では、摂津国百済郡の人、正六位上広井造真成に連姓を賜うとある。広井連は、『姓氏録』摂津諸蕃に見えて、百済国の避流王（比流王）より出たといい、真成は後に弘仁三年までに宿祢姓を賜った（後述）。氏人は、「雙倉北雑物出用帳」の天平勝宝八歳（七五六）に造寺司主典の広井連島人が見えている。

それ以前の天平十年（七三八）前後の「従人勘籍」（『正倉院文書』）には、摂津国百済郡東郷長岡里戸主調乙麻呂や戸口調大山が見えており、長屋王邸から出土の木簡には、霊亀元年（七一五）と推定されるものに「百済郡南里車長百済部若末呂」の記載があって、これらも百済系の渡来人の出である。百済部は平城宮出土木簡には他地にも見えており、阿波国那賀郡原郷の戸主百済牧夫・戸口百済部前守や、同国長郡坂野里の人・百済部伎弥麻呂が知られる。『日本後紀』には、弘仁二年（八一一）四月条に阿波国人百済部広浜ら百人に百済公の賜姓が見える。

百済郡には、竹志（後に天平宝字五年に百済人竹志麻呂等が坂原連を賜姓）・一難（壹難。同族の左京人壹難乙麿が天平神護二年に浄上連を賜姓）という百済系諸氏の居住も史料に見える。『大日本古文書』に所収の「正倉院文書」天平神護元年（七六五）には百済郡人の少初位下一難宝郎（郎は郎、良とも記）が経師で見える。

難波には百済寺・百済尼寺があって、『日本霊異記』第十四話に「難波百済寺」と見え、これが七世紀の斉明朝から十世紀頃までは存在したとみられている（大阪市天王寺区の堂ヶ芝廃寺となる）。また、百済から亡命の王族の翹岐も、当初は阿曇山背連の家に安置されたが、その年五月には百済の大井の家に移住した。河内にも錦部郡に百済郷があり、富田林市の中部から河内長野市北部のあたりに比定地が推定されており、大井の家は当郷域にみられる（『大阪府の地名』）。翹岐の子が石川に葬られ、敏達朝に百済から渡来の日羅の妻子も石川の百済村に置かれた（『書紀』）。

奈良時代になって、百済王氏一族の住む場所が次第に物流や交通の要所となるに及んで、敬福一族は北河内の交野郡中宮の地（現・大阪府枚方市中宮西之町。山田郷域とされるが、中宮郷とする見方もあるか）に移住をすることになり、難波の百済は消滅する（百済郡は、隣接の東生郡と住吉郡に編入となり消滅）。この交野移住の要因について、難波での洪水の難を避けるためではないかとの見方（今井啓一氏）もある。中宮の東側に近隣ないしこれを包摂する山田郷には、中国渡来系の山田氏一族（史・造・連・宿祢姓をもち、山東琅邪王氏の族裔。欽明五年に百済から来た五経博士の王柳貴後裔）が先に居住していた。

交野移住の時期については諸説あって、天平勝宝二年（七五〇）の百済王敬福の宮内卿兼河内守補任を契機にして、その頃に摂津国百済郡を離れて交野郡に移住したというのが有力な説とされる。室町時代の古文書『百済王霊祠廟由緒』には、敬福の叔父・百済王南典の没した後に（天平宝字二年〔七五八〕迄に薨じたという）、聖武天皇の勅により百済王氏の祖先と南典の霊を祀るため、百済王神社と百済寺が創建されたと記される。

一族はこの交野の地に百済王の祀廟（祠廟）と、氏寺として百済寺を建立した。百済王氏の祀廟が後の百済王神社につながって、今も大阪府枚方市に残っており、百済王氏後裔の三松氏が江戸前期の禁野（西方近隣の枚方市域）への移遷まで長く奉祀した。百済寺は中世の十一、二世紀頃に焼失したが、百済寺跡（同市中宮西之町）は国指定の特別史跡であり、薬師寺式の伽藍配置が知られる。この寺跡から鉄器や青銅器などを生産したとみられる鋳造遺構も出土した。百済寺は百済王敬福または明信によって創建されたといい、聖武天皇の勅により南典を弔うためという説もある（『枚方市史』）。

百済王氏の祠廟については、延宝七年（一六七九）の「河内鑑名所記」交野郡の項に「百済王の宮あり、……伽藍の旧跡有」と記される。同じ頃、延宝九年（一六八一）の寺社改帳には「百済国王牛頭天王相殿一社」と記され、さらに「廟の無年貢地を持ち、宮座四、人数一一四人」とある。享保十八年（一七三三）の『日本輿地通史河内誌』には「百済廃寺は中宮村に在り。百済王祠廟の域内に礎石なお存す」と見え、享和元年（一八〇一）の『河内名所図会』第六巻にも、「百済王霊社、中宮村にあり、此所の産土神となす。ここに昔、百済寺というあり、今、廃して古礎存す」と記される。これら資料から見て、江戸時代前期頃から旧中宮村の氏神となっていた。

中宮の百済王神社の成立について、百済王氏が衰退した後（具体的には、退去して禁野へ移遷の後か）、

百済寺跡（大阪府枚方市中宮）

この地は森林に覆われてしまい、古びた祠が痕跡を残すくらいで、ここに祀られた「百済王」がこの地の産土神の様相を示していき、そのなかで社も建てられたという見方もある。現在の神社を構成する建造物・石造物は、すべて江戸時代中期以後のものとされる。最古のものは、正徳三年（一七一三）の石造鳥居で、「百濟國王牛頭天王　廣前」の銘が彫られる。手水舎石造水盤には享保五年（一七二〇）、山車一基ほかには天保七年（一八三六）の年代が知られ、江戸時代後期の石造狛犬や多数の石灯籠もある。

本殿は、高欄の凝宝珠銘に「文政十丁亥年（一八二七）百濟國王牛頭天王　河州交野郡中宮村」と記されており、正統な春日造りなどの事情によって、文政五年（一八二二）の春日大社の造替に際し、その一棟が下賜されたと考えられている。その保存状態は良好で、建築当初の形式を伝える貴重な遺構である。旧拝殿の創建は現時点で明確な資料はなく、最古の修繕記録から見て天保七年（一八三六）には存在し、昭和五十年（一九七五）の修繕事業に関与の建築士によれば、形式手法よりみて本殿脇の狛犬の建造と同様な時期（明和三年（一七六六）頃か）とみられるようである。

当社の祭神は百済国王神と進雄命とされる。「進雄命（すさのお）（＝牛頭天王）」がいつ頃、いかなる経緯に

百済王神社本殿（枚方市中宮）

より祭祀されたかは定かではないが、当初から祀られた可能性もあろう。

鬼室福信一族の近江遷住

鬼室福信は百済王族（義慈王の外甥とも言う）として、他の遺臣らとともに、百済復興の旗印として擁するため余豊璋の帰国と兵・軍需物資など軍事支援を倭国に求め、韓地で活動した。ところが、豊璋の帰国ほどなく両者は対立し、六六三年六月に豊璋が謀反を疑いで鬼室福信を殺害する。

百済滅亡後、天智八年（六六九）に佐平余自信と佐平鬼室集斯らは、百済遺民の男女七百余名とともに近江国蒲生郡に遷された。鬼室集斯は、百済での位は達率で、先に天智天皇から福信の功績によって小錦下の位階（このときに集斯は学職頭で、律令制での大学頭の前身）を与えられた。これより前に、天智四年（六六五）には遺民男女の四百余名が近隣の同国神前郡に遷された。翌天智五年（六六六）には男女二千余人が東国に遷され、天武十三年（六八四）には、百済の僧俗二三人を武蔵に住まわせた（茂木和平氏の『埼玉苗字辞典』には、①男衾郡の百済人：本田村字百済木〔川本町〕あり。附近に百済系の鹿島古墳群、②足立郡の百済人：蕨宿正蔵院は供陀羅山〔クダラザン〕と号。③入間郡の百済人：入間郡の百済人は船氏一族、④豊島郡の百済人：武蔵志に「豊島郡原宿、百済稲荷」と見、とあげるが、この辺は記事紹介にとどめる）。彼ら百済・高句麗の渡来民に対しては、霊亀三年（七一七）十一月に終身の課税免除などの特恵措置がとられた。

なお、近江には、百済からの渡来という東漢氏一族の大友村主・錦部村主など渡来系氏族の居住が既にあった。同国愛智郡角井村には百済寺（ひゃくさいじ）があり（滋賀県東近江市百済寺町、旧・愛知郡愛東町百済寺丁）、鈴鹿山脈の西山腹に位置して湖東三山の一とされる。聖徳太子創建との伝承があるものの確認できず、渡来系諸氏族の氏寺として開創された可能性が高い。

これらの事例から見て、百済遺民のなかでは上記の両者が王家以外では代表格とされる。鬼室福信の近親者とみられる**鬼室集斯**は、一族の岡連・市往（いちき）公の系図では、福信の子で、弟に集信（天智十年に大山下を授位）がいるとされる。集斯の子の良信は後に天平宝字三年（七五九）に**百済公**の賜姓をうけ、その子孫は『姓氏録』に右京諸蕃の百済公として掲載される。鬼室集信の子の泉麻呂は天平十九年（七四七）に岡連の賜姓をうけ、その甥の広嶋は宝亀九年（七七八）に典薬頭となるが、これが浄岡連の祖である。福信の弟、福応は大倭国高市郡市往里（飛鳥の市往岡が「逝回岡」といい、その近辺を含む逝回郷のことで、岡寺が所在）に田居を与えられ、この地に因むのが市往公の姓氏である。

福応の子が僧正の**義淵**であり、市往氏を改め岡連姓を賜った。義淵は法相宗を修め、龍蓋寺（岡寺）などの五か龍寺を創建し、文武天皇三年（六九九）に学行褒賞で稲一万束を賜り、大宝三年（七〇三）に僧正に任じられ、元正・聖武両朝には内裏に供奉した。『続紀』神亀四年（七二七）条に、岡連の賜姓記事が見える。弟子には玄昉・行基・隆尊・良弁などがおり、道慈・道鏡なども門下だという。賜姓記事には俗姓が市往氏とされるが、『扶桑略記』では高市郡出身で俗姓を阿刀氏とする。これは、義淵の母が阿刀忍古連の娘、炊売という

龍蓋寺（岡寺）＝明日香村岡＝

ことで、混乱し取り違えられたものか。

一方、余自信は鬼室集斯の再従兄弟になるが、その子孫は高野造（右京諸蕃）及び高槻連（左京諸蕃）となり、余自信の従兄弟の余文鏡の娘、民善女は天平宝字五年（七六一）に男女三人とともに百済公を賜っている。

鬼室氏では虫麻呂が相模大目で、小東人・石次（石鋤）・乎人が奈良時代の経師として、百済公では秋麻呂が陰陽寮の大属・允として、高野広成が天平勝宝期の経師・校生として、『大日本古文書』に見える。

福信は韓国では忠清南道扶餘郡恩山面にある恩山別神堂で祀られる。集斯の墓所は鬼室神社（滋賀県蒲生郡日野町小野）とされ、同社はもと西宮神社という名で、古くは不動堂と呼ばれた。不動堂の横に鬼室集斯の墓碑と伝える八角の石柱（現在、当社本殿の裏側）があって、いまの神社名はそれに因む。ただ、当該墓碑の真贋について、胡口靖夫氏は、表記などから見て、平安後期～鎌倉後期の建立とみられるとするが（『近江朝と渡来人』）、それなら偽銘の蓋然性が高い。成立が中世以降となる『大安寺資財録抜書』には、現在の滋賀県野洲市大篠原に鬼室集斯墓があったと記される（『近江日野町志』）。

鬼室神社（滋賀県蒲生郡日野町）

鬼室氏の系譜は、百済第廿八代の恵王の兄弟にあたる泰の後裔であり、孫の安貴が「竜神感和之義」に因み鬼室と謂うとされ、その孫が福信・福応兄弟と系図は伝える（『姓氏録』に右京諸蕃の百済公条には、「鬼神感和之義」に因むとあるから、「鬼」が正しいか）。安貴の名は、『姓氏録』右京諸蕃の岡連条に「市往公同祖、日図王男安貴の後なり」と見えて、系図と符合する。

恵王の子の竜子の後裔とされるのが**百済朝臣**氏（『姓氏録』左京諸蕃）である。譜註記事は見えないが、世代的に考えて竜子の曾孫の余貞勝・弟勝兄弟のときに渡来してきたものか。貞勝の子の余泰勝が『続紀』の養老五年条に学芸の優れた者としてあげられ、陰陽道関係で正六位上余泰勝（一に秦勝）が従五位上大津連首・従五位下津守連通・王仲文・角兄麻呂・志我閇連阿弥陀とともに各々絁十疋などを賜り、賞されている。

秦勝の子の益人・善人兄弟ら四人が天平宝字二年（七五八）に百済朝臣姓を賜り、益人はその後に従五位下に叙され、周防守に補されている。なお、この賜姓の前に余足人が百済朝臣姓を賜っており（時期は不明も、天平宝字二年には百済朝臣姓で見える）、益人らの従兄で、この系統筋の本宗の者だったか。百済朝臣足人は、陸奥介兼鎮守副将軍などを経て、宝亀元年（七七〇）の卒時には右京大夫従四位下勲四等まで昇進した。

弟勝の四世孫（玄孫）が余福成・河成兄弟で、承和七年（八四〇）六月に同じく百済朝臣姓を賜った。**百済河成**は絵画や庭園造営の名手として名高く、後に従五位下に叙され、播磨介・備中介・安芸介に任じた。『今昔物語集』巻廿四―五には「百済川成と飛騨の工と挑みし語」が見える。その子孫には、画師の常則・常正なども見える。

このほか、余姓で史料に見えるのが、陰陽の余真人、呪禁の余仁軍で、二人は『武智麻呂伝』に見える。

なお、百済公には何系統かあり、左京（上記の余民善など）・右京（上記の鬼室氏系統）や和泉（百済国の酒王の後）が『姓氏録』に見え、六国史には阿波（上記の百済部の改賜姓）のほか、承和六年紀に加賀の百済公豊貞（河内国大鳥郡→加賀国江沼郡で、左京に貫付）、承和十三年紀に播磨国揖保郡の百済公清永（左京に貫付）も見える。このほか、百済造が天武十二年紀に百済連の賜姓をうけたと見え、『姓氏録』には未定雑姓左京に百済氏（百済国牟利加佐王の後）も見える。

桓武天皇の生母高野新笠

百済氏一族の女性が平安時代前期に後宮主体におおいに活動したが、その基盤となったのが、桓武天皇の生母、高野新笠（にいがさ）（?～七九〇没）の出現である。本姓を和史（やまとのふひと）とする彼女が桓武天皇を生んだ七三六年や、その姉の能登内親王を生んだ七三三年において、仮に二十代前半だとしたら、その生年は七一〇年前半頃となろう。

新笠の婚姻当時は末端の王族に過ぎない白壁王だから、中下級官人（父の乙継の当時の官位は不詳）からのこうした婚姻も可能であった（もとは白壁王家の従婢かとみる説もある）。白壁王（七〇九年生）は、その正妃が井上内親王（七四四年以降に婚姻）で、彼女が聖武天皇の皇女であり、外孫に他戸王（光仁の第四皇子）が生まれた由縁で、宝亀元年（七七〇）に大納言から即位して光仁天皇となった。光仁は、天応元年（七八一）まで在位し、退位の翌年に崩御した。

新笠は光仁天皇の宮人、後に夫人となり、先ず能登内親王（天智天皇玄孫の市原王妃。参議正三位春原朝臣五百枝などの母）を生み、次ぎに桓武天皇・早良親王（追贈崇道天皇）の順で子女を生む。桓武天皇の即位後に皇太夫人となり（皇后にはならない）、薨去後には皇太后、さらに太皇太后を贈られた。山部親王（後の桓武）が宝亀四年（七七三）に立太子したこともあって、新笠の官位は宝亀九年（七七八）正月には従四位下から従三位へと昇り、この頃までの宝亀年間に高野朝臣を賜姓した。この賜姓は、新笠と父の乙継の親子に限られた模様である（乙継については、没後賜姓の可能性もある）。「高野」は、称徳天皇の別称が高野天皇とされることにも通じるという見方もある。

新笠の父は百済渡来系の和史乙継、母は土師宿祢真妹である。父方の和氏は、百済の武寧王（第二五代王）の子・純陁太子の子孫とされる（『続紀』延暦八年十二月条に附載）。氏の名の「和」は、一に大和国の大和郷（現・奈良県天理市域）に因むかとみる説もあるが、一族が大和郷に住んだ形跡はないし、もと「倭君」といった経緯を考えると、百済に対比する意味での倭地なのであろう。

一方、新笠の母の土師宿祢真妹は、土師氏四腹のうち毛受腹（摂津の百舌鳥居住の一族）の土師氏の系統であり、桓武天皇即位後の延暦九年（七九〇）十二月に一族の土師菅麻呂等が大枝朝臣の賜姓をうけた（後に大江朝臣姓の表記となり、公家の北小路家につながる）。これら賜姓までに、新笠の父母ともに死去しており、ともに正一位が追贈された。

純陁太子後裔の和史氏一族

桓武天皇は母の出身氏族たる和氏の系譜を和気清麻呂に命じて編纂させたが、それが『和氏譜』である（『続日本紀』）。この『和氏譜』自体は現在は失われており、清麻呂が薨じた延暦十八年（七九九）二月廿一日の記事、清麻呂薨伝にその記載があるだけであり、その具体的な内容や編纂時期は不明である。桓武が中宮大夫の地位にあった和気清麻呂に『和氏譜』の編纂を命じたとき、すぐ下の次官の中宮亮が百済王仁貞であった。清麻呂の副官の仁貞も、『和氏譜』の編纂作業に参加し、百済王氏の一員として系譜の監修や保証の役割を果たしたと推定される（崔恩永氏）。

この系譜が、「帝甚善之」と書かれるように、桓武がよく満足する内容であった。『続紀』の新笠薨伝に、和氏は「百済武寧王之子純陁太子」の子孫とされるが、これは『和氏譜』と符合する記事であろう。現存の史料からは、和氏が百済武寧王の子孫であった具体的な史実は見出せないとの見方もあるが、これをどう考えるかの問題がある。

純陁太子については、『書紀』の継体天皇七年（五一三）条に「百済太子淳陀が薨じた」という記事があって、「太子淳陀」と同一人物とされよう。朝鮮側に残る資料には、純陁、もしくは淳陀に比定できる者が見えないが、そもそも現存する百済関係史料は少ないうえ、不備が多い事情があるから、『書紀』など日本側の史料に基づいて考えてよかろう。

『書紀』は、もう一つ関係記事があって、五〇五年四月に百済王（武寧王）がその骨族の斯我君を人質で派遣してきて、この者は本朝で没したが、子に法師君があって、これが「倭君の先」だと見える（武烈天皇七年条の記事）。この記事に見える「斯我君」は、純陁太子と同一人と考えられる。武寧王の生年が上述の墓誌により四六二年と知られるから、四八〇年代後半頃にはその太子が生まれ、五一三年には当該太子が倭で没したと推定すれば、派遣先に男系が遺せるくらいの年齢に達していたことになろう。ちなみに、武寧王の次代百済王となる聖明王の生年は、長子の威徳王が五二六年頃生といわれるから、四九〇年代かとみられ、この生年の比較から太子淳陀の弟に位置づけられる。

このように百済王歴代の生年を推定していくと、四八〇年代後半頃に純陁太子が生まれ、七一五年頃に高野新笠が生まれたことになり、その間に倭地で約二三〇年の経過がある。これを一世代廿五年で考えると、九世代余の経過となるが、現在に伝わる系図（鈴木真年採取の「和朝臣系図」）を踏まえると、純陁太子から新笠の父・乙継（弟嗣）までが八世代となっていて、概ね年代的に符合する。この系図では、法師君（斯我君の子と『書紀』にいう）から系図が始まり、その子の「雄蘇利紀君―宇奈羅（和史）―粟勝……」と続き、乙継の世代でやっと支族の分岐が見えるから、倭地では細々と世系が続いた模様である。

とは言え、和史国守は同族三五人で和朝臣姓を賜ったから、この一族はかなりの数でおり、朝臣賜姓のなかった支流もあって和連（『姓氏録』大和諸蕃。雄蘇利紀王の後と記）となったから、この氏族の過小評価はできない。その母の出た毛受腹土師氏は、畿内に三腹（残り一腹が周防の佐波）あった土師氏のうちの一腹だから、中堅豪族と通婚する程度のレベルであった。「史」というカバネが低いからといって、百済王家の出という系譜が否定できるとは思われないし（王辰爾後裔の船史一族とか東漢氏一族の出とみるのは疑問が大きいし、根拠がなく、船史や東漢氏の系図には和史分出の痕跡がない）、架空の者で和史先祖の歴代を造作して百済王につながる系図を和気清麻呂が作り出したとまでみるのは、無理が大きい。

粟勝の孫が武助で、『続紀』には天平十五年（七四三）に倭武助（カバネは不記載）が見え、その六月に典薬頭になり、同年十一月に従五位下に叙せられた。その子が弟嗣とされる。天応元年（七八一）四月に子の桓武天皇より、新笠は皇太夫人の称が贈られ、正三位に叙せられた同日、兄弟の和史国守が外従五位下に叙せられた。国守はその後も昇進して従五位上大蔵少輔となり活躍している。延暦二（七八三）年正月には、女孺の和史家吉が無位から外従五位下に叙せられており、この後宮宮人も新笠の外戚の縁（おそらく姪で、家麻呂の妹か）で叙位されたとみられる。倭武助の孫の広成は延暦中に侍医兼遠江掾となり、医業を受け継いだ。

『姓氏録』には、和朝臣（左京諸蕃）の祖として武寧王、和連（大和諸蕃）の祖としては雄蘇利紀王があげられる。和史新笠とほぼ同時代の同族としては、天平廿年（七四八）四月の左京一条二坊戸主で「倭史真首名」が見え、その子で東大寺写書所に勤務の廿二歳の倭史人足も併せ見える（「写書所解」正倉院文書）。人足はその後の天平勝宝元年・二年（七四九、五〇）などにも経師として史料に見える。

上記の「和朝臣系図」は、鎌倉前期まで系がつながっており、当該系図には見えないが、その当時に和氏を名乗る官人（下記の和経盛）も史料に見えることから、ほぼ信頼して良さそうである。その当初部分は法師君から始まるが（純陁太子の名は見えない）、これはおそらく『和氏譜』の簡約版の一部分ではなかろうか。

このように、百済武寧王の後裔とはいえ、和史氏が倭地において七世代、約二百年も経過してから生まれた新笠について、百済王の血だけを強調するのは疑問が大きい（途中の七世歴代の母は不明だが、殆どが倭地古来の氏族から出た女性か）。桓武天皇に関しては、父方を見れば、祖父の施基皇子（志貴皇子）には母・越道君伊羅都売（いらつめ）を通じて越の道君氏、父の光仁天皇には紀橡姫（とちひめ）を通じて紀臣氏の血が流入しており、更に新笠の両親の和史・土師宿祢とあって、従来の皇統とは異なる新たな血が続々と皇統に注がれたことになる。

上記に見るように、和史氏は百済氏の支流にすぎないが、桓武天皇の登場により百済氏本宗の百済王氏の地位が上昇したのは確かであった。そのため、桓武天皇は百済王氏一族を「朕が外戚」とまで言って、その女性を四名も後宮に入れている。

その後の和史氏の氏人たちについて言うと、延暦二年（七八三）に新笠の兄の国守ら卅五人が和朝臣姓を賜る。新笠の甥・**和朝臣家麻呂**は桓武天皇の従兄弟ということで立身し、延暦五年に叙爵し（律令制の官制で従五位下への昇叙）、急激に累進して同十五年（七九六）には正四位下・参議に叙任され、渡来系氏族として初めて議政官となった。更に、中納言従三位にまで昇進し、延暦廿三年（八〇四）に享年七一歳で薨去した（後に正一位・大納言を贈られる）。『日本後紀』では、「蕃人相府に入るは、これより始まる」と注記する。

延暦廿二年（八〇三）に治部大輔従四位下で『雑物出入継文』に見える和朝臣今鹿麻呂は家麻呂の弟かとみられ、『園城寺文書』に天長十年（八三三）諸陵頭従五位上で見える和朝臣家主は今鹿麻呂の子か。これら以降、この一族はあまり振るわなかったが、平安中期の延喜年間、和利親が少外記を経て筑後守に任じたと史料（『外記補任』や『類聚符宣抄』）に見え、十一世紀初頭の寛弘六年（一〇〇九）に伊賀掾となる和吉種（『東大寺要録』）、鎌倉前期の貞永年間にも「和」を名乗る官人、中務丞和経盛が『民経記』に見える。

和史氏が奉祀した神社

京都市北区の平野宮本町に鎮座する「延喜式」山城国葛野郡の名神大社**平野神社**は、高野新笠と縁の深い神社とされる。同社の祭神は今木神、久度（くど）神、古開（ふるあき）神、相殿に比咩神の四座で、平安京遷都により京都に遷座した。今木神の「今木」とは今来のこととされ、渡来人を意味するが、平城京の田村後宮（奈良市尼辻町）にあった今木皇大神は、たんなる渡来神（百済からの渡来）ではなさそうである。延暦元年（七八二）十一月に桓武天皇が「田村後宮」（奈良市尼辻町）の「今木大神」を「従四位上」に叙したと見える（『続紀』）。

　次の久度神は、「竈（かまど）」の意味で御厨神の総称であり、「竈神」とされる（伴信友の『蕃神考』など）。「久那土神」（塞神・岐神の一で、常陸の息栖神社の主祭神とされ、鹿島神・香取神による平定では東国の先導にあたったとその社伝にいう）ともみられる。この神を祭るのは大和国平群郡の延喜式内社・**久度神社**（奈良県北葛城郡の王寺町久度）だけで、近くには和乙継の墓といわれるものもあることから、和史氏一族が祭祀した神とされる（和乙継の牧野墓は、奈良県広陵町にあるバクヤ塚が一に推定されるが、これは「古墳」であり、築造年代が異なる）。和氏の本拠地は、本来、この神社のあたりと推定される。平野神社の久度神は平城京の内膳司に祭られたと伝えるから、王寺町の久度神社から平城宮に移り、さらに平野神社に移ったとみられる。桓武天皇の延暦二年（七八三）には特に官社に列せられ、従五位下という神階を賜ったことが『続日本紀』（以下では『続紀』とも記す）に記載される。

平野神社（京都市北区）

たんに「竈神」であれば、抽象神であるが、三宝荒神で、わが国では五十猛神に通じるものともみられる。出雲国出雲郡の式内社に「韓竈神社」（祭神が須佐之男命。新羅から国引きしたと伝える地〔出雲市唐川町〕に鎮座し、この辺が出雲の産銅地帯という。拝殿の後ろに巨岩があり、近くにも「岩船」の巨岩がある）もあることが想起される。鎮魂祭など宮廷儀式には韓竈が用いられ、春日・大原野・枚岡・平野などの大社の祭料としても韓竈があげられ、神饌の炊餐、神酒の醸造にもこれらが用いられる。前川明久氏も、『延喜式』陰陽寮の神祭に「庭火并平野竈神祭坐内膳司」と記事があり、平野神は竈神だとわかるとする。

久度神・古開神は、もとは平群郡の久度神社に祀られていた。古開神は平野社関係記事にしか見えない神で、文献では「久度・古開」と一対で扱われることから、渡来神の久度神とともに久度神社に祀られたとする説や、古開神は久度神と元は同一だとする説もある（「竈神＝塞神」はありえようが。あるいは「三神同体」もありうるか）。比売神は宇佐の同名神と同体ではないかとみられる（このように考えると、可能性としては、A「今木神・比咩神」と「久度神・古開神」が夫婦神二対で、後者のほうが平野神社の本来の祭神であって、原型が一組の夫婦神かもしれない。この場合、「今木神＝久度神」と「比咩神＝古開神」となる。あるいは、B「今木神・久度神・古開神」が比咩神と夫婦神、のいずれかか）。

久度神社（奈良県王寺町）

なお、今木・久度・古開・比売神について、それぞれ源氏・平氏・高階氏・大江氏の祖神とする説等があるが、祭神の経緯を考えると、こうした氏神説は後世になってからの比定だとされる。

奈良時代後期から平安時代前期の人物—奥羽国司と鎮守将軍

百済王氏一族からは、敬福以来、東北地方の経営と征夷事業に関わる者を多く出した。具体的にそうした任官者をあげると、陸奥鎮守府将軍では、延暦期の百済王俊哲（敬福の孫。坂上田村麻呂の前任者）のほか、大同期の教俊（俊哲の子。陸奥介や後に出羽守にも任）がいる。百済王俊哲は征夷副使などにも任じた（ほかに下野守）。承和七年（八四〇）には、御春浜主（百済宿祢永継の甥）も補され、その後も御春朝臣からは、貞観十年（八六八）に岑能（浜主の孫）、仁和二年（八八六）に種実（岑能の弟という）が鎮守府将軍に任じている。陸奥介鎮守副将軍には百済朝臣足人、百済王教雲が延暦末期に征夷副将軍で見える。

出羽国司補任者も多く出て、奈良時代末期には、百済王三忠が出羽介・出羽守、鎮守副将軍となったほか、出羽守に百済王文鏡、百済王武鏡（ほかに、主計頭、周防守など）や、延暦期には百済王英孫（鎮守副将軍も補）、百済王聡哲、弘仁期には百済王教俊がなっている。このように百済王敬福の陸奥での活動に続いて、百済王氏から相次いで出羽守に就任するが、それも桓武の在位中のことが多く、九世紀に入ると姿を消してしまう。

木村清幸氏には「能代地方の製鉄地名について」（『秋田地名研究年報』十号、一九九四年）という論考があって、そこでは、八世紀中期の秋田城に、百済王の氏族が韓鍛冶部とともに移入してきて、この集団が秋田県内で最も早い製鉄遺跡としての坂ノ上E遺跡を残した、と書かれる。

これらのほか、奈良後期～平安前期に活動業績が目立った官人としては、百済王仁貞（備前守）、百済王教徳（上総守、宮内大輔、刑部卿）、百済王鏡仁（河内守、豊後守）がいた。平安前期の百済王勝義は、右京大夫・左衛門督などを歴任し、仁明朝には宮内卿従三位まで昇叙している。勝義は百済王氏最後の公卿であるが、非参議にとどまり、男子の有無は伝えず、この系統は後に残らなかった。

奈良時代の経師関係者

奈良時代の百済渡来系関係者の動きをもう少し見ていくと、『大日本古文書』には「正倉院文書」が天平頃から多く掲載されており、その中心は写経所の労務管理のための事務帳簿である。写経所での作業記録関係が多くあって、写経作業に従事する経師・校生らの氏名が細かく分かるが、正式な文書ではないことで、カバネがきちんと記されず、氏の名にも若干の省略がある。識字と筆写の能力がないとこの作業ができないから、経師に渡来系の血を引く人々も多く、正史でよく見る氏族とは異なる中下級の官人について、より多彩な姓氏が認められる。

こうした経師の名が見える渡来系の氏族、とくに韓地系で言うと、例えば、百済王族の氏の余であり、高句麗王族の氏の高・狛もあり、百済王族の流れとなる鬼室・百済飛鳥戸伎弥なども見える。王、荊、辛、楊、難、鯀、鼻、漢、古、張などの一字の姓も、もとは百済の氏とか中国系ともされそうである（難元慶の墓誌が河南省魯山県で出たが、百済滅亡後に唐に仕えた難汗の孫とされる）。複数の漢字からなる既母辛、支母末、答他、達沙、陽胡、志斐（四比）、万昆、祁用利、吉母、汶且、古頼、一難（摂津国百済郡人の一難宝廊）、念林、己智、足奈、沙宅、卓淳などは、本来は朝鮮半島系であって、主に百済系の遺民の流れであろう。

中国系では秦・秦部・秦前、大石、大友、錦織、赤染、船などがある。本来は倭系の科野もあり、純粋な倭系の若倭部、三野、能登、淡海、尾張、敦賀、三島、中臣、阿刀などの諸氏も経師には見えて、出身層がなかなか多彩である。

渡来系の諸氏も、当初は朝鮮半島現地での名乗りがなされたが、世代が進むと名前のほうから倭風になってきて、氏も次第に倭地の氏を賜って変わっていく。

百済王氏の後宮関係者

百済王氏一族は桓武天皇・嵯峨天皇の時代、後宮関係者を多く出した。これまでの後宮に渡来系の女性がいなかったわけではなく、内侍や女嬬などで勝玉虫・沙宅万福、高麗使主などが知られるが、それが顕著になるのは桓武朝といえよう。

百済の武寧王後裔の高野新笠を母とする桓武天皇は、敬福の孫にあたる百済王氏の女性を四人も妃・宮人にしたほか、女孺（にょじゅ）（後宮で内侍司に属し、掃除・照明などの雑事に従事した下級女官）など女官にも一族が多く見える。桓武天皇の女御に百済王教法、宮人には百済王教仁（大田親王の母）、百済王貞香（駿河内親王の母）、百済王恵信（仁明朝に従三位）、百済王明本（恵信とともに明信の姉妹）がいた。そのなかで後宮の支配に大きな役割を果たしたのが、尚侍（女官長）の百済王明信である。

明信は右京大夫百済王理伯（敬福の子）の娘で、藤原南家の継縄（豊成の次男で、右大臣正二位まで昇る）の室となって乙叡（たかとし）を生む。桓武天皇からの信頼が厚く、寵愛を受けたが、明信自体が天皇の愛人（実質的に后妃に準ずる位置というが通説のよう）であったともいう。宝亀元年（七七〇）に正五位下に越階昇叙され、延暦六年（七八七）高椅津への行幸の帰りに継縄邸で従三位に叙され、弘仁六年（八一五）

十月に薨じたときは散事従二位であった。なお、桓武天皇には皇后藤原乙牟漏（平城・嵯峨両天皇の母。式家良継の女）がいたが、延暦九年（七九〇）に享年卅一歳（二に卅九歳説があり、年齢的にはこちらが妥当かとも言う）で崩御している。

こうした事情から、桓武は百済王氏を「朕が外戚」とまで呼んで、延暦二年（七八三）など交野にしばしば行幸し、山野で狩りを楽んだという。長岡京への遷都の翌年、延暦四年（七八五）及び同六年（七八七）には、桓武が交野の柏原で郊祀壇（後身とされるのが枚方市楠葉丘の交野天神社で、継体天皇の樟葉宮旧蹟の近隣）を築いて天地を祀った。「郊祀」（中国の帝が行う昊天上帝を祭る儀式）を二度にわたり、百済王氏の本拠地交野でその支援を受けて実施した。

このような儀式を行った天皇はほかになく、百済王氏への思いの大きさが推察されるのかもしれない。郊祀壇の北方近隣、淀川をはさむ地に長岡京が位置することから、郊祀は新王城の鎮護のためという見方もある。中国の郊祀祭天の導入が、父・光仁天皇の即位が天命により皇統が変わり、新王朝の樹立を意味するものとみる見方（田中史生氏）もあるが、皇統が天武系から天智系に戻ったのがそれほど評価して良いのかは分からない。

延暦六年及び同十年には、明信の夫・藤原継縄（六年時

交野の柏原の郊祀壇の後身とされる交野天神社
（枚方市楠葉丘２丁目）

は大納言、十年時は右大臣）は百済王氏を率いて百済楽を奏している。『日本後紀』によると、延暦十四年（七九五）四月の曲宴では、桓武が明信に代わって返歌を詠んだという。

明信の息子の乙叡（中納言従三位）の出世は、父母の威光によるとされる。乙叡の娘・平子も、桓武の宮人となり、伊都内親王（生没が八〇一～八六一）を生んだが、彼女は阿保親王（平城天皇の第一皇子）の妃となり、在原朝臣業平の母となった。

これら様々な事情があって、延暦十六年（七九七）五月廿八日の勅により、百済王氏は課役と雑徭が永久に免除された。この原因に、交野の郊祀天壇についての奉仕・支援や後宮での活動との関係をみる見方もあり、外戚の役割という特殊業務を担った特別な優遇・感謝の現れと考えること（崔恩永氏）に同意してよいのだろう。

その後では、百済王氏一族から嵯峨天皇や仁明天皇の後宮にも入っている。すなわち、嵯峨天皇女御として俊哲の娘・百済王貴命（女御従四位下。基良親王・忠良親王の母）がおり、後宮には尚侍（承和三年〔八三六〕に補）として**百済王慶命**（教俊の娘。従二位で、大納言源定や源鎮等の母）があった。淳和天皇に譲位の後、太上天皇となった嵯峨は大覚寺前身の嵯峨院（右京区嵯峨大沢町にあった離宮）に住み、慶命は別宮の小院を与えられたから、寵愛ぶりがわかる。檀林皇后・橘嘉智子に匹敵するほどの権勢があったともいわれる。その死後に従一位の追贈をうけた。

嵯峨天皇にも宮人が多いが、ほかに百済系の広井氏（名が不明も、広井宿祢真成の娘で、貞名・弟名の妹か）もおり、弟妹の弘・常らと共に源朝臣を賜姓されて臣籍降下した源信（左京一条一坊に貫付されて戸主となり、後に左大臣。初代源氏長者）を生んでいる。

仁明朝の後宮にも百済王氏から永慶（高子内親王母）、女子（名は不明で、一に宝持という。右大臣源多（八三一生）・右大臣源光（八四五生）の母）があったが、これらの後には百済王氏一族から後宮に入った女性が系図や史料に見えない。源多・源光という二人の右大臣を生みながら、名が伝わらない女性の存在も不思議な感じがある。これら平安前期の後宮と百済王氏について、今井啓一氏には「天子後宮における百済王氏の女人」という論考もある（『百済王敬福』に所収）。

上田正昭氏が少なくとも九名を数えるというほど、後宮に多くの女性を出した百済王氏も、嘉承二年（八四九）に尚侍百済王慶命が死去した後では、後宮への道も殆ど閉ざされた。わずかに貞観元年（八五九）十一月に百済王香春が無位から従五位下を賜ったとの後宮記事が見えるくらいである。その後でも、『中右記』の嘉保元年（一〇九四）十一月条に内侍所の「女官三人（上野・百済・奈良）」と見え、女官百済らが節刀を陪見すとあるから、女官の伝統は多少残ったものか。

飛鳥戸造氏と百済宿祢永継

百済王氏と別氏で、百済を名乗る百済宿祢氏があった。もとは飛鳥戸造、百済安宿公、百済飛鳥戸伎弥といい、この飛鳥戸氏一族は河内国安宿郡に居をおいた（その後、左京や右京に遷居する者がでた）。『姓氏録』には、右京諸蕃の飛鳥戸造が「百済国比有王」より出るとあり、河内諸蕃では飛鳥戸造が、「百済国比有王の男、琨伎王」や「百済国末多王」より出ると見える。

その具体的な系図は、鈴木真年が「御春朝臣系図」として『百家系図稿』巻九に所収している。琨伎王の子・末多王の子として東城子言・東城子莫古をあげて、後者の曾孫波珠（舒明～孝徳朝頃の人か）が飛鳥戸造となると見える。『書紀』の欽明十五年（五五四年か）条には、奈率東城子言に代えて、徳率東城子莫古を倭に貢したと見える。欽明四年条には東城道天も見えており、あるいは子言・子莫古の父に当たる者か。

この一族からも桓武後宮に入った有名な女性がいた。それが**百済宿祢永継**で、飛鳥戸造奈止麿（もと百済安宿公奈止麻呂。奈弖麻呂とも。正五位上出雲掾）の娘である。永継は、桓武・平城・嵯峨の三帝に仕えて従二位右大臣まで昇進した藤原北家の内麻呂との間に、従三位参議の真夏（日野家の祖）や正二位左大臣冬嗣（摂関家の祖。その妻のなかにも百済王氏の女性〔難波姫〕がおり、良方を生んだと『尊卑分脈』に見える）の二子を生んだ後に、桓武後宮の女官（女孺）となり、天皇との間に良峯朝臣安世（延暦廿一年に臣籍降下して賜姓）を生んだ。永継自身は従七位下の低い官位で終わる模様も（現存の六国史に叙爵記事は見えないが、『皇胤志』は従五位下と記す）、その活躍の影響もあって、この一族は百済宿祢、御春朝臣の賜姓も受けた。

なお、「三松氏系図」には、この百済永継の系混入があり、百済王敬福の娘とか妹として記載されるのもあるが、明らかに誤りである。永継所生の良峯朝臣安世は、陸奥出羽按察使を長く務めて、正三位大納言にまで昇進したが、武芸及び文化面での活躍もあり、『日本後紀』の編纂に関わり、漢詩に秀でて『経国集』の編纂も主宰し、歌舞音曲にも優れており、真言宗の開祖空海との親交もあった。

飛鳥戸造一族の地方進出では、越中国利波郡の郡司として約九十年間、弘仁期の有成（主政）から、天長期の浦丸（以下は擬少領）、貞観・元慶期の貞門・今貞・貞氏までが見える（『越中国官倉納穀交替記』）。これらの系譜は不明も、あるいは貞観五年（八六三）に百済宿祢賜姓の河内国高安郡人有雄の傍系支族か。永久四年（一一一六）に従五位下大宰大監で見える御春朝臣重貞の子孫は、鎌倉前期まで同様な職を世襲した模様が系図に窺われる。

飛鳥戸氏一族は、羽曳野市飛鳥にある式内名神大社の**飛鳥戸神社**を奉斎した。元慶四年（八八〇）八月に主税助外従五位下の百済宿祢有雄が、主殿権允正六位上の御春朝臣有世とともに、同社の神田設定を申請し、これが認められて神田一町を賜った（『三代実録』）。江戸時代には祭神が牛頭天王とされ、現在は素盞嗚命が祭神とされる。『神社要録』では「百済氏祖神 名詳ならず」と記され、本来は飛鳥戸造の祖神として昆伎王が祀られたとも考えられている。一時、近くの近隣の八幡神社（現・壺井八幡宮）に合祀されたが、昭和二七年（一九五二）に分祀されて、旧社地の近くに再建されたという経緯がある。

飛鳥戸神社（羽曳野市飛鳥）

杜本神社（羽曳野市駒ケ谷）

また、杜本神社（羽曳野市駒ケ谷）は、現在の祭神は、経津主神夫婦神とされるが、元の平安初期には百済宿祢永継とその祖先の飛鳥戸氏を祭る神社だったといわれる。

二　百済王の起源と祭祀

この辺で、韓地における百済氏の遠祖、すなわち百済王家の起源伝承や歴代国王の系譜について考えてみる。現在の朝鮮半島には、滅びた百済や高句麗についての史料に乏しく、主だったものが『三国史記』の百済本紀・高句麗本紀くらいしかないが、これらの記事を信頼するにはいろいろ問題も多そうである。このことに十分留意して検討してみたい。

百済王家の始祖伝承―百済の建国時期

百済の起源について、朝鮮半島や中国の史料には殆ど史料が残らないから、主に『三国史記』の記事に基づいて考えられている。そこでは、**温祚**（オンジョ）が母・召西奴や兄・沸流とともに高句麗から離れ朝鮮半島を南下して、漢江流域に建国した国が百済と伝える。その場合、温祚の父も、高句麗王家から出たとして、初代国王の朱蒙とされることが多い。

兄とされる沸流が、弥鄒忽（ミチュホル。現在の仁川あたり）で国を建てようとしたが、うまくいかなかったので、この後始末も温祚がしたように伝えるが、沸流を百済の祖先とする見方もある。ともあれ、百済の初期の王都がソウル市城東区風納里にあって、領域が南漢江流域とされる。近肖古王の西暦三七一年には、慰礼城から漢山城（京畿道広州）に王都が移ったが、この地が慰礼城に比較的近かったので、建国から四七五年の高句麗による漢城の落城までは一つの時代（漢城都邑期）として括ってみられている。

こうした流れについて、初期段階に関して日本の学界では、疑問が大きいとみられており、百済の建国時期も大幅な年代架上があるとされる。

百済は、『三国志』に見える馬韓諸国のうち伯済国を母体としたが、史料にこの国が確実に見えるのは四世紀後半であることから、日本の学界では、この少し前の四世紀前半頃に百済が成立したとする説がほぼ定着している。これだと、『三国史記』の記載に基づく百済建国の紀元前十八年の温祚建国とは大きく異なる。韓国の学界では、総じて一九七〇年代頃から『三国史記』の記事を受け入れており、これに対して、李丙燾氏が疑問を出し、一九八五年に三世紀後半の成立とする説を提唱した。これらの建国年代関係の諸説をどう考えるのかという問題となろう。その根底には、十二世紀中葉に成立した『三国史記』の評価の問題もある。

私見では、韓国の学界や日本の学界の見方・把握には種々、疑問を感じており、上記とは別途に多方面から考えて行きたい。この辺は、拙著『天皇氏族』でも触れたが、これとあまり重複しないようにここに記しておく。

百済や新羅の建国時期は、『三国史記』の記事（百済が前一八年、新羅が前五七年とされる）にかかわらず、実際には、紀元一世紀前葉頃に建国という高句麗に相当遅れた。馬韓・辰韓の名が中国文献に出る最後が三世紀後葉であり（各々二九〇年、二八六年）、百済・新羅両国の動きが中国の史書に初めて出るのが、四世紀の中葉ないし後半である。紀元三一三年に高句麗が楽浪・帯方両郡を滅ぼしたことなどの情勢のもとで、馬韓・辰韓の地域では各々が自立意識を高めることになり、そのなかの小国が次第に勢力を拡張し、周辺の地域統合を進めた結果だとみられる（それでも、新羅では六世紀初頭頃まで、実質的に多少とも高句麗の勢力下、影響下にあったものか）。

その一方で、百済・新羅が国として顕著になる以前の状態は、馬韓・辰韓ではどうだったのかという問題も当然ある。しかも、済・羅両国の初期諸王のなかには在位年代がきわめて長いと記される者がかなりいる。『三国史記』に示される王統譜の世代関係から考えると、これらの治世年代が明らかに長い（実態よりも長く引き延ばされたか、ないしは、「長い期間」だとして年代把握がなされている）。研究者によっては、わが国『記・紀』の初期天皇系譜と同様に、杜撰な系譜や年代記事の編纂に因ると受けとる向き（そして、これが古い初期の王を切り捨てる論法に通じる）が多そうだが、これは日・朝ともに研究のアプローチが違うのではなかろうか。つまり、史料の記事そのものの問題ではなく、研究者の史料把握（とくに紀年、暦法の把握）の仕方のほうに問題があるというのが、拙見である。

私の問題意識としては、当時の両国の紀年法が「現在の暦年とは違う形」の「古暦」で記録されていて、それがそのままの現代と同じ年紀で『三国史記』に編纂され記事になったのではないか、ということである（ちなみに、高句麗の好太王碑文当時の暦法も、現在の暦年と同じとはいえず、これと一年差のある顓頊（せんぎょく）暦の使用を友田吉之助氏が考える）。太田亮博士も、新羅紀年の延伸に気づき、紀年修正の試みをしたが、その採用される数値が、私には必ずしも納得できるような手法、結論にはなっていない。

新羅は、倭地（日本列島）により近いだけに相互に地域交流があり、両国で年代比較がし易い事情があるから、おかしな年次を示す新羅本紀の紀年は割合分かりやすい。五世紀前葉より前の時期（具体的には訥祇王頃より前）は、新羅でも倍数年暦で記載された可能性が大きいとみる。一方、百済のほうはやや孤立していて、そうした紀年比較ができないが、生物学的に当時の一世代が二五～三〇年ほどと考えれば、ここでも何らかの倍数年暦使用が考えられる。所伝の王家系譜を世代として捉えて、確実な時期から遡上する形での年代推定も方法論としてありうる（新羅でも百済でも、初代からの諸王の存在はそのまま認めてよい可能性があるが、それら諸王の治世時期が『三国史記』の表記そのままではないということであり、現在と同じ暦年法による記載だとして受けとるのが問題だということ。新羅の奈勿王から同書記載の年代そのままに受け取る見方もかなり見られるが、この王の治世時期でもかなりの遡上があることに注意）。

百済で一般に実在性が言われるのが第十三代とされる近肖古王（三七二年に晋に遣使の記録あり。この王の時に、百済は最大版図を実現）であり、それより前の諸王では、先代の契王（在位三年とされる）及び沙伴王（『三国史記』には本紀記事はなく、在位一年弱とされる）を除き初期十一人の王の治世期間は、各々が長すぎて二倍年暦などの倍数年暦法で『三国史記』に記載される可能性がある。第五代の肖古王から第八代（第七代に沙伴王を入れる場合）の古爾王までの実質三代の王の治世期間が合計で満一二〇年（『三国史記』の年代で西暦一六六～二八六年）とされ、かつ、肖古王と古爾王とが兄弟で同じ世代だと『三国史記』にいうから、これが実年代だとしたら、きわめて不自然の長さである。

古爾王の事績について、百済の官制を整備した王として、おおいに評価するむき（李丙燾『韓国古代史』など）がある。この者が百済の実質的な初代王（馬韓地域の統合者）だとしても、その治世期間の五三年は長すぎるし、治世時期（同、二三四～八六。この時期に、たびたび「新羅」と戦をするはずもない）も古すぎて、年代遡上が著しい。仇首王（『三国史記』の年代では在位二一四〜二三四）と比流王（同、三〇四〜三四四）とが親子というのが本当なら、親子で活動年代の差異が大きすぎる（これらの辺りに、二倍年暦などの「X倍（倍数）年暦」の紀年法が入るとみられる。干支紀年法で表記される「年」の数え方が、現在とは異なるという意味）。

このような形で見ていくと、『三国史記』記載の新羅や百済については、初期段階の王暦のなかに、四倍年暦や二倍年暦という「倍数年暦」による紀年表示が混在する模様である。この辺を諸王の世代や系譜関係などを「実物大の人間」として考慮し紀年調整をした場合には、一つの推算として、百済初代の温祚王が二世紀中葉頃の治世で、新羅初代の朴赫居世王が二世紀後葉頃の治世となるような数値も出てくる（推定の詳細な基礎や推定方法は、拙著『神功皇后と天日矛の伝承』を参照）。

今西龍博士は、三世紀前期かそれより少し前の頃に扶余種の王家が馬韓の伯済の地に入ったものかとみるが（『百済史研究』）、それよりは若干早い時期という可能性がある。太田亮博士も、様々な試算のうえで新羅の王暦が干支四運（＝二四〇年）、百済のそれが干支三運（＝一八〇年）を各々延長させた架構の干支によるとみた（「朝鮮古史年代の新研究」、『国史と系譜』四巻七号所収、一九二八年。この場合には、百済の建国は西暦一六二年、新羅の建国は同、一八三年と換算されるが、この結論数値は私見とほぼ同様な時期となる）。新羅の王宮とされた月城の築造は、城壁西南の下層から三世紀頃とみられる土器類が出土した事情から、これ以降とみるべきだとの見方もある（田中俊明氏等編著『韓国の古代遺跡 1 新羅篇』、一九八八年）。月城の王宮を築いた時期は、新羅第五代王の婆娑（脱解の次の王）の治世の廿二年だと『三国史記』に見える（同書紀年記事は要注意で、これを一〇一年と換算するのは疑問大。三世紀代か）。

私見では、初期天皇の治世伝承や『書紀』の紀年がX倍年暦法で記される事情等を踏まえて、初代の神武天皇の治世を紀元一七五〜一九四年頃とみている（この辺の諸事情や具体的な推計方法・算出数値は、拙著『「神武東征」の原像』『天皇氏族』を参照）。これが、新羅初代王の朴赫居世とほぼ同時期かとみられる。「新羅本紀」には、倭人の瓠公（もと倭人で、その名が、瓢〔ひょうたん〕を腰につけて海を渡り新羅に来た事情に由来）という人物が赫居世や脱解王に仕えた重臣で見える。この者が神武の兄で、海原に入るという異界行きの伝承をもつ稲飯命（稲氷命）に当たり、年代的には十分考えられる（これが、不合理な比定にはならず、たんなる神話的な伝承とは片付けられない。『姓氏録』右京皇別の「新良貴」は、稲飯命の後裔と記されるが、この系図も残る。中田憲信は、『好古類纂』で、新羅第五代婆娑尼師今の十六世孫、沙飡朴薩甫が天平宝字二年に帰化し、武蔵国に新羅郡を建てたのが同氏の祖だとする）。

百済の初代の温祚についての「百済本紀」も新羅とほぼ同じであって、その治世記事は赫居世よりかなり多いが、親族関係の者以外では、部下は当初からの烏干・馬黎や右輔の乙音、その後任の解婁くらいである。これら創業補佐人の後裔が長く王朝を支え続けたという、わが国のような例は伝承に見えず、後ろの百済高官二人も初代王の親族の可能性がある（これら初期重臣のうち、解氏は百済滅亡頃の後世まで長く続くも、歴代の系譜が不明で、現在に伝わらない。同じ扶余系王族の流れを汲む高句麗や渤海においても、解氏が有力な貴族のなかにあった）。

こうした事情だから、建国王の周辺・関係者から新羅・百済の建国年代を推定することはかなり困難である（百済での推定の試みは後述）。この辺は、日本の神武東征伝承に見える登場人物の多さ（しかも、その殆どが上古の朝廷の重臣として子孫を長く残したと伝える）と比べ、大きな差異がある。『三国史記』のような内容では、それぞれの建国王について後世になって事績をなんとでも書ける可能性すらある、ということである。

『三国志』の魏書韓伝（東夷伝のうち）には、百済の前身とされる伯済や、新羅の前身の斯盧という国名が記載される。三世紀中葉頃までには、これら両国の前身が小国にせよ、なんらかの形で既に成立していたのだとしたら、魏書韓伝の伯済や斯盧の建国者ないし初祖として、温祚や朴赫居世の実在性を否定することはない。それが、魏朝成立（西暦二二〇年）の僅か半世紀ほど前の時期、二世紀後葉で、その頃が彼らの建国活動期となろう。

温祚王の活動時期

温祚の実在性を前提として、その活動時期をどう把握するかという問題に改めて取り組んでみる必要がある。そう思って試みたところ、次の二つの推計アプローチも取りうるかと思いついたので、ここに記しておく。

(1) 全氏の系譜に基づく遡上推計の方法

温祚が百済国の創業のときに、烏干や馬黎など十名の臣下を率いて南遷し、漢江流域に百済を建国したと伝えており、当該十臣（十済功臣）のなかの一人に全聶があげられる。この者の子孫が全氏として朝鮮半島に長く残り、「全氏世譜」という族譜も残る。この地域の「族譜」は総じて新しく、現存最古のものでも十五世紀後葉の成立とされるが、それでも、族譜のなかには興味深い記事もあるので、一概に史料価値がないとも言えない。

百済の重臣諸氏関係者は、百済滅亡の時に唐に送られたり、倭地・高句麗などに亡命したりし、一部は新羅に帰属したりもしたが、それらは後の世までつながる子孫を朝鮮半島に殆ど残さない。ところが、この全氏だけは、先祖が遼東の出という伝承もあってか、早くに中国本土や新羅に行ったり戻ったり、という氏族の歴史・経緯のなかで、百済や高句麗とは滅亡の運命を共にせず、長く存続した事情がある。

朝鮮半島の全氏は、本貫が旌善（チョンソン）（韓国江原道の南東部、高原地帯にある郡。漢江上流域に位置する）の家を大宗にして十七本あるとされ、すべてが同源分派であって、「全氏大同譜」では旌善派、天安派、竜宮派などと分類される（諸派の所伝には若干の差違もある）。本貫が旌善（新羅時代）、扶余（李氏朝鮮時代）を除き、みな高麗後期に分派して、高麗貴族の代表的な姓氏の一つであった。始祖は百済の開国功臣（十済功臣）の全聶（歓城君）とされる。『全氏冠冕録』によると、歴史上封君三五人を含めて政丞級十二人、尚書級四三人、参判四人、大将七人、兵使・水使四人などを輩出したが、大部分が高麗時代とそれ以前の人物であって、李氏朝鮮時代では権勢は振るわなかった。

これら全氏の遠祖が温祚王に仕えた全聶で、その子に全虎翼（じょう）がいて百済第二代の多婁王のとき兵曹判書（丞相級か）を務めたという。これが初期段階であり、旌善全氏の始祖は新羅時代に典法判書を務めた全宣とされる。天安全氏のほうは始祖が全聶と伝えるところを見ると、当初は天安か漢城のあたりに居があったものか。

中国の「百度百科」に拠ると、朝鮮半島の全氏の祖は全燮（しょう）といい、漢族の出で、もとは西漢時代（前漢のことだが、実は東漢こと後漢の時期か）の遼東郡襄平（現・遼寧省遼陽老城区）にいた漢軍の副将の一人だが、遼東が乱れたとき全燮は温祚に従い百済開国の功臣となり、環城（漢城あたりか）を領地として環城君となった。その先は王氏という。全燮は全聶と同人のようで、その八代孫の全善（全愃、全宣）は百済王から旌善君（旌善郡の長）になったと記される。奈勿王のときに、全愃が大光公主に陪行して新羅に入って旌善君に封じられたともいう。この全氏第八世あたりが百済・新羅の両国王に仕えたものか。

第二世の全虎翼の子、槃（はん）は当初は百済の第三代己婁王に仕えたと伝え、この全氏の初期三代は百済王統の初期三代と世代的に符合する。槃はその後に中国の漢王朝と関係をもつようになり（関西弘農侯に封じられたともいう）、その孫の第五世の汝均は百済を離れて中国に住むとも伝える。その子孫で第九世の方春は、新羅の「寶聖王」のときに大将軍兼太師（三司太常卿）となるという記事（龍宮全氏世譜）に注目される。他の分流の世譜では、このときの主君が新羅の「孝成王」という表記も見えるが、「寶聖王」のほうが原型で、これが「實聖王」にあたるとしたら、それから八世代、先祖を遡ったのが全聶であって、温祚王の活動時期にもあたる。方春の父の第八世全愃が奈勿王のとき活動したというから、全氏の第八世、第九世が各々新羅の奈勿王、實聖王に仕えたことになる。

このように全氏の初期世代を初祖まで遡上していくと、主君の百済王家、温祚王の世代は金閼智の前の世代か、もう一代前の世代くらいに相当する。その場合、新羅初代王の朴赫居世の活動時期（二世紀の後葉頃）にほぼ重なることになろう。

なお、馬黎の後裔という馬氏も長く残るが、直接の祖を高麗王朝宣宗の時の馬𡡉仁とする族譜（忠清南道天安市の木川馬氏、全羅南道長興郡の長興馬氏）しか残らない。その遠祖が馬浣で、殷朝滅亡時に箕子と共に朝鮮に来たことにより朝鮮の馬氏は始まると伝える（中国では、戦国時代の趙国公子の趙奢から馬氏〔当初は馬服氏〕が始まるとされ、それより前に発生した別の馬氏となる）。

(2)百済の王暦と日本の天皇の代数比較からの推計の方法

日本の第十五代天皇とされる応神天皇の在位年代は、拙見推定では三九〇～四一三年頃とみており（拙著『「神武東征」の原像』参照）、これは百済の第十七代の阿華王（阿莘王）の治世（三九二～四〇五）にほぼ重なり、第廿一代雄略天皇のそれ（同、四六五～四八七）が百済の第廿一代の蓋鹵王（同、四五五～四七五）及び第廿二代文周王（四七五～四七七。前王の弟）の治世にほぼ重なるとみられる。日本と百済の天皇・王について平均的な在位数・世代数が両国でほぼ同様であったと仮定すると、日本の神武天皇の在位時期とほぼ同じか、それより若干早い時期ということになろう。そうすると、この点でも、温祚王の在位時期は二世紀後半頃となろう。

このように、二つの視点から温祚王の在位時期を大掴みで推計してみると、それが二世紀後半（一五〇～二〇〇）の頃とするのが割合、穏当そうに考えられる。ソウルの百済初期段階の古城遺跡を見ると、二、三世紀代頃のものではないかとみられる要素があるから、建国も早くてそれより少し前くらいなのであろう。

百済建国時の王城とされる**慰礼城**は、築造規模や出土遺物などから風納土城（ブンナプ）とするが最有力である（ソウル市の

風納土城の土塁（韓国・ソウル）

松坡区風納第一・第二洞。先に同市城東区に最初の都があって、それから漢江を南に渡った地ともいう)。近年の調査(二〇〇二年三月九日の国立文化財研究所の発表)によれば、版築により築かれた土城は、紀元二世紀ないしそれ以前に遡っての築造が認められるというから、ほぼ二世紀代に百済前身の萌芽があったことも考えられる(この数値は炭素十四年代測定法によるものであり、同法では一般に推計年代数値がかなりの遡上傾向を示すので、紀元前後の築造推定は行きすぎであり、『三国史記』に記される百済建国時期〔紀元前十八年〕を実証するものでは決してないどころか、むしろ否定する)。風納土城が遅くとも三世紀初頭を前後する時期に既に築造が完了し、城壁としての機能を果たしたと考えられるようになったと、大竹弘之氏が記される(「百済の古都」、『古代日本と百済』所収)。

そして、このように初代温祚王の治世時期を押さえるときは、一世紀前葉に死去した高句麗の朱蒙の子の位置に温祚王が置かれることは、年代的にあり得ない。

百済の遠祖は優台か仇台か

「百済本紀」には百済始祖の別伝も記されており、こちらの伝承では沸流・温祚の兄弟は優台の子で、夫余の解夫婁王の子孫とされる。一方、七世紀代に成立の『北史』や『隋書』東夷伝等では、東明(扶余の初祖で、高句麗の朱蒙とは別人とする池内宏説が是か)の後に仇台があり、これが百済の始祖であって、その国都に仇台廟を祀ったと記される。初めは国を帯方郡の故地に建てたが、百家とともに海を渡って国を遷したのに因んで、「百済」と号したといい、百済先祖の所伝が異なる。貞観十年(六三六)に成立した『周書』(『北周書』)百済伝でも、百済王は毎年、季節毎に始祖の仇台の廟を祀ると記される。

唐の杜佑が撰した『通典』（八世紀後葉に成立）でも、「百濟、即漢末夫餘王尉仇台之後」（百済は、後漢末の扶余王・尉仇台の後裔）と記される。同書には、後に魏朝（北魏、拓跋魏のこと）の時に百済の蓋鹵王が接触してきて、四七二年（延興二年）に上表して言うには、「臣は高句麗と先祖が同じで、扶余より出る」（「臣與高句麗源出夫餘」）とされ、初め百家（多勢）で済海（海を渡るの意味）した故に百済と号すると述べる（『魏書』百済伝）。『唐会要』（十世紀中葉に成立の書）の百済伝でも、百済は、もと扶余の別種で、馬韓の故地に扶余の後裔の仇台なる者がおり、高句麗に国を破られて、百家で海を渡ったことに因り百済と号する、と見える。これら諸書だと、高句麗の王家から百済が直接分かれ出たわけではない。

百済の始祖王が実際に仇台であったのなら、『三国史記』記載の百済王統譜とは大きく異なる。『後漢書』夫余伝には、後漢・安帝の永初五年（一一一）に扶余の嗣子・尉仇台による漢への遣使が見える。東夷伝には、永寧元年（一二〇）に扶余王の嗣子・尉仇台が都に詣ると見え、高句麗伝にもそれが建光元年（一二一）に見える。年代的に百済の始祖王がこの尉仇台かその近親関係者に相当しよう（二世紀末頃の遼東太守公孫度の女婿で公孫氏に帰属した夫余嗣子の「仇台」がおり、この者とは、年代的に見て同名の別人か誤記であろう）。

ところで、わが国の『姓氏録』『続紀』には、百済王氏一族の始祖として「**都慕王**」（後者の延暦九年正月条に、河伯の娘が日精に感じて生まれた子と記され、朱蒙と同様な伝承あり）があげられる。とくに『姓氏録』では、百済王家から出たとする後裔諸氏の所伝において、「都慕王」を始祖として掲げるが、その子孫の王たちへの世代数がかなりのバラツキを見せていて、温祚より先祖となる「都慕王」との関係が確実には把握しがたい。左京諸蕃の和朝臣条の記事では、「都慕王」の十八世孫が武寧王とされており、仮にこの記事に基づき百済王家の祖系を遡る場合には、「都慕王」が温祚の祖父か父くらいの世代におかれそうでもある。淵蓋蘇文ら蓋氏一族の系図では、その先祖たちから見ると、都慕王に仕えた者と温祚王に仕えた者との世代差が二代（祖父と孫の関係）となっている。

『続紀』延暦九年（七九〇）条に見える津連真道の菅野朝臣への改姓にあたり、その上表文（本人当事者のほか百済王仁貞ら三人の百済王氏一族が後見者的に名を連ねて書かれた）には、百済太祖を夫余から出た都慕大王とし、その第十六世王を貴須王とする系譜を唱える。この貴須王とは、『三国史記』に第十四世とされる近仇首王のことだから、温祚王の前に二代の百済王がいた（二代が都慕、沸流にあたりそうだが、彼らが祖父・父なのか、父・兄なのかは不明。あるいは後者で、その場合に兄の沸流が歴代に数えられるか）という世系を、当時の倭地にあった百済王氏は伝えていた。

「都慕王」という名は朝鮮半島の史書には見えないが、高句麗の朱蒙にあたるとみる見方が多い。音が通じて伝承も似るものの、具体的な活動年代にズレがあるので、一応、別人として、「都慕王＝朱蒙」と考えずに、別人の「都慕王」なる者が百済の温祚の先祖だとしておいたほうが無難ではなかろうか。そして、「都慕王」に仇台があたり、この者が年代的に温祚王の父祖だったか。同一系統や一族では、同様な名が頻出する例がある。

もう一つ、仇台について考えられることがある。それは、高句麗の大祖大王（名は宮）の第十六年（単純な年代比定では西暦六八年となるが、これは早すぎて疑問であり、もっと後ろの時期か）に国を挙げて投降してきた東扶余の曷思王の孫、「都頭」なる者を于台（優台、於台）に封じたという記事が『三国史記』に見える。この優台が温祚王の実父とも伝える「優台」あるいはその祖先にあたる可能性もあろう（『冊府元亀』には高句麗の官の一名に優台〔于台〕が見え、田中勝也氏は扶余族古来の官名であろうとする)。「都頭」も「都慕」に似通うものか。「都頭」の後代に夫台があって、これが尉仇台の父だとも言うが、この辺の系譜は裏付け史料がなく、所伝の確認がしにくい。

「都頭」の上記投降の実年代は、紀元一〇〇年頃以降かもしれない。曷思王は扶余の金蛙王の子、帯素王の末弟とされ、帯素は、高句麗第二代の瑠璃王の十四年(実年代は、朱蒙の実年代推定を踏まえて、三十年繰り下げた場合には紀元二四、五年のこととなる)に先ず見えており、次ぎに高句麗第三代の大武神王の五年(単純比定では紀元二二年とされるが、仮に同様に三十年繰り下げた場合には紀元五二年頃)に高句麗軍の進攻により戦死した。このときに、弟の曷思王は鴨渌谷へ逃げて、その地の国王を殺して国(東扶余)を建てた、と見える。帯素王は、朱蒙の義父たる金蛙王の長子とされる。こうした関係で、曷思王の孫なら、活動年代は一応のメドがつけられる。

百済の初期王として温祚の実在性が認められるのなら、その父祖の出自は扶余のほうだとした場合でも、その王あるいは嗣子の尉仇台なのか、高句麗に属した「于台(優台)」なのかは、ここまできても判別しがたい(高句麗から百済への様々な影響から考えると、後者のほうの妥当性が高いか)。「仇台＝優台」説もある。温祚の兄という沸流の名も、高句麗旧都のある卒本の地を流れる沸流水(渾江)に関係したか。なお、鈴木真年の『朝鮮歴代系図』には、温祚について、「一云仇台」とし、遼東太守公孫度の女婿とするような、全てを混合する記事も見えるが、この辺は真年も混同するほどの所伝混乱ぶりである。

百済と高句麗とは同族か

ここまで、百済王家と高句麗王家とは、淵源が夫余王家から出た同族という所伝を見てきた(これら所伝を、高句麗に対抗するための百済による系譜造作とみる見方もあるが、津田博士亜流の「行き過ぎた造作論」とみられよう)。更に、両王家の同族性を示唆するものもいくつかありそうなので、それを見ていく。

まず、百済の重臣で百済八大姓にあげられる解氏であり、解婁が十済功臣の一人とされる。夫余の王家は解夫婁とか解慕漱など解氏を名乗ったことは知られており、高句麗も朱蒙は当初、解氏を名乗り、後に高氏と改めた。高句麗の前部大人には解氏があった。百済の解氏の具体的な系譜や先祖は知られないが、早い初期段階から長い期間、百済の重臣として続き、夫余王家につながることは十分考えられる。

これも含め、百済の大族で高句麗出自とみられるものがいくつかある。例えば、高句麗の中部大人に木劦氏・乙氏があり、西部大人に服氏・黒歯氏があるが(鈴木真年の『朝鮮歴代系図』に拠る)、これら諸氏は百済の臣下にも見える。

乙音は温祚創業の功臣(十済功臣)とされ、朱蒙一族の出という。高句麗の第三代大武神王無恤の重臣の左輔に乙豆智が見える。第九代故国川王のときの重臣に乙巴素も、『三国史記』に見え、瑠璃王の大臣の乙素の孫(子孫の意味か)とされる。木劦氏は、木劦満智など蘇我氏の出自に関して一部に取り上げられるほど著名で、百済八大姓にあげられる。

黒歯常之は、百済滅亡後に百済復興のため反唐軍を率いた将軍の一人だが、その目標が果たせないと知り、別軍の沙宅相如と共に唐の劉仁軌に投降した。その後、唐の将軍(左領軍員外将軍)に起用されて、主に対突厥・吐蕃戦線でおおいに活躍し軍功があった。子の黒歯俊ともども、墓誌が洛陽で出土しており、その記事には先祖が夫余氏から出て、「黒歯」(比定地不明)に封じられたので、子孫が因って氏の名とした、と見える。常之の子、俊の墓誌から、曾祖父が加亥で、祖父が沙子だとして、祖先の名前が知られる。

また、高句麗の関係者や百済王家一族の後裔と称した諸氏では、牛頭天王（スサノヲ神にもあてられる）を奉斎した事例が多い。わが国での祭祀例を見ると、百済王氏後裔の三松氏奉祀の百済王神社や、飛鳥戸造一族が奉祀した河内の飛鳥戸神社では、牛頭天王が祀られてきており、高句麗の重臣淵蓋氏（東部大人の蓋氏）一族の後裔となる八坂造氏が京都で奉祀した祇園社でも同様であった。

この「牛頭天王」が、わが国のスサノヲ神自体よりも、それと同系の遠祖神（具体的には「兵主神」たる蚩尤）を指すのだとすると、この辺の諸氏がみな、遠い祖先が同じという者の流れになるのかも知れない。新羅から来て但馬に落ち着いた天日矛一族は兵主神を祭祀した。**蚩尤**（しゅう）とは、黄帝と戦って敗死した悪神で、炎帝神農氏の子孫とされるが、「頭の真中に角が生える半獣半人の怪物で、鉄石を食らう」とか、獣身で角ある金属製の牛頭をもつとかいわれる中国神話の神で、鍛冶技術に優れたわが国天孫族の始祖角凝魂命（つのこりたま）（スサノヲ神、五十猛神）にもつながる。淵蓋氏の起った蓋牟の地は、古くからの大鉄産地の鞍山（現代でも中国最大の鉄鋼生産地で、遼寧省中央部に位置する）の近くにあり、伽耶・新羅には鉄資源が豊富であった。

百済初期段階の本拠であったソウルの江南地域からは、青銅製用具と百済土器が出土しており、祭祀遺跡もあって、近くに石村洞古墳群など百済前期の墳墓群がある。その積石塚は高句麗式とされるから、百済の建国勢力が高句麗系統の移住民だという立証となる（林永珍「百済の成長と馬韓勢力、そして倭」、『検証　古代日本と百済』所収）。最古の積石塚は石村洞一号墳で、三世紀中葉頃の築造とみられており、これ以前に積石塚がこの地域に入ったこと、及び百済の建国も三世紀中葉頃だと林氏は記している。

百済の民族構成については、A百済王家の出自にに代表されるツングース系夫余族の国家とみる説と、Bツングース系夫余族の支配層（王族・重臣など）と「韓族」の被支配層（土民の中心であって、その主体が濊族かもしれないが。実のところ、「韓族」ないし「朝鮮民族」の定義が難しいので、被支配層は具体的には考慮しない）の二層からなるとみる説、があり、後者のほうが有力か。

『隋書』百済伝には「其人雑有新羅、高麗、倭等、亦有中国人」と見えて、多くの種族がこの地に雑居していた。ともあれ、支配層は扶余族ないしツングース族とみられる（「伯・百」は貊族の「貊」に由来と今西龍博士もいう）。百済王家の系譜は、なんらかの形で扶余とつながっていて、それ故、王家が扶余氏を号し、聖王（聖明王）が五三八年に熊津（忠清南道公州市）から泗沘（同、扶余）に遷都した後に国号を「南扶余」としたことにも窺える。これら王都は、いずれも錦江を臨む丘陵部に城壁を廻らしており、王宮の背後に山城（泗沘では扶蘇山城で、これが百済最後の城塞）をおいた。

以上のような諸事情から言えば、百済建国時期は概ね二世紀中葉頃で、夫余王族の出自としておくのが割合、穏当なのであろう。扶余隆墓誌には、「百済辰朝人也」という記事が見えるが、「辰朝」が箕子朝鮮王家の後裔という意味であれば、同王家の支流が扶余王家の先祖につながるのかもしれないが、その辺を具体的に示す史料は管見に入っていない。

百済王家歴代系譜の検討

この辺で、百済王家の系図を考えてみる。温祚以降の系図について、『三国史記』に見えるものでは、温祚を第一世代に置いて、近肖古王が第八世代に置かれるが、この辺の世代配置はおおむね妥当なのであろう。

先に述べた全氏の世譜と比べても、初期三代「温祚―多婁―己婁」は直系でよさそうである。第七代の沙伴王から次が大叔父の古爾王に第八代の王位がいくのも、沙伴王が夭折（ないし一年ほどの短期在位）した事情があれば、ありうる話であろう。ここから古爾王の子孫三人が王位につくというが、沙伴王の弟・比流王のほうへ王位が戻るのは、古爾王の子孫三人の合計在位期間があまり長くないと窺わせるから、第十代汾西王は前代の責稽王の弟としたほうが自然か。このように考えると、『三国史記』記載の初代から第十三代近肖古王までの世代と親族関係は概ね妥当な模様である。

この近肖古王のときに、倭との通交が始まったとみられ、『書紀』に「その王肖古及び王子貴須」と見える（神功皇后紀四九年条）。『古事記』にも、応神段に百済の国主照古王が馬一つがいを貢上したと記される。石上神宮に残る「七支刀」（『書紀』に七枝刀）も「百済王世子奇生」（「王世子の貴須」なのか、「王と世子の貴須」なのか不明も前者か）から太和（泰和）四年、すなわち三六九年以降（書紀紀年換算で「三七二年」とみる説が多い）に倭王へ贈られたと刻文から解されている。

次ぎに、近肖古王の子の近仇首王から腆支王までが、五代の王で四世代とされるが、これらが合計で四五年の在位期間のなかに入るのは、生物学的に不自然であり、この辺は二世代くらい（あるいは、近仇首王を近肖古王と同世代におくなどで、合計三世代）に収まるとするのが妥当な線か。このあたりの具体的な系図関係は、現存史料からはなかなか定めがたい。なお、歴代中に「肖古王、仇首王」と「近肖古王、近仇首王」という形で、前後二代ずつ同名の王が見えるが、これを、「肖古王、近肖古王」「仇首王、近仇首王」とそれぞれ実態が一代だと考える見方がある（久米邦武、太田亮博士など）。鈴木真年も、『朝鮮歴代系図』では各一代として記載するが、X倍年暦法を基礎に諸王の治世などを考えれば、『三国史記』などの伝えるように各二代が在位したとしてよいと思われる。

腆支王の次の世代が久爾辛王、毗有王とみられる（両者は兄弟か）。蓋鹵王・文周王及び昆支君は、三人が兄弟であって、東城王と武寧王が兄弟（ないし従兄弟）というのは、『書紀』や武寧王墓誌の記事から分かる。このあたりは、『三国史記』の系図記事が疑問ということである。

武寧王の子の聖明王から後は、『三国史記』に見える系図で問題がなさそうである。以上の百済王統譜の要点については、拙考の結論のみを記したものであり、笠井倭人氏の著『古代の日朝関係と日本書紀』（二〇〇〇年刊）に「中国史書における百済王統譜」などの関係論考があり、王統譜の検討にあたり、種々、参考にさせていただいた（詳しくは、この著をご覧ください）。

百済王族の後裔諸氏

明治期に鈴木真年が編纂した『朝鮮歴代系図』には、百済王家一族の系図が『三国史記』掲載系図よりも詳しく記載される。併せて、王家一族から分れて倭地に渡来した支族諸氏も同系図から知られる。史料が乏しい現在では、これら系図の裏付けがとれないのが殆どだが、『朝鮮歴代系図』や『姓氏録』などに拠り、王家一族支流という諸氏を掲げる。

①第六代の仇首王の後裔……子の内臣佐平の優福（第十代比流王のときに内臣）の後裔が依羅連・**山河連**（共に河内諸蕃）になると系図に見える。優福は、兄の比流王に対して、北漢山城で反乱を起こしたと『三国史記』にある。

山河連は、『姓氏録』には百済国人の素祢志夜麻美乃君の後と記すが、「山川連系図」に拠ると、素祢志夜麻美乃君は優福の孫で、応神朝七年に帰化したとある。『続紀』には、神護景雲元年

（七六七）七月に志紀郡人の山川造魚足らや同郡人の依羅造五百世麻呂、丹比郡人の依羅造里上らの連賜姓が見える。丹比郡には依羅郷があり（『和名抄』）、同郡の西北隅で、摂津国住吉郡大羅郷と接した。依羅には上古に甚だ広大な依羅（依網）池があり、作池記事が記・紀の崇神段及び『記』の仁徳段、『書紀』の推古段にあるが、何度か築造・補修の手が入ったか。系図では、素祢志夜麻美が応神朝に帰化して「作池」とあるので、その築造に関与したものか。欽明朝に依羅造、山川造とに分岐したという。

丹比郡の依羅郷の範囲は、丹北に位置し、枯木村・矢田部村・住道村（現・大阪市東住吉区）や松原市に一部かかるとみられるが（『大阪府の地名』）、依羅造ら一族の居住地は枯木村だったか。

当地には式内社の**阿麻美許曽神社**（東住吉区矢田七丁目）があり、枯木・矢田部・住道のほか、松原市天美地区の城連寺・油上・芝・池内の氏神とされる。「天美」の地名も社名に由来するともいう。その社名が「天美＋社、森（許曽。朝鮮語）」ということか。祭神も、牛頭天王ないし素戔嗚尊が主神とされる。「阿麻美」「天美」も素祢志「夜麻美」から転訛したかという見方もある（松原市のＨＰ）。

山川連は、後裔が河内国丹南郡狭山郷の日置荘（現・堺

阿麻美許曽神社（大阪府東住吉区矢田）

市美原区）の鋳物師のなかにもあった。早くは寛元五年（一二四七）に山川助清が東大寺大工散位として、美濃国清水寺（愛知県の八社神社）の鐘に関与し、弘安八年（一二八五）の紀伊国那賀郡の大日寺の鐘に「東大寺鋳物師大工山川助永」、正応五年（一二九二）の河内国河内郡の慈光寺鐘に「大工山河貞清」、永和五年（一三七九）の河州八上郡金田宮の八衢神社鐘（河内神社）に「冶鋳師大公右衛門尉山川助頼」の名が見えるなど、各地に足跡を残した（美作津山の寺鐘造の百済氏は、この山川氏の流れか）。

山河（山川）姓の鋳物師は、当初「東大寺大工」の肩書きで現れ、畿内を中心に各地で鋳造を行っており、河内鋳物師の中でも丹治姓に次いで多くの作品を残した。最終的に摂津国住吉郡の堺北庄へ移住したが、堺は丹治など各氏の移住もあって、金属加工技術に関する情報の集積地となった。山河（山川）姓のなかでも、山川右衛門尉助頼は、応安八年（一三七五）から約十年、上記のほか土佐（幡多荘蹉陀山金剛福寺）などの梵鐘・九輪・鰐口を造ったが、大工で摂州住吉郡堺北庄住と見える。

上記系図に拠り考えると、先祖の優福や比流王の兄弟の世代は、四世紀中葉頃におかれるのが妥当となろう。その場合、前世代の仇首王・古爾王の活動時期は、四世紀前葉頃におくのが穏当な線となる。

②沙伴王の後裔……半毗氏（右京諸蕃）があげられるが、具体的な父祖は不明。

次の第八代古爾王の後裔は『姓氏録』には見えないが、古爾（古仁）氏がそうだとみられ、天平十七年（七四五）正月条に外従五位下叙位と見える女官の古仁染思・古仁虫名（後に正五位上に叙位）がその一族で、延暦八年（七八九）六月には甲斐国山梨郡人の古爾等が玉井姓を賜った（『続紀』）。百済王の命令で領軍の古爾解らが紀生磐宿禰の軍を破ると顕宗三年条に見える者が先祖にあたるのかもしれない。蓋鹵王のときに古爾万年らが高句麗の手先として百済を攻めたが、もと百済の人で罪を得て高句麗に逃亡した、と『三国史記』に見える。

③比流王の後裔……子の許里公の後が道祖史（右京諸蕃）・惟道宿祢となる。『姓氏録』には百済王族許里公より出づと見える。具体的な系譜は不明だが、広井造・広井連（摂津諸蕃）が避流王の後裔としており、面氏・汶斯氏・春野連（いずれも右京諸蕃）、岡屋公（山城諸蕃）もこの流れとされる。百済では、威徳王のときの扞率に汶斯干奴が見える。

④近肖古王の後裔……子の憶礼進の後が石野連（左京諸蕃）となる。『姓氏録』には、百済人近速古王の孫、憶頼福留（憶礼進の子孫か）の後が石野連と見える。同じく子の汶休奚の後が春野連・面氏・己汶氏・汶斯氏というが、春野連以下の四氏は、速古王の孫の比流王の後とか速古王の孫汶休奚の後とも記されるから、汶休奚は比流王の子という可能性もあろう。百済では、聖明王のときの徳率に汶休麻那が見える。

⑤近仇首王の後裔……子の夫子の後が鴈高宿祢（右京諸蕃）となる。承和二年五月紀に昆解宮継らの広野宿祢賜姓が見え、百済国人夫子の後と見えるから、昆解氏から昆解宿祢姓を賜り、さらに雁高宿祢・雁高朝臣の賜姓を受けたことも六国史に見える。『姓氏録』には鴈高宿祢が百済国貴首王より出づと見えるが、近仇首王のことか。昆解氏は、同じく百済系の清湍連（もと圭氏で、天平宝字五年に賜姓）とともに雅楽にも関与した。

なお、『朝鮮歴代系図』には夫子の後が三善宿祢とし、『姓氏録』には三善宿祢（右京諸蕃）や錦部連（河内諸蕃）は百済国の速古大王の後とするが、三善宿祢・錦部連の出自実態は東漢氏支流とするのが妥当か。

⑥辰斯王の後裔……岡原連（河内諸蕃）・広津連（右京諸蕃）。『姓氏録』には、前者が百済国辰斯王の子、知宗より出づ、後者が近貴首王より出づ、と記される。なお、王辰爾一族の船史・白猪史・津史などは、系図原型が王仁同族の西文氏の流れとみられ、百済王族の系に先祖を付けて、系譜仮冒をしたものとみられる

⑦腆支王の後裔……子の酒君の後が百済公・六人部連（ともに和泉諸蕃）及び刑部（右京諸蕃）で、高難延子の後が大丘造とされる。『姓氏録』には百済公・六人部連及び刑部が百済国酒王より出づとある。このほか河内諸蕃の林連が「百済国直支王」より出づとあるが、左京諸蕃の林連が百済国人の木貴公の後で、右京諸蕃の林・大石林、摂津諸蕃の林史の諸氏も同様に伝えるので、これと同族で木刕氏ないし木素氏の同族か。大丘造については、速古王十二世の恩率高難延子より出づとあって、高難延子が王子のようには記さないし、速古王からの世代の数え方もよく分からない。

⑧毗有王の後裔……宇奴首（大和諸蕃）、宇努造・飛鳥戸造（ともに河内諸蕃）。昆支君（軍君）の流れで、宇努造は百済国人弥那子富意弥の後と『姓氏録』に見えるが、系図には軍君の子に「弥奈曽」が見えて、宇努首・宇努造の祖とされる（弥那子富意弥は「百済国君男の弥奈曽富意弥」とも記されるから同人か。君の前に「軍」が脱字か。「富意弥」は大使主か）。飛鳥戸造のほうは、軍君の子の東城王（末多王）の後となる。

⑨先に、武寧王の後の和史、聖明王の後の鬼室氏、恵王の後の余氏について触れたから、この辺は

省略する。

このほかでも、百済王族の後と称する諸氏があり、左京諸蕃の沙田史が百済国人の意保尼王の後、右京諸蕃の安勅連が百済国の魯王の後、同・百済伎が百済国都慕王の孫・徳佐王の後、同・不破連が百済国都慕王の後の毗有王の後（同・不破勝が百済国人淳武止等の後というから、この同族か）、同・真野造が百済国肖古王の後、河内諸蕃の古市村主が百済国虎王の後、未定雑姓左京の百済氏が百済国牟利加佐王の後、未定雑姓河内の長田使主が百済国人為君王の後、同・舎人が百済国利加志貴王の後、と『姓氏録』にいうが、これらの系譜は始祖の位置づけが不明である。

なお、不破連についてもう少し触れると、『書紀』斉明六年十月条には、百済の佐平鬼室福信が佐平貴智等を遣して、唐俘一百余人を献し救援軍を乞うたが、これが今、美濃国不破・片県二郡の唐人等だと見えるから、この関係者後裔ということになろうか。

百済臣下諸氏の後裔たち

『隋書』百済伝に拠れば、五世紀頃の**百済八大姓**（百済八姓）とは、沙氏（沙宅氏、沙吒氏）、燕氏（田燕氏）、劦氏（木劦氏）、解氏、真氏、国氏、木氏（木素氏）、苩氏（白氏、伯氏か）とされ、上級貴族を構成した。なお、高句麗系の劦氏を抜き、王族系の余氏を加えるなど、数え方に若干差違もある。これらの出自は、夫余王族系２（真氏、解氏がそうだと言う）、在地系２（苩氏、沙氏）、漢人系３（国氏、燕氏、木氏）とされる。これら諸氏などが佐平・達率・恩率・徳率など百済の重要な臣下層を構成したが、時代により解氏・真氏を中心に変遷がある。王妃は、主に真氏・解氏・沙氏から出た。

この関係では、坂元義種氏の「百済王朝の重臣について」（『古代東アジアの日本と朝鮮』所収）という研究があり、この辺などを踏まえて、まず概述する。

第八代古爾王の二七年に佐平制が設けられたと伝えるが、それまでの第一期では王族と真氏・解氏が重要な地位を占めており、この両氏は王の姻族も占めた。初代温祚王の時に右輔として解婁が見え、第二代多婁王のときに右輔として真会が見えており、これらが両氏の祖とみられ、解婁は夫余王族の出とされよう。次の第十一代比流王までの第二期には高寿なども見え、近肖古王から毗有王までの第三期には沙豆なども見えるが、腆支王代からは解氏が真氏より優勢となる。蓋鹵王から三斤王（百済の第二三代の王で、在位期間は西暦四七七〜四七九年とされる）までの第四期は百済衰退期であり、恩率燕信の登場があるも、これまでの重臣の傾向はあまり変わらず、従来の大族の跋扈が甚だしかった。

すなわち、文周王は兵官佐平の解仇の刺客によって暗殺され、幼少の三斤王のもと、解仇が軍事・政治の一切の権限を握った。翌四七八年に、解仇は恩率の燕信とともに大豆城（忠清北道清州市）に拠って反乱を起こしたので、王は佐平の真男などを遣し討伐させた。この結果、解仇は殺され、燕信は高句麗に亡命した。当時の百済が貴族連合的な体制にあって、その頂点に解仇がいたとみられ、解仇の反乱・討滅は、貴族連合体制の中での権力闘争で、これを機に解氏は権勢を失い、権力が真氏へと移ったが、それも長くはなかった。

第五期の東城・武寧王の時代には、『書紀』所載の百済貴族が多数あらわれる。解氏・真氏や王族はこの後にはあまり現れなくなるのに対し、進出が著しいのが沙氏・燕氏・苩氏であった。上記の沙豆の後となる沙烏が武寧王代に達率で見える。第六期（聖明王〜武王）及び滅亡までの第七期でも、これら諸氏に加え、木劦氏・国氏などが重臣に見えるようになるが、日系百済官僚の科野氏・

物部氏・紀氏なども見える。

なお、韓地の表の歴史舞台から消えてしまう者の末裔として、倭地の古代豪族をみようとする見方が、韓国などにはある。上記の**真氏**に注目し、『姓氏録』序文に「真人は是、皇別の上氏なり」との記事から、天皇の姓は真氏で、皇族出自の姓「真人」もこれに因むという見方もあるが、まるでコジツケである。真氏の倭地での痕跡は、史料には見られない。この真氏について、『書紀』に「俎弥」（継体紀）や「真牟」「真慕」（欽明紀に前部奈率真牟貴文）、『三国史記』に「祖弥」（百済・蓋鹵王敗死のときの重臣で、祖弥桀取。文周王子・木劦満致とともに南方に救援を求める記事）と見える者についても同様だとする今西龍博士の見解がある。

百済重臣諸氏の主な後裔

百済が滅亡した時に倭地に渡来の重臣諸氏については先に見たが、百済の臣下にあった氏で大化以前に渡来してきた氏や興味深い氏のうち、主なものについて見ておく。

(1)努利使主服務大の一族の服氏……春秋時代に中国山東省にあった魯国初代の魯公伯禽（周文王の子、周公旦の長子）の後裔であり、姫姓孟孫氏（仲孫氏ともいう。魯第十五代桓公の後で、三桓氏の一）から出たが、この系統は桓公の子の慶父から出て、歴代が魯国司空をつとめた有力者であった。

その一門の子服景伯の後裔の服氏の振が、四世紀前葉の建興二年（西暦三一四年）、中国から乱を避けて帯方郡、次いで百済に入り、その有力な臣下となった。百済から努利使主（ぬりのおみ）（「ヌリ＝服」）こと服務大が本朝に渡来して倭地での祖となった。応神天皇朝廿年に東漢氏の祖・阿智使主に随行して来たと伝える。渡来後は山城国筒木（綴喜郡）に居住し、養蚕に従事した。『古事記』仁徳段には、韓人（韓地とくに百済からの渡来人を指す）の「奴理能美（ぬりのみ）」が飼育する奇しい虫（蚕のこと）を仁徳皇后の磐之媛に献上した逸話が見える。

この努利使主の一族で百済に残って達率の地位にもついた西部姫姓服氏があり、『書紀』欽明天皇十三年（五五二）十月条には、百済聖明王が西部姫氏達率怒唎斯致契（シチケイ）等を派遣して、釈迦仏金銅像一躯や経論若干巻などを献上したと見える。『姓氏録』ではこの一族が百済部に掲げられるとともに、阿智使主の随従氏族として白鳥村主もあげられる。

この一族の本宗は調首、調連（録・左京諸蕃）の流れであって、後裔が顕宗天皇のときに蠶織りを絹のように献上して調首姓を賜ったと『姓氏録』に見える。調首淡海は神亀四年（七二七）に調連を賜姓しており、一族の白鳥村主宇倍の後裔の馬人は神護景雲三年（七六九）に白原連を賜姓した。一族のなかで有力な姓氏、長岑宿祢は帯方郡長岑県という遠祖居住地に因るという。左大史などに任じた白鳥村主高名が、天長年間に長岑宿祢を賜姓し、天安元年（八五七）九月に卒去したときは、正四位下右京権大夫兼山城守であった。『姓氏録』にあげる姓氏では、ほかに伊部造（山城諸蕃）、民首（右京・山城諸蕃）、水海連（河内諸蕃）、調曰佐（河内諸蕃）があげられる。

百済に残った後裔の渡来とみられる調阿気麻呂等廿人が、天平宝字五年（七六一）三月に豊田造を賜姓した。この同時の賜姓者が百済・高句麗系の遺民後裔だから、同様なのであろう。義慈王のときの恩率調信仁の族裔とみられる。

(2)遼東の公孫淵後裔の燕氏……百済八姓の一つ、燕氏の一族であり、推古朝に先祖が投化してきて赤染氏となり、官人として長く続いた。

これも春秋時代の魯公室の流れで、最後の第三四代の傾公（治世が前二七二～前二四九）の後裔という遼東太守公孫氏が魏朝時代にある。後漢により遼東太守に任命された公孫度は、西暦一八九年に後漢から自立し、朝鮮半島の楽浪郡や一時は山東半島まで勢力を伸張した。その孫の公孫淵のときに燕王を名乗るが、二三八年には魏将の太尉司馬懿の討伐を受けて滅ぼされた。公孫度の娘の夫余公主は、遼東に属した夫余王尉仇台に嫁したという。公孫氏の子孫で魏朝の処刑を免れた者が百済に逃れ、田燕氏（また燕氏）として百済に十数代にわたり住み、八大姓の一とされた。百済では、文周王の時に恩率燕信（三斤王のときに解仇と結んで反乱）があり、東城王の時に達率の燕突が見え、兵官佐平の重職に任じた。その後も、聖明王のときに佐平の燕謨、武王の時にも扞率の燕文進が見える（これら燕氏一族の系譜と下記の燕比善那との関係は不明）。

聖明王の臣下であった奈率の燕比善那（『書紀』欽明四年条）の子の真高・牧手兄弟が推古朝に投化してきて、その子孫が河内国大県郡に住み、大和・遠江・因幡などに一族が分れた。一族には壬申の乱で活躍した勤大肆赤染造徳足もおり（『書紀』）、その曾孫の赤染造広足が天平十九年（七四七）に、次いで宝亀八年（七七七）には正六位上赤染造人足ら十三人が常世連を賜姓された。天平感宝元年（七四九）の「写経所解」には常世馬人や赤染人足の名が見える（『大日本古文書』）。後に赤染連姓となるが、平安中期の才女で歌人の赤染衛門（大隅守時用の娘、文章博士大江匡衡妻）はその子孫であり、鎌

常世岐姫神社（大阪府八尾市神宮寺）

倉前期頃までの赤染氏の系図が残る。

大阪府八尾市神宮寺にある常世岐姫神社は、この赤染造・常世連の一族が奉祀した式内の古社である。中世には、当社が「八王子社」といわれて、牛頭天王の御子神八柱を祀る。

『姓氏録』には、燕氏の後裔が常世連（左京、右京、河内の諸蕃）、伏丸（河内諸蕃。新羅人伏麻呂と同じか。これが後に「新羅」だけで見える）があげられ、前者の記事には「燕の国王、公孫淵の後なり」と見え、後者には「新羅国人燕怒利尺干より出」とある。

赤染を名乗ったのは上記の真高だけの後裔であって、弟の牧手の後は長らく燕氏を名乗り、宝亀十一年（七八〇）五月になって右京人従七位下燕乙麻呂（牧手の五世孫）等十六人が御山造を賜姓した（『続紀』）。その後、延暦七年（七八八）の右京四条三坊戸主の御山造大成とその戸口・同姓少阿麻女が見えるが（『平安遺文』）、乙麻呂の近親か。

(3)五経博士王柳貴の一族の王氏……欽明朝に百済から派遣された五経博士王柳貴の後裔が河内国交野郡山田郷に居住して山田史となり、一族がかなりの繁衍を見せた。百済王氏より前の交野の先住者とみられる。

この氏は、周王朝廿三代の霊王の太子晋の後裔とされ、姫姓の王氏である。秦始皇帝のとき大将軍の王翦・王賁親子が出て、中国統一に大活躍をし、その後裔が山東琅邪の王氏（書の大家王義之につながる）となり、支流の太原王氏からは魏司空・王昶（ちょう）や竹林七賢の一人、王戎なども出た。楽浪郡で栄えた雄族王氏もこれらの一族であるから、王柳貴が王昶の後裔かどうかは確認できないが、楽浪王氏の後裔かその同族の流れとなろう（楽浪王氏については、拙著『秦氏・漢氏』で記したので、ご参照）。山東省琅邪郡と楽浪・帯方両郡に関係深い劉氏・王氏が百済を経て倭地に渡来してきて、後の東漢氏や西文氏につながる。

王柳貴と同族かどうかは不明だが、百済重臣に威徳王の時の暦博士固徳の王保孫、奈率医博士の王有悛陀（ともに倭に貢進と欽明紀に見える）、武王の時の佐平王孝隣が見える。応神朝に百済から来朝し論語等を伝えたという王仁は、琅邪から来た漢高祖の後裔で劉姓と称したが、これも、実態は琅邪や楽浪から来た王氏の一族なのであろう（志田諄一氏など）。欽明朝に蘇我稲目の下で活動した王辰爾ら船史一族は、百済王族の出と称した系譜をもつが、後裔の活動・居地などから考えると、やはり王仁と同族とみられる。

王柳貴の欽明朝渡来の記事は『書紀』に見えるが、その後は不明である。奈良時代前期に大学頭従五位上山田史御方（もと新羅への留学僧。『懐風藻』に入り、『万葉集』にも三方沙弥として合計七首が入る。周防守も歴任）、同中・後期に山田連白金（銀とも書く。明法博士、主計助などに任）、平安時代前期に山田連春城（白金の曾孫で、明法博士、主計助などに任）、従五位上相模権介の山田宿祢古嗣（大外記・右京亮などを歴任した能吏で『日本後記』編纂にも従事。越後介益人の長男。造姓から宿祢を賜姓）、右大史の山田宿祢文雄（従五位下、大和介などに任）、平安中期に大外記山田宿祢時宗、山田宿祢弘宗（貞観格式撰進に関与）など、学者・外記関係者が多く出た。

孝謙天皇の乳母として「山田御母（みおも）」と天皇から称された従五位下山田史姫嶋（女嶋、比売嶋女にも作る）も出た。彼女は、広人ら同族とともに山田御井宿祢を賜姓したが、その死後に橘奈良麻呂の乱の動きを知りながら天皇に告げずに内密にしたと分かり、御母の尊称と氏姓を奪われた（元の山田史に貶姓）。承和九年（八四二）正月には、太上天皇（嵯峨院）の更衣二人として、従五位下秋篠朝臣康子に正五位下、无位山田宿祢近子（従四位上行越前守になった源朝臣啓の生母）に従五位上を授けた事情もあり（『続後紀』）、山田氏も後宮と縁由が続いていた。

『姓氏録』には、この一族の祖先に王昶や忠意、王安高・賀佐親子の名をあげるが、これらの関係の具体的な系譜は不明。同書を主に見ると、山田史一族には、山田造（録に右京諸蕃、河内諸蕃。以下は同じで、「諸蕃」は省略）、山田連（河内）、山田宿祢（右京、河内）、山田御井宿祢、長野連（右京、河内）、広野連（『続紀』に賜姓記事）、志我閉造（志我戸造）、志我閉連（志賀閉連。右京、河内）、三宅史（河内）などの諸氏があった。三宅史も、近隣の同国交野郡三宅郷に因むとみられる。

(4)奈率張安力の後裔の張氏……百済の重臣に張氏があり、中国の張氏の系統で、黄帝姫姓の流れの張揮の後代である。朝鮮半島には現在まで族譜を伝える安東張氏、仁同張氏などいくつかの系統があって、これら張氏とは遙か遠い先祖が同じでも、別系統である。

百済の張氏は五世紀代に王の近侍臣僚として活動しており、久爾辛王のときの長史張威、蓋鹵王のときの司馬張茂、東城王のときの参軍張塞があげられる（『宋書』『魏書』『南斉書』から抜き出し。李文基氏の「百済内朝制度試論」に拠る。『学習院史学』四一号、二〇〇三年三月）。

倭地に渡来の張氏の流れであるが、『姓氏録』には「後漢霊帝の後」と称する右京・諸蕃の若江造があげられ（もちろん、系譜仮冒）、奈率張安力から出たと見えるから、百済経由で渡来した。氏の名は河内国若江郡に因み、大同・弘仁頃には外従五位下で典薬允・侍医・内薬正を歴任した名医若江造家継が著れる。家継は、『日本後紀』大同元年（八〇六）四月条に典薬允叙任が見え、大同三年五月の『大同類聚方』の上表文のなかにも見えて、従五位下典薬頭行左大史安倍朝臣真貞の下にあった。この氏は後に若江宿祢を賜姓した。

子孫の左衛門少尉若江善邦の遺領家地売券が康保五年（九六八）の文書にあり（『朝野群載』にも承平二年に右衛門府生で見える）、安和二年（九六九）には算生若江為範が『類聚符宣抄』に見え、鎌倉期にも右衛門尉若江忠行が正嘉元年（一二五七）八月に「宇佐宮功」で見える（『経俊卿記』）。東大阪市若江南町には式内の若江鏡神社があるが、若江造氏との関係は知られない。

渡来系の張氏では、奈良時代の天平宝字五年（七六一）八月に唐から直接渡来してきた張道光もおり、漢高祖の功臣・留侯張良の後裔という流れという系譜では同じだが、歴代が長く中国にあり、宋の司空張弁の族裔である。張道光は延暦三年（七八四）になって嵩山忌寸を賜姓し、外従五位下に叙せられており（『類聚国史』延暦十七年六月には唐人外従五位下と見える）、この氏は『姓氏録』左京諸蕃に掲載される。

なお、天平宝字八年（七六四）十月に正六位上から外従五位下への叙位が『続紀』に見える張祿満は、張道光の単独渡来から考えて、若江造の先祖にあたる者か。『武智麻呂伝』には方士張福子が見え、この者は天平二年（七三〇）頃に大宰府薬師であった張福子であり、『万葉集』に「張氏福子」の名で歌があげられる。これが、年号「令和」の出典とされる大宰帥大伴旅人主宰の梅花の宴のときの歌（五巻の歌番八二九）である。張福子と張祿満とが同一人物かとみる見方もあり、薬師（医師）と侍医・典薬允家継の関係から血縁の可能性もある。

正倉院文書に見える一族の経師では、天平宝字二年（七五八）～天平神護元年（七六五）には「少初位上張兄万呂、右京人」、経師に「長兄万呂」、及び天平宝字二年に「従七位上張布持麿」、天平宝字六年に「従七位下張布治万呂」が見えており、この兄万呂と布持麿（布治万呂）は兄弟近親くらいの関係か。

なお、後の『姓名録抄』に「張朝臣」が見えるが、その出典が不明である。

(5)倭人系の斯那奴氏……倭地から出て百済国に仕えた東国信濃の科野国造の一族で、百済滅亡後に本朝に戻った一族である。

先に任那系の倭人の後裔で和珥臣氏同族と伝える吉大尚（吉田連・吉田宿祢の祖）に触れたが、斯那奴氏なども倭地から行った。『書紀』継体十年九月条には、百済が斯那奴阿比多等を高麗使に副えて本朝に遣わし修好を結ばしむとあり、また、欽明朝に百済が斯那奴次酒等を任那に遣わすとあるが、後者は上部徳率の「科野次酒」とも表記される。聖明王の時に奈率科野新羅が見える。

聖武天皇の天平十五年（七四三）に経師の信濃濱足や、天平宝字二年（七四六）の東寺写経所に経師信濃虫万呂（「科野虫丸」など科野とも表記。その後も頻出しており、天平神護元年（七六五）には左大舎人少初位下で年四五、右京人とある）がおり（ともに正倉院文書など『大日本古文書』に所収）、これらも百済からの渡来系の後裔とみられる。

天平宝字五年（七四九）には、科野友麻呂等に清田造の賜姓が見え、天平神護二年（七六六）には従七位上科野石弓に石橋連の賜姓が見える。

科野国造は多臣同族で神武天皇後裔であって信濃の国造だが、この本宗家は倭地では早くに絶えて系譜が不明となっており、どのような経緯で一族が韓地・百済に渡ったのかは不明である。先に、坂原連を賜姓した百済人竹志麻呂等を見たが、これも筑紫国造族裔であろう。火葦北国造（肥後南部を領域）から出た日羅が、百済・威徳王のとき達率となり、敏達朝に日本に招かれて韓地の施政策について問われるも、百済人により殺害されたことは著名である。このように、物部・和珥・紀などの中央官人に限らず、地方の国造級の氏族から出て百済に行き、そこで重用された者も多くあった。

これらのほかにも、中小の百済系諸氏が多くあるが、これ以上は省略する。

三　平安時代中期以降の百済氏一族の動向と地方分布

平安時代中期以降の百済王氏一族

文徳天皇朝（八五〇～八五八年）以降では、百済王氏一族からの後宮の宮人が出なくなる。生後九ヶ月の幼児惟仁親王を強引に皇太子に立て、清和天皇として即位させた藤原良房の政治運営のもとでは、清和朝（八五八～八七六年）に入り百済王氏の名は正史から激減した。

六国史の終わりの頃に最多の三回も現存六国史に見える**百済王俊聡**について言うと、その初見は『三代実録』貞観元年（八五九）十一月十九日条であり、この時に丹波権掾で、主計助飛鳥戸造豊宗らとともに叙爵した。その翌日には、女官で無位の百済王香春の叙爵が見える。貞観二年（八六〇）十一月には百済王貞恵の叙爵があり、貞観六年（八六四）十月には散位従五位下百済王俊聡が伯耆守に任官し、さらに十五年後の元慶三年（八七九）正月には同人が和泉守で従五位上に叙された。同年の十一月の右馬大允百済王教隆の叙爵が六国史の最後の記事で、これ以降は、百済王氏は正史から姿を殆ど消す。

百済王氏はこの九世紀後葉ごろの段階で、概ね三系統が残っていた。上記の人々は、郎虞の長子孝忠の流れが教隆、次子全福の流れが貞恵、三子敬福の流れが俊聡ということであり、それぞれ系統の祖から五、六世孫に位置づけられよう。また、『楽所補任』には平安後期に楽人として百済貞時が見えるが、この者は敬福の流れのなかの系図に見える。

この辺りの平安前期末頃の時期まで、藤原氏など権勢家により排斥されることなく、百済王氏が叙爵者を輩出し中級官人を続けられた。その要因については、時の為政者側が百済王氏に期待した役割と、百済王氏自身の動向から考えれば、①百済国最後の義慈王を承ける国王嫡系の子孫という「貴種性」と、②先進文化・異文化の担い手、という面があげられるという（山下剛司氏など）。この辺りも、本朝からの遣唐使が途絶え、海外との交流がなくなると、百済王氏の価値が次第に低下していったものか。藤原良房・基経以降、藤原北家はその権力基盤として天皇の外戚という地位が重視されるようになり、このことが、百済王氏が後宮宮人を出せなくなった事情とも、相対応する（明信などが藤原南家と密接な関係をもち、藤原北家の隆盛のなかで南家が衰退したことも関係したか）。

なお、叙爵が氏に基づきなされる「**氏爵**（うじのしゃく）」は、平安時代中期以降、中世まで見られるが、一般的な氏爵は王氏、源氏、藤原氏、橘氏の四氏だけであった。古代の氏は複数の家に分れて徐々に解体の方向に向かったが、氏爵の制度はそれらの家々の分裂を繋ぎ止め、氏長者の下に結集させる役割を果たしたとされる。これら四氏のほかでは、百済王氏や和気氏、伴氏・佐伯氏（ともに大伴連一族の後裔で、宮城門の開閉に関与）についても、「功臣の後」として氏爵が行われた。百済王氏では、即位のときにほぼ限定されたようで、大嘗会・朔旦冬至での氏爵は少ない。王氏ら四氏の氏爵の成立は九世紀末頃とされるが、『貞信公記』の天慶九年（九四六）四月廿七日条に「百済・和気氏爵事」と見えるのが、百済関係では最初の頃の段階か。

この関係では、田島公氏による「「氏爵」の成立―儀式・奉仕・叙位―」（『史林』七一巻一号。一九八八年）

という労作があり、史料に見える氏爵の具体例が多数掲載される。氏爵対象の大伴氏・佐伯氏はともに上古来の大王（天皇）直属の武力を担った家柄だが、和気氏は、清麻呂や侍医輩出の功績のみならず、背景には、応神以降の諸天皇を出した息長氏一族の最有力支流という系譜があって、その辺がものを言ったのかもしれない。

交野禁野司の百済王氏一族

百済王氏は平安中期の九世紀後半頃から次第に勢力を失っていき、九世紀末頃には史書から殆ど姿が消える。そのなかでは、百済王興勢が九条師輔の日記『貞信公記』（天暦元年〔九四七〕十一月十一日条）に見えており、田島公氏も、天慶九年（九四六）四月の村上天皇の即位に際しての氏爵叙位者が「興勢？」と表示する。『九暦逸文』及び『大嘗会御禊部類記』には、同じ天慶九年十月廿八日条に「散位従五位下百済王興勢」と見える。

田島公氏はその後の氏爵叙位者として、一条天皇のときの大嘗会叙爵として寛和二年（九八六）十一月の興元、三条天皇のときの同叙爵として長和元年（一〇一二）十一月の良運を諸史料からあげる。朔旦叙位では、村上天皇のときの天暦九年（九五五）の藤運、後一条天皇の長元四年（一〇三一）の宗照、後冷泉天皇の永承五年（一〇五〇）の興任、後三条天皇の延久元年（一〇六九）の興房、堀河天皇の寛治二年（一〇八八）の惟基、近衛天皇の久安元年（一一四五）の基兼、があげられる。これらの者の系統・系図は明かではないが、通字を考えると、①「基」の系統（下記の慶忠・基貞の一族で、交野の百済王氏嫡統か）、②「興」の系統（後述するが、三松氏につながる系統か）、③「運」の系統やその他、とグループ分けできるかもしれない。

これらの叙爵者が平安中・後期に出ていたとはいえ、それでも百済王氏の活動はずいぶん低下した。例えば、長保二年（一〇〇〇）頃には、百済王を名乗る者では、長徳三年（九九七）に正六位上画所から周防権掾に任じた百済王為孝が『除目大成抄』に見える。ほかに百済姓では、相撲人の百済武用、播磨権少掾改任の百済清重（正暦六年〔九九五〕）や、十世紀後葉に大宰府官人として「勾当百済」が見える程度である。

平安後期では、警固所本司兼監代として百済惟助、康平五年（一〇六二）に近江掾に任じた百済宮成、永長元年（一〇九六）に越中掾で見える百済親元（ともに『魚魯愚鈔』）、永承四年（一〇四九）の紀伊住人の百済綿吉、和泉の興善寺の胎内文書で寛治七年（一〇九三）に見える百済是光・同是恒、長治二年（一一〇五）の伊賀住人の百済吉藤、などがあって『平安遺文』などに見えるが、この時期は百済姓の人々は多くない。

そのため、その後の平安中期・後期の一族の動向は詳らかではないが、それでも三嶋の地で禁野司としてしばらくは命脈を保った。百済王氏一族の居住地は、百済寺跡の北側近隣の禁野本町遺跡（八世紀後半から十世紀）とされる。

ただ、交野禁野（皇室の猟場として、一般の狩猟を禁じた野で、山城北野などにもあった）については、平安末期以降の中世では、山城国乙訓郡居住の近衛府官人下毛野氏（調子家）が御鷹飼として管理したから（散所雑色長の地位も世襲した随身で、御鷹飼職や交野禁野免田を世襲）、百済王氏の禁野管理は平安末期頃までだったか（「中院家文書」に見える建保六年〔一二一八〕四月付文書から見て、この時には「右近衛府生下野朝臣」〔能武〕が任にあり、宝治二年〔一二四八〕に「交野禁野司応令早任右近衛府生下野能武譲、以男武貞御鷹飼職」と見える）。下記の栄爵状にも、近衛府の下野一族三人（武忠、敦元、助支）が保証役として署名している。

交野の中宮村には、百済王祠廟（現・百済宮神社）と百済寺があって、一族結合の中心地であったことには違いがないが、これを祀ったのが一族では三松家系統だけではなかった。国立史料館所蔵の小杉榲邨編『徴古雑抄』別本三に所収の史料（『平安遺文』にも所収）があって、その辺の事情を強く窺わせる。その史料「**百済王基貞栄爵状**」は、応徳三年（一〇八六）十二月十三日に蔭子正六位上の百済王基貞及び同じ官位にあった同族五人（同姓の永末・正末・時方・清明・為基）と禁野別当従五位下百済王基行が署名しており（別当のもう一人は欠員だったか署名なし）、「御交野禁野司百済氏人等誠惶誠忠謹言」と記される。

その記事には、基貞の大祖父（曽祖父）慶忠王、父基行王と見えており、この系統が氏爵にあずかり、交野禁野司の別当職を代々伝えたと知られる（居住地も禁野村か）。御即位・大嘗会・朔旦における百済王氏の叙爵にも見えて、具体的に廿数例あげられており（田島公氏。この叙爵例から見て、基行の父は寛徳二年〔一〇四五〕に氏爵の基明とするのが自然）、大祖父慶忠王の叙給は寛弘八年（一〇一一）十月十七日と記されるが、これは三条天皇の即位翌日である。

百済王基貞については、応徳三年（一〇八六）十二月十六日付けの「御即位叙位部類」（『大日本史料』三―1）から、禁野司小口で従五位下に叙されたと知られ、「百済王基貞栄爵状」の信頼性が分かる。その大祖父慶忠王の祖先の系譜は不明であるが、名前等から考えると、豊俊の長兄に位置づける従四位下慶仲の子孫とみるのが自然である。そうすると、交野の百済王氏の嫡系はこの系統であって、鎌倉・室町期まで時々叙爵記事が見えるのも、この嫡系の氏人に多かったのであろう。

基貞の前には、百済王基清が治暦四年（一〇六八）七月に叙爵しており（『本朝世紀』）、基貞の後では、寛治二年（一〇八八）の惟基や保安四年（一一二三）に氏爵が見える為基は、基貞の子弟の可能性があるが、「基」の通字の者は久安元年（一一四五）の基兼で途切れる。

これら百済王氏の氏爵も、大永元年（一五二一）の百済王遠倫の叙爵を最後に記録から消えるとされる（この叙爵記事の信頼性等は後述）。当時の記録として、天文廿四年（一五五五）、牧郷の一宮（現・片埜神社）の御神田帳に百済寺の記載がある。百済王一族の本拠は河内国交野郡の中宮村及び禁野村の一帯（ともに現・枚方市域）であり、代々その地に居住しており、両地に百済王神社（百済王祠廟）があった。もっとも、中宮村に居た一族が文禄時には禁野村の出郷大垣内（おおがいと）（現・枚方市大垣内町で、京阪電鉄枚方市駅の南側近隣）へ退去したから、その関連かもしれないが。

なお、鷹飼伝承に関しては、百済王族の酒君が『書紀』に見える。すなわち、摂津の依網屯倉で捕えられた「異しき鳥」を、百済に多くある鳥類で「グチ」（今の鷹）といい、訓練により諸鳥をとると酒君が説明したので、これを酒君に授けて鷹の飼育を命じ、仁徳天皇の百舌鳥野（堺市域）での狩において数十羽の雉を獲る成果を得たので鷹甘部（たかかい）を定め、鷹養の場所を鷹甘邑というとある。『令集解』に拠ると、大和・河内・摂津に鷹養戸十七戸があり、鷹甘邑に

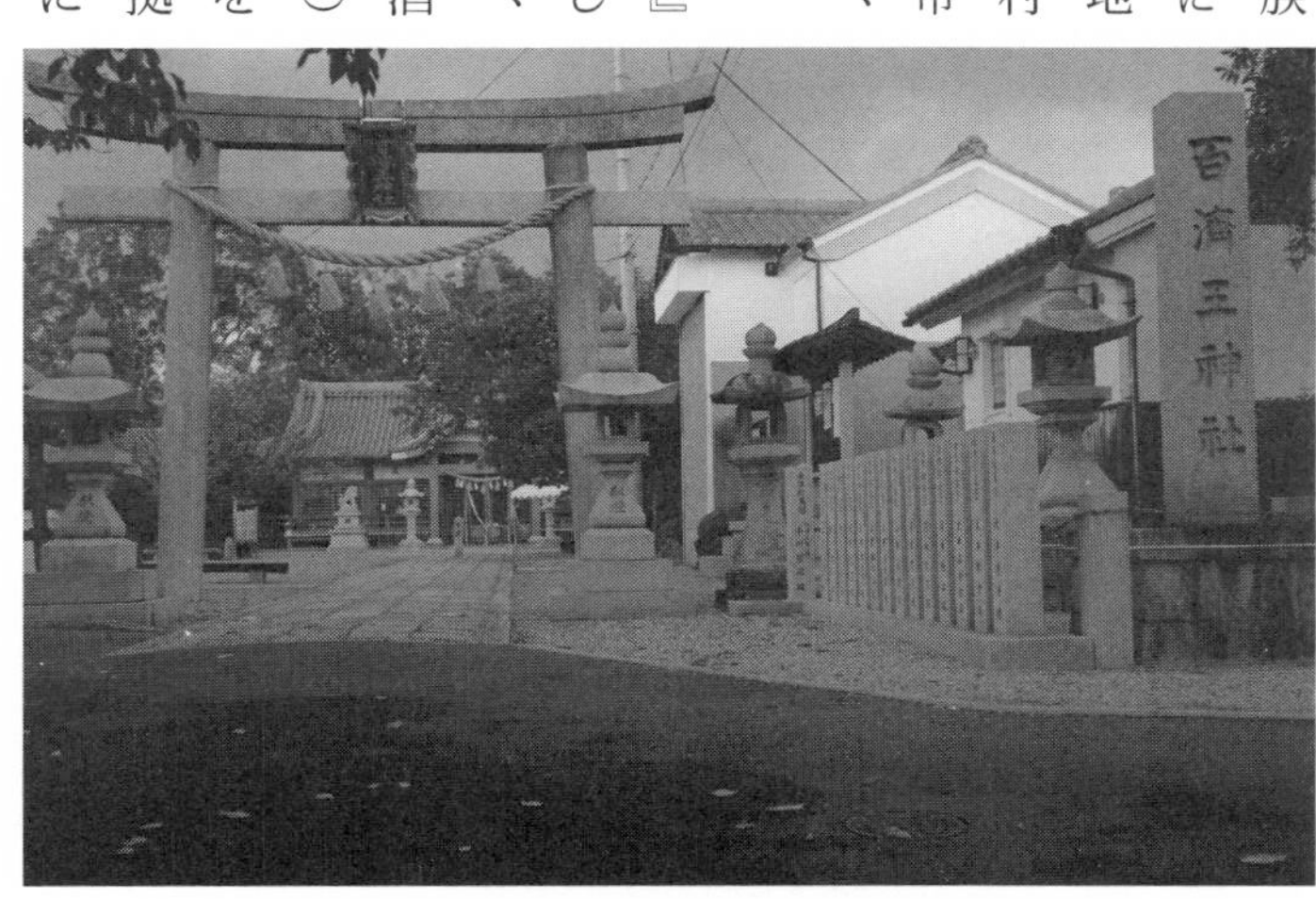

百済王神社（枚方市中宮）

ついては、『摂津志』に住吉郡鷹飼部が鷹合村（大阪市東住吉区鷹合町）に在り、と見える。『姓氏録』を見ると、右京諸蕃の刑部に「百済国の酒王より出る」と記事があり、和泉諸蕃の百済公・六人部連にも同趣旨が記されるから、百済王族の酒王なる者が日本に来て子孫を残したことは認めてよい。この系統と河内交野の鷹飼との関係は不明である。

「百済王三松氏系図」の検討

百済王氏後裔の三松氏の系図に注目し最初に採り上げたのは、幕末・明治初期の国学者栗原信充（のぶみつ）（生没年は一七九四～一八七〇）であり、「百済王三松氏系図」として校訂結果を示した（残念ながら、この「校訂」作業の過程・内容は不明）。江戸期の三松氏はすくなくとも二系統が交野に存続しており、栗原信充がその当時に残る系図史料・文書類をすべて見たうえで、校訂したとは必ずしも思われないが、信充の孫が三松本家に養子で入った事情もあって、熱心に同系図に取り組んだことは十分考えられる。

現存の三松俊雄編「百済王三松氏系図」や三松俊忠編「三松氏系図」などは、栗原信充本の基礎に整理されているようだが、信充の弟子、鈴木真年はこれら各種史料を基礎にして、別途、明治前期に『百家系図』巻五〇のなかに同名の系図採録をする。この「三松氏」の系図は、上古代から近世にかけての長い系図であり、上野利三氏の一論考もあって、その評価が多少分かれる面もある（その影響のせいか、大坪秀敏氏からも系図の評価が低いが、必ずしも皆がそうでもない。本書では、長くネット掲上してきた拙考などを踏まえ、再考のうえ記述する）。

1　従来の研究の概要

三松氏の系図に関して、一九八〇年代前半には次の論考などが相次いで発表された。すなわち、①藤本孝一氏の史料紹介「三松家系図」(『平安博物館研究紀要』第七輯所収、一九八二年)、②上野利三氏の論考「「百済王三松氏系図」の史料価値について」(『慶應義塾創立一二五年記念論文集〔第五〕』所収、一九八三年)、の二つである。次いで一九八六年には③拙著『古代氏族系図集成』が刊行され、そのなかでも鈴木真年の筆写した同系図を基とした系図とともに関係資料も紹介された。

この三者の作業はそれぞれ独立別個に、しかも異なる視点からなされたので、互いに突合・検討することにより、総合的に百済王氏についての問題点検討や史料評価への手がかりにもなる。これら三つの資料・論考を合わせて手にし、奈良在住の三松様のご指摘・示唆もあったことから、同系図とそれに関連する諸論考・資料を改めて検討してみる。

上記のなかで発表時期が最も早い藤本氏の論考は、忠実な史料紹介にほぼ徹している。当時、平安博物館講師(後に文化庁美術学芸課主任文化財調査官)であった藤本氏は、同系図が重要な史料価値を有していると言われた、同館角田館長の命を受けて、その所在を探したところ大阪府立中之島図書館に架蔵されるのが分かった。これは、大正七年(一九一八)に枚方町長を務められた分家の三松俊雄氏により活字本化されたもので、その元本を所蔵される三松俊経氏(三松本宗家の継承者)に拝見させていただいたところ、竪系図の形で記載された「百済王裔三松氏系図」であったということで、復元的意味を含めてそれを活字化され、明治初期の栗原信充以来の経緯も紹介される。

それとともに、幕末・明治初期の三松太郎俊明（生没が一八一七～一八七七）が家の由来を記した『三松家由来記』（金沢市立図書館蔵）も併せて、同論考のなかで紹介される。これらを活字化して所載された上記『紀要』では一三三～一五三頁の掲載だが、そのうち、経緯等の記述は最初の三頁だけで、あとは両史料そのものの紹介となっている。

一方、上野利三氏の論考は、一九七六年に修士論文として作成した「百済王三松氏系図の批判的研究」を基礎に、一九八三年に全面的に補正し書き改めたとされる。その記述は、本系図が厳密な史料批判を経てきたか等を概観したうえで、系図考証がなされている。その際に、用いられた系図資料は、写本二（三松俊経氏所蔵本、同吉胤氏所蔵本）を実見したときのメモ、及び活字本系図（前掲の三松俊雄氏によるもの）とされる。

これら資料を踏まえて、「系図に記載されている一つの記事、即ち、平安時代初め頃の三松家の祖とされる「百済王豊俊」の時に、同氏一族が百済王から三松へと改姓したという傍書の記述が、果たして事実に即したものかどうか、という問題を考察する、と上野氏は述べられる。この検討を通して、「従来から通用している本系図が、真に史学研究上の材料として、使用に耐える価値を有するものなのか、改めて考えてみたいと思う」と当論考の趣旨を記述する。さらに、その註では、本系図は三つに区画される部分があり＊1、その史料価値の検証も各々について行う必要があろうが、「本系図の史料価値を決する最大のポイントは、やはり前述の改姓記事の段に存すると思う」とも記される。

上野氏の当該論考が、「三松氏系図」の評価にかなり影響力を及ぼしたと聞き、最近までの関連論考も併せて改めて読み返したところ、学究が関与したものとしては、その杜撰な内容と勘違いに驚いた（そのため、近来ないほどの酷評を書き綴るが、読者におかれては、冷静に読んで判断・評価していただきたいと希望する）。上野氏は、同系図の「内容は甚だ杜撰であると言いうる」とまで低評価をされるが、私は同論考を仔細に検討して、疑問な問題点や結論が多々あると感じ、「甚だ杜撰」な検討は却って上野氏論考だと考えざるをえない。

上野氏の基礎資料としての上掲実見メモが、かなり粗雑な模様であり、かつ、上野氏の「姓氏苗字」の歴史認識や系譜知識には疑問が大きい。そうあっては、その検討過程や結論が極めて奇妙なものとならざるをえない。こんな疑問な論考により史料価値を貶されたとあっては、同系図を歴代、長く伝えてきた三松家関係者は、遺憾の念を強く感じられよう。同論考の指導教官は慶応大学手塚豊名誉教授及び利光三津雄教授（いずれも当時）とされるから、この両者の見識まで疑われる＊2。上野論考を丸呑みして所見を述べられたり、典拠としてあげる学究もあったと仄聞して＊3、古代・中世史において適切な系譜研究が行われることの重要性を一層強く認識する。

もっとも、拙考の結論でも、「三松氏系図」全体をすべてそのままに認めるわけでは決してない。系図の疑問点・問題点もたしかにかなりあるものの、幕末から明治前期におけるわが国系図学の大家、栗原信充・鈴木真年の二人が収集・編纂に関与しており、「甚だ杜撰」だと切り捨てられるような史料では決してない。しかも、上古からの長期間にわたる系図だから、これを時代・内容記事に応じいくつかに分けて、合理的な批判的検討がなされるべきものと考える。

＊1　本系図の三つの区画について、上野氏は当然の前提としていて、その区分・内容を明確にする記述はないが、おそらく、同氏の「百済王から三松へと改姓」という時点をとらえ、その境におかれる豊俊の重視を考えて、①始めの百済王始祖・都慕王からわが国百済王氏の祖・禅広までの部分（韓地の百済国王家の系図）、②禅広から三松氏の祖・豊俊までの部分（奈良時代～平安前期の百済王氏の系図）、③豊俊から系図最後までの部分（三松氏の系図）、という区分だと思われる。

始めの部分は王辰爾の系以外はあまり参考にはならない程度のものだが、②③は他書に見られない系図所伝である。上野氏は主に③を批判しており、併せて②の価値も問題点が多くあるとして認めないが、両者を別区分とするのであれば、それはかなり行き過ぎではないだろうか。また、②と③の境目は豊俊ではなく、六国史に最後に見える俊聡とするのが妥当だと私はみる。③も一括して検討されるべきものではないと考えられるが、これは中世部分の三松氏の事績等から考えて行く。

上野氏の「改姓記事」云々は、まず大きな誤解だと私は考えるが、傍系の流れの最後世代の位置等からみて、同系図が何段階かに分けて成立し、その後に順次、書き加えられてきた時期があったと考える。すなわち、豊俊あるいは俊聡の頃に、（別家を立てて）後の三松氏につながる系統が成立し、③aその後は三松氏の系統で代々書き継がれ、③b文禄年中に先祖以来の地・中宮村から禁野村へ転居して明治に至った、ということであって、その各々がポイントだとみる。その意味で、仮に③とくにa部分の三松氏に関する系図に問題があるとしても、②の重要性は変わらないと考える。勿論、系図一般に対する検討同様、個別具体的な箇所のそれぞれの記事については、十分な検討が必要なことはいうまでもない。

＊2　利光三津雄氏は、吉川弘文館版の『国史大辞典』で百済氏・百済王氏の項を担当されるが、そこでは比較的穏当な記述がある。しかし、「百済王三松氏系図」に触れずに、主要人物の系譜関係も推定的なものとして

記述されるので、そこに利光氏の立場・見解があるのだろう。また、百済王氏が多数の百済系帰化氏族の対して一定の支配力を行使しうる権限をもったという認識は、利光・上野両氏に共通のようだが、これは妥当か。

＊3　仄聞するところでは、そうした一例として、かつて枚方で開かれた講演会があげられる。そこでは、東野治之氏（当時は奈良大教授）が同系図について、「上野先生の所説の通り金で作られた系図」だという趣旨の発言をされたという。上野氏は「百済王氏と三松氏との関連性を否定」するものの、それは系図の偽作性・後世性を言うに過ぎず、「金で作られた系図」という記述はどの論考にも見えない。

2　百済王豊俊の存在と位置づけ

上野氏が最も重視する人物が、三松氏の祖とされる百済王豊俊である。豊俊についていては、その譜註（尻付、傍書）が諸本により記事の若干の相違があるが、活字本の記載を取り上げて記すと、次の通りであると記載される。すなわち、

(イ)延暦二年豊俊任造行宮使於百済王氏本居辺行宮御造営因詔令斎祀百済王祖神行宮辺、

(ロ)庭前有古松三株世人因称三松遂為氏、

の二点である。

その註記では、この部分の表現は、吉胤氏所蔵写本には(ロ)が先に記され、(イ)も後半が「因詔百済王祖神于行宮傍令斎祀」となっており、俊経氏所蔵写本には(イ)の傍書がなく、(ロ)も「庭前有古松三株世人因称三松爾来為氏」となっている、と上野氏が記される（前掲藤本氏論考掲載の俊経氏所蔵系図でも、その通り）。

じつは、ここは上野論考にとってたいへん重要な個所である。というのは、氏は『続紀』延暦二

年（七八三）十月条を参照して、「豊俊」の実在性を疑問視するからである。すなわち、
①同書には対応する記事があるが、系図は漠然とした記述であり、しかも『続紀』の記事をはじめ当代の他史料には豊俊は全く姿を現さないこと、
②世代的にみても、延暦二年十月条に見える百済王氏の人々（利善・武鏡・元徳など六人）より二世代ないし三世代も後ろに豊俊がおかれること、
を理由として、「この矛盾は、系図自体の大きな欠陥を示すと同時に、豊俊の実在性の拠り所を根底より失うものと判断せざるをえない」とまで言い切る。

それならば、この(イ)(ロ)の表現が原本ではどうであったかを十分に検討しなければならない。それは、史料批判にとって全く初歩的な手順のはずである。

上野氏が見られた系図資料に差異があったことは、先に述べた通りである。それでは、どれが最も古型であったのだろうか。常識的に考えても、活字本は大正七年（一九一八）段階のものであり、写本のほうが先に成立したと考えられる。写本も、二本のうち本宗家系統に伝わるものをまず重視すべきではなかろうか。なぜなら、上野氏自身が、本宗家を受け継ぐ俊経家には「信充の自筆と覚しき「百済王三松氏系図」なる稿本が伝存する」と記され、信充真蹟との筆跡比較までされて、栗原信充の自筆原本だと判断される。繰り返すが、この写本には(イ)の部分がない、と氏が明確に認識される。上野氏の豊俊の実在性否定の論理が粗雑なのは、これだけで見て取れよう。

なお、この古型探索に当たって、信充の弟子・鈴木真年が編纂した『百家系図』も大きな手がかりとなる。静嘉堂文庫所蔵の同書は明治前期の成立だが、その巻五〇には、真年の筆跡で「百済王

三松氏系図」が記載される。それは、信充稿本＊4をまず忠実に謄写したうえで、真年が『続紀』

等の関係記事を書き入れている。そこで問題の豊俊の個所を見ると、「庭前有古松三株世人因称三

松爾来遂為氏」とのみ記されており、これが信充自筆本の形ではないかと考えられる。(イ)の部分は、

明治初期の信充校訂後、大正七年までに竄入した記事と判断せざるをえない＊5。すなわち、上野

氏は史料批判の重要な基礎作業すら怠っている。

次に、上野氏とは視点を変えて、百済王豊俊の実在性を検討してみよう。

平安前期において、九世紀初頭前後の桓武天皇から十世紀前葉の醍醐天皇まで期間の世代配分は、標準的なところでは一世代が二五～三〇年ほどであるから、五世代（皇室系譜は傍系相続もあって相続は錯綜するが、主な天皇を取り上げ代表的にいうと、「桓武―嵯峨―仁明―清和―醍醐」の世代）となる。これを三松氏の人々に各々世代対応をさせれば、俊行の死没が延喜三年（九〇三）、その子・俊兼が承平四年（九三四）死没と系図に記されるから、「教俊―豊俊―俊房―俊行―俊兼」の五世代となる。その場合、豊俊が嵯峨天皇の世代くらいに当たるが、三松氏系図に豊俊の兄弟姉妹にあげられる慶仲が承和八年（八四一）卒、同じく慶命女が嵯峨天皇の尚侍で嘉祥二年（八四九）の薨去、と六国史に記事があり、この点からも豊俊が嵯峨天皇の治世頃に主な活動をしたとみられる。

以上のことから見て、豊俊が仮に実在していたら成人として活動したとみられる時期は、概ね八一〇年頃（嵯峨即位時期頃）から八五〇年代前後までだと分かる（延暦期の人ではない）。これは、傍真年が師の信充とは別途に収集・整理した系図（以下に「真年整理系図」として記す）によっても、証される。この系図は、前掲巻五〇「百済王三松氏系図」の直後に記載される無題（雄松堂出版の「解

題目録」では、「百済王後裔系図」と見える）のもので、百済王昌成に始まる譜註なしの簡略なものであるが、百済王氏の末裔や楽人関係系図が少し附記されることにも注目される。

そのなかに、豊俊の子・俊房については、「俊聡」と名のみが記されて「三代録九　貞観六年十月十四日伯耆守」と註記される。これは、真年翁が『三代実録』同日条の「散位従五位下百済王俊聡為伯耆守」とある記事を書入れたとみられる。

百済王俊聡については先に見たが、六国史の初見は『三代実録』貞観元年（八五九）十一月条の叙爵で、その後は貞観六年十月条の任官、最後に元慶三年（八七九）正月条の叙位記事（従五位上に叙）が見える。俊房と「俊聡」とは、訓みの「としふさ」が同じであり、官位も従五位上で同じであるから、同人として差し支えない。三松氏系図を考えても、名前等からみて俊聡を他の位置におくことは考えにくい。上記の『三代実録』記事からいって、仮に豊俊の実在性が確認できなくとも、その子の俊聡の存在により、それは傍証されるのではないかと思われる。「豊俊の位置に置かれる者」が仮りに欠名ないし別名であっても、後の三松氏の系図につながるのは俊聡であり、その存在が確認されるのだから、問題がないということである。

なお、系図には俊房について、「延暦十四年（七九五）十一月生、貞観十年（八六八）八月十六日卒七十四」と註記されるが、上掲の俊聡の官歴からいっても、これは俊聡の記事ではない。誰かの記事が紛れ込んでいるとしたら、一世代ほど時期が異なるから、それは俊聡の父とされる者（豊俊）の記事が後ろへズレ込んだ可能性が高い。先に見たように、「概ね八一〇年頃から八五〇年代前後まで」が豊俊の成年・壮年期だとみたこととほぼ合致する（多少、長寿ではあるが）。

こう考えていくと、豊俊の系譜上の位置は、三松氏系図と同じところに問題なく定まる。（このように系譜の譜註が一代後ろへズレ込んでいたとすると、上野氏が重視した前掲延暦二年の記事(イ)も本来は豊俊のことではなく、その一代前の教俊かその父・俊哲の事績であった可能性がある。系図には、往々にして系線の引誤りや、転記などによる誤記があり、これを取り上げて系図全体の信頼性を云々しても始まらないと思われる）

豊俊が現存する六国史に所見がないのは確かである。ここで想起したいのは、現存六国史にはかなりの脱漏欠陥があるという事情である。豊俊が活動期であった時期を記録する『日本後紀』（記録期間は七九二～八三三年）及び『続日本後紀』（同八三三～八五〇年）は、六国史原書が早くに散失してしまい、現存部分があまり多くない。これは周知のことであり、国史大系本の両書の凡例にもそう記述される。そうしたなか、百済王豊俊関係の記事も散失した可能性があるとみるのが割合、自然ではなかろうか。とはいえ、史料に確認できないという事情も無視できない（豊俊の存在は上野氏がいうように重要である、と私は必ずしも考えないし、むしろその子の俊聡の存在のほうが重要であり、少なくとも、上野氏の否定論理がここでも崩れる。ただ、兄弟姉妹の名前から言うと、例えば「慶俊」という名のほうが自然のようでもあるが。あるいは、この世代で六国史に見える「慶世」が俊聡の父であって、実際にはこの者が「豊俊に代わる者」なのかもしれない）。

上野氏は、六国史の最後のほうに見える「俊聡」を、三松氏系図の「俊房」と同人と把握しなかったから、そこで誤論が展開されたのであろう。

＊4　信充稿本は三松家に残るもののほか、信充本人が所蔵したものなど数本あったことが考えられる。それは、信充と三松家との縁故関係からも窺える。鈴木真年が見た稿本には、三松家本には見えない戦国期の分家・親康の系統（その子・康俊までは三松家所蔵本に記載）が明治初期まで記載される。

また、真年整理系図も、その出典が残念ながら記されないが、信充の遺稿・採集資料のなかから弟子の真年翁が書き出した可能性がある。

＊5 (イ)の部分が何故、豊俊の記事として書き入れられたという事情は、三松俊明氏の著述した『由来記』を見れば、ほぼ分かってくる。すなわち、由来記では、「後には勘解由次官百済王豊俊を造行・宮使に任せられ」と記し、その後ろの段に、『続紀』の延暦九年二月条の記事を入れている。このため、俊明の後代の者がこれに惑わされて、信充校訂後～大正七年までに豊俊に関する記事として系図に書き入れたものであろう。

3 三松氏一統は史料に見えないか

上野氏は、「系図では三松改姓後のこの氏族の官職・位階は決して低くないのに、その氏人達の事績が「正史其他」に全く現れてこないことを、どのように理解したらよいのか、説明できなくなる」とも記す。ここでも、註記して、「系図の豊俊以下の嫡系について、その最高官位を窺うと、俊房は正五位下、近江守、俊行は正五位下、和泉守、俊兼は従五位上、伊予守、等々となっており、各人堂々たる貴族として朝堂に列したことになっている」と記される。

しかし、これも、大正七年（一九一八）までに系図譜註の書換え（官位の上位方向への書換え。俊雄関係者の手に依るものか）が多少あったようで、真年書写の古型では、「俊房は従五位上、俊行も従五位上、俊兼は従五位下」（官職は省略する）と記され、活字本よりも各々一段階下の官位で記されている。上に見たように、俊房（「俊聡」が正記であることに注意）の従五位上叙位は『三代実録』元慶三年（八七九）正月条により確認されるが、他は現存史料からは確認できない（正史は『三代実録』の後は編纂されない事情もある）。だからといって、俊行・俊兼の官位については、当時の史料事情からいって直ちには否定できない。

その後、平安末期くらいまでの三松氏本宗の歴代が系図では殆ど叙爵したとあるが、現存の史料に何ら見えないから、官位記事の信頼性がやや薄そうでもある。だから、この辺の記述には多少の官位誇張があって、若干上位方向に書き込まれたか、そう伝えられた可能性もないではない。せいぜいその程度の話しであり、このことをもって、三松氏先祖の歴代系図を直ちに否定できるほどには至らない（この問題を何度も考えるうち、なんらかの事情で三松氏が系図を失ったことで、別名の歴代が後世に造作された可能性も考えるようになったが、この辺は後述する）。

上野氏があげる平安期～室町後期までの期間の史料合計「三二個」に見える百済王氏（百済氏）の人名は、一人として三松家に所伝の現存系図に見えない（しかし、後述の「時里」が三松氏の別系図に見え、その後裔の能清・有雄も併せ、三名〔関連して更に二名〕も見える。また、周防大内氏の先祖など、本来は百済王氏ではない者まで、上野氏は拾い上げる誤りもある）。

交野郡山田郷の百済王氏は唯一、三松家系統だけではなかったという事情も、主な要因として考えられよう。前掲の真年整理の系図を見ても、子孫を残した系統は七つほど見える。これらいくつかの百済王氏の系統が交野郡に在って、中宮村の三松家だけではなかったが、戦国期頃までには他の系統は絶えたか、他へ移遷した模様である。

その一方、三松氏の系統に叙爵者が皆無だったかというと、実はそうでもない。上野氏があげる史料、『吉記』治承四年（一一八〇）四月廿一日条に従五位下と見える百済王時里が先ずそうである。「三松氏系図」には見えないが、真年整理の系図のほうに時里の名が見えており（両者の記載は人名表記や位置づけで若干異なるが、俊行の曾孫で、勝生の父、勝見の甥に当たる人物と記される）、「従五位下、治承四年氏爵」と註記される。この時里は三松氏歴代にあげられない三松氏の人物としてよかろう。

時里の四世孫の能清も、「光明院御即位記」に建武四年（一三三七）十二月に叙従五位下、その孫の有雄についても『薩戒記』に応永廿九年（一四二二）十二月に叙従五位下とあって、その後が近世の三松氏につながるから、この辺の歴代も叙爵まで行かなくとも、なんらかの官位を有した可能性は考えられないわけでもない。

ほかにも、能清より三六年前の正安三年（一三〇一）に氏爵の「吉清」（『業資王記』）も、名前からすると三松系統とみられ、系図には見えないが、永清の別名か兄弟という可能性がある。更に、時里の四年後に氏爵をうけた頼里は、系図に見えないが、名前と年代から時里の弟という可能性もある。このように見ていくと、遅くとも平安末期・鎌倉時代頃からは、三松系統が百済王氏一族では有力な一派になっていたのではないかとみられる。

真年整理の系図には、まだ貴重な記述がある。それは百済王氏から出た**楽人系統**の系図であり、三松氏本宗の興扶の弟・興貞から始まる六代ないし七代の系図である。興貞の次子・成貞に「八幡楽人」として見え、以下その玄孫の則貞まで五代にわたり「楽人」の文字が記される。この系図を裏付けるのが、成貞の子・近貞とその子・貞時の存在である。

貞時は『楽所補任』に百済貞時と見えて、「天承元年（一一三一）八月任左衛門府生、年四十七、篳篥（ひちりき）吹、京八幡楽人、右衛門府生近貞男」と記載される。同人は「長承三年（一一三五）八月楽所上日解」にも見えて、「正六位上行左衛門府生伯済宿祢貞時」と記される。平安後期のこの頃になると、本来高かった地位のはずの「王（コニキシ）」の姓が忘れられてか、「宿祢」に変わる（こうした姓の変化事例はほかにもあり、末尾の附記でも記述する）。

系図では、貞時の子の道貞（右将監、楽人）、その子・則貞（府生、楽人）も見えるが、現存の『楽所補任』には見えず、則貞の子孫も知られない。

ここまで見てきたときに、「興扶・興貞」という兄弟の名前と「京八幡楽人」に関連して、別の発想も出てきた。それは、十世紀前半の『貞信公記』の頃から見える「興」という通字をもつ一派（上掲の興勢、興元、興任、興房）のことである。これら「興」通字の四名はいずれも叙爵しており、しかも当時は禁野在住ではない在京の一系統の模様であって、基貞叙任の対抗候補であった者の出身母体ではないか（基貞叙爵への支援者のグループには「興」の名がつく者は見えない）、とも考えられる。

こうした場合には、「俊」通字で続く現存の「三松氏系図」に見える歴代の名が、現存史料にまったく見えないことから考えて、どこか途中で系図を失って後世に造作されたことも考えられる。三松氏系統は、十世紀前半頃から氏爵対象者を出す有力な支系であって、「興」通字で歴代の名が続き、おそらく嫡系の「基」系統が絶えた事情などで、京から交野へと移遷してきたのではなかろうか。これが、拙考の推論になってしまった。

（これは、当初、まったく思いもしなかった結論であり、あるいは「豊俊」という名の先祖も、「三松〔美松〕伝承」も、その過程で生み出されたものかもしれない。上記の「百済王基貞栄爵状」は、三松氏系図の謎を解くための重要な手がかりだと言えそうである）

4　「三松」は姓氏か名字か

上野氏が重視する「(ロ)庭前有古松三株世人因称三松遂為氏」という記事についても、考えてみたい。

上野氏は随分力を入れてこの検討を行うが、結論を先に言えば、実に失考かつ無駄な作業である。というのも、「三松」を文字通り「氏」（姓氏の氏）だと、上野氏が誤って思い込んだことに大きな原因がある。系図研究を少しでも行った経験のある人なら、時により、「氏」が姓氏の氏の意味でなく、中世以降に主に現れる苗字（名字）の意味でも使われるのが分かるはずなのに、上野氏は頭から「姓氏の氏」と信じて疑わなかった。

その結果、平安前期の延暦頃の改賜姓の事例を六国史から十例も取り上げて、三松への改氏は当代の改賜姓の通則に合致しないと判断される。そして、「もし系図が真本であって事実を伝承しているならば、この通則に則った重要な記録が無視されるはずがなく、必ずやそこに記載されていなければならぬはずであろう」と上野氏は考える。また、系図では同氏がいかなるカバネ（姓）を称したかは述べていない、とも記される。三松（＋王とか朝臣とかの姓）という氏姓も平安期以降の諸史料に全く見えず、多数の古文書には依然として百済王を称する人々が多数現れてきて、甚だ不可解だ、とまで表現される。歴史と系図の無知・混同がここまで来ると、もう「何をかいわんや」というほかなく、私は唖然として言辞を知らない。

つまり、「三松」とは姓氏ではなく、中世の苗字（古代当時では家の通称となる）にすぎない。姓氏は一貫して百済王であった。従って、六国史や平安中期頃までの史料、その後の史料等にも、三松の改姓記事が出てくるわけがない。こんな初歩的なミスに気づかない論考は、姓氏苗字によほどの無知・不勉強である。

それでは、中宮村の百済王氏はいつ頃から三松を名乗ったのだろうか。一般に苗字の起りは平安後期の頃からとされるから、平安前期の豊俊の時代に「三株の松」があったとしても、そのまま三松を名乗ったとは考えられない。先に掲げた「庭前有古松三株世人因称三松爾来遂為氏」という記事は、まちがいなく後世の追記であって、世人が「三松の家」と呼び伝えてきたことに因んで、後世には遂にそれが「苗字」となったと解するのが妥当である。そして、この三松の家（流れ）とは、豊俊（ないし、それに代替する者）を始祖として百済王氏本宗家から分れた庶子家の流れであった。

その「後世」とは具体的に何時のことかという問題については、鎌倉後期・南北朝期頃の興継に「三松又五郎」と見えるのが、系図での三松苗字の初見であるが、これでは少し遅すぎる。それより前の時代を探すと、平安後期の康平三年（一〇六〇）に卒去したという友実が「美松冠者」と号したと譜註にあり、この頃に称された「美松」がさらに後に（平安末期頃から南北朝初期頃までの期間か）訛伝して「三松」に変わったと考えるのが、時代的にも適当であろう。江戸時代に岩手県盛岡市あたりに美松氏があり、同地では山城国の出だと伝えるとのことである（いま、三松姓が岩手県に四十人ほど居住するとのこと）。これが、早くに分かれた同族という可能性があろう。

5　上野氏の結論には大きな疑問

上野氏は、系譜学の無知に基づく上記のような「杜撰な系図検討」の結果、結語として「百済王豊俊」を架空の人物だと決めつける（そうなのかもしれないが、断定的すぎるし、人物としては俊聡のほうが重要である）。そのうえで、「今後は、これを百済王氏の系図として、みだりに用いることは差し控えるべきであろう」「本系図に依拠して論が成されてきた既往の諸研究の中には、立論の拠を失い、そのために所説が崩れ去るものもあるであろう」とまで述べられる（彼の他の論考でも、杜撰な系図という表現が見られる）。

ところが、上掲で見たように、上野氏の所説・検討は殆どが的はずれであり、「禅広から俊聡の部分」は依然として重要であり、従って、『枚方市史』や今井啓一氏の著作集は依然として価値を失わない（「無知と誤解に因る自信」とは恐ろしいもので、あたら貴重な史料を廃棄することにつながりかねない）。

また、上野氏は、「正史其他の流布せる各種文献から、逆に系図を造作することもできるのであって、系図の価値を論ずる拠には到底なしえない」と記述されるが、系図の造作は一般に考えられるほど易しいものではない。むしろ相当難しいものであり、それは多くの系図を批判的に見ていけば自ずと分かることであるが、上野氏はどうしてこんなに簡単に言い切ることができるのであろうか。

さらに、上野氏論考の校正段階で、藤本孝一氏より前掲著作をいただいたことに触れ、「右論考において氏は、系図に一定の史料価値を認めておられるが、前述した私の結論には些かも変更の必要性は認められない」とも述べ、その自信のほどを示される。これはある意味ではまったくその通りであろう。すなわち、ここまで間違いが甚だしければ、些かの変更など全く無用のものである。

ここまでは多少言い過ぎとして、上野氏の論考に価値を認めるとすれば、百済王三松氏系図の諸本について伝来状況や経緯を、自らの調査のうえ書き記されたこと、古代・中世の史料に登場する百済王氏の氏人について整理され（田島公氏の論考に比べれば、氏人の収集・整理はまだ不十分ではあるが）、個別に検討されたことである＊6。この辺は、研究者にとって便宜であり、評価しておきたい。上野氏は「百済王三松氏系図」という宝の山に踏み込みながら、そこにある宝物の価値に気づかぬまま、掛けていた眼鏡が不良品で、却って価値無きものと判断されたのである。ただし、同系図に対する問題意識の提起は、十分に受けとめるべきものもあるが。

明治初年頃の栗原信充は、系図研究の大家だけあって、系図の価値を十分に認め、「家系を一見して打驚き斯くばかり由緒正しき家は海内に数多からじと、いたく嘆賞し自ら筆を執りて考証の事に従ひ」と三松俊雄編の活字本序文に記される。これが信充末年のことである。信充の三松家への惚れ込みようは甚だしかったようで、藤本氏が紹介される三松氏の〔現代の系譜〕を見て驚いたことには、信充の孫・信優（のぶまさ）（早世した長男武田信晃の次男）が、系図を信充に見せた三松俊明の養子かつ女婿としてあげられる。そこに、信充の意向が強く働いていたと感じる。その弟子の鈴木真年は、さらに関係する史料の発掘・整理に努めた。これらが現存することを幸いに思う次第である。

＊6　古代・中世の史料に見える百済王氏の氏人に関する上野氏の整理には、疑問もいくつかあるし、中世などの氏人について見落としもかなりある。『徴古雑抄』に基づく番号18・19は、氏も可能性として述べるように、周防大内氏の祖・正恒のことであり、金官伽耶王家の流れを汲む金海金氏の族裔（多々良公姓。後述）である。たんに「百済」と記される人々には、百済王氏の一族ではない百済氏（宿祢・公・朝臣などの姓）の可能性もあろう。叙爵者の洗い出しもまだ不十分であった。

6　附記　上野氏の論考には、他にもまだいくつかの誤りや疑問点があるので、ついでに個別の親族関係の問題点を指摘しておきたい（常陸の百済氏については後掲）。

個別の人々の活動年代を見ていけば、現存する「百済王三松氏系図」には、系譜関係に疑問がある部分もないではない。こうしたことは系図には往々にしてあることで、数か所の誤記(?)をもって直ちに系図の信頼性を疑うのは、むしろ疑問な姿勢である。実際、どのような信頼性の高い系図でも長期間の伝来・伝写のなかで誤記や系線引き違えなどは、殆ど避けられない(この辺の感触は、多くの系図を批判的に見てきた者にしか分からないのかもしれないが)。仮に、六国史の記事を見て後世に系図造作をしたのなら、こうした個所は却って現れないのではなかろうか。

上野氏があげる疑問な個所を検討してみると、次のようなものである。

①太田親王(大田親王)の生母……上野氏は『系図纂要』『皇胤系図』により教仁(武鏡の娘)を太田親王母だとして世代比較を行う。この記事が正しいようだが、六国史からは確認できない。「百済王三松氏系図」では、俊哲の女・教法女に太田親王母と記される。

なお、「祖父―父―子」と三世代にわたる場合、祖父と子との関係は二世代の開きがあると一般にいうもので、これを、上野氏のような三世代とはいわない(ほかにも、同様な独特の数え方の個所が見える)。

②貴命女の位置づけ……これがおかしい可能性が多少あるのは、年代的にみると上野氏の指摘の通りである。この女性は付近に見える教俊の女であった可能性もあるが(中田憲信編の『皇胤志』でも、「教俊の女」と訂正しかかったが、結局、この追加記事を抹消している)、三松俊明氏の記す由来記でも俊哲の娘とあって、所伝自体は古いものであった。そうすると、俊哲の晩年に生まれた娘だったか孫を養女としたかの可能性も考えられる。この辺の事情はとくに史料がないので不明だとしかいえない。

③駿河内親王を生んだ貞香女の位置づけ……これが年代的に疑問であることも、上野氏の指摘にあ

る。この指摘を踏まえて、再考すると、貞香女の父・教徳からの子孫の一団は世代がズレているように思われる。おそらく、教徳は本来、武鏡の子で教仁の兄弟とされるほうが妥当性が大きい。この辺の系線の混乱がなぜ起きたかは、よく分からない。

④玄鏡と元徳との関係……叙爵の年代から見て、宝亀六年（七七五）に叙爵された玄鏡が宝亀十年（七七九）の元徳よりも年長と考えられる。この年代の接近から両者は兄弟かとみるのが自然であるが、命名からいうと、親子としても不思議ではない。あるいは、元徳は兄・玄鏡の養子にでもなったか、別の系統か、この辺の事情は分からない。

⑤武鏡と利善との関係……『続紀』延暦二年十月条の記事では利善のほうが上位にあるので、上野氏は利善が兄だと決めつける。しかし、両者の官位歴を見ると「三松氏系図」のほうが正しいと判断される。両者の叙爵は、武鏡が天平宝字八年（七六四）十月で、利善の天平神護元年（七六五）閏十月よりも一年早いからである。両者は宝亀七年（七七六）正月、同時に従五位上に叙され、その後は利善のほうが先に昇進していく。おそらく、兄弟とはいえ能力的にかなり差異があって、昇進はそれを反映したものではなかったか。延暦二年十月の時点だけとって、長幼の序を判断するのは問題が大きい。

⑥このほか、上野氏が指摘しない問題点もあげておくと、百済宿祢永継の系図への混入がある。この女性は先に見たが、百済王氏と別氏の百済宿祢姓（もと飛鳥戸造）の出である。それなのに、写本では百済王敬福の娘に掲げ、活字本では敬福の妹に記載される。この辺も含め、三松氏系図に見える後宮関係などの女性の位置づけについて、慶世の子におかれる寛命の位置づけなど、ほかにも疑問が見られるから、伝写過程のなかで系譜に様々な混乱が生じたものか。

以上は、活動年代だけから考えたとき、上野氏の指摘が妥当そうに見えるものがかなりあるが、その指摘には誤りもあって、必ずしも誤りとは決められない事情もある（誤記と指摘する前に、当時の百済王氏の系図では養猶子関係のようなものがあった場合、系図にどのように表現されたか、という問題点が解明される必要がある）。

従って、簡単に誤りと即断するのは、かなり問題がある。いずれにせよ、史料の取扱いや具体的な検討にあっては、精査のうえ十分慎重にありたいものである。

中世・近世の三松氏一族

三松氏関係の系図では、平安後期頃の「友行の子の世代」から戦国時代、十五世紀末頃の明応年間（一四九二～一五〇一）の「秀俊・秀元兄弟の父の世代」まで、約四百年、合計十世代にわたり、二系統（二通り）の系図所伝を伝える。巷間通行する「三松氏系図」では、問題の十世代が「友俊…（八世代）…俊永」とするが、鈴木真年採集の系図では「友時…（八世代）…有永」と記される。この二系統のうち、後者の真年採集系図のほうでは、時里、能清及び有雄という三名の叙爵者が史料（吉記、玉英及び薩戒記）の記事に見えることを考えると、こちらのほうが三松氏系図の史実原型に沿うものであったか。

叙爵最後の百済王有雄は、室町前期の『薩戒記』の応永廿九年（一四二二）十二月十八日条に、従五位下叙位者のなかに「和気明世氏　百済有雄氏」として氏爵記事が見える。同書には、その後では永享元年（一四二九）十二月十三日条にも、和気氏成及び百済景弘が後花園天皇即位の氏爵の叙位をうけたのが見えるが、百済景弘なる者は三松氏関係の記事には見えず系譜不明で、ここで実在性が確認できない（この十五世紀前葉くらいで、交野の百済王氏嫡宗家は絶えたのかもしれない。これ以降に、百済王氏に氏爵の史料があれば、叙爵対象者の実体がない「架空の者」に対しての氏爵仮装記事という可能性もあろう。中世にはこうした例もあったと聞く。『康富記』宝徳元年〔一四四九〕十二月十二日条に「百済氏申文」という語は見えるが、百済王氏から叙爵者がおらず、「九条家歴世記録」の文亀元年〔一五〇一〕七月廿五日条の記事には「即位叙位和気・百済両氏被叙事」がその後はないように記される。そうして見ると、永享元年から約百年後の大永元年〔一五二一〕三月十七日まで百済王氏の氏爵が史料にまったく見えず、突然この時の除目で『除目執筆記』記載の「御即位叙位簿」に見える「百済王遠倫」なる者への氏爵は、申文が先立つというが、疑問が大きい。このとき、大永元年三月に後柏原天皇の即位の儀が挙行された事情があるが、遠倫とともに氏爵で記載の伴朝臣惟幸・佐伯朝臣安治・和気朝臣博方なる者も実在性の確認ができない。ちなみに、『歴名土代』には、このとき従五位下の叙位者は多忠吉しか記載がない）。

なお、鎌倉期の百済王氏の氏爵では、『民経記』に正元元年（一二五九）十一月廿一日条に「百済光吉（氏）」（このときに、和気時名も氏爵）、翌十二月廿五日条に「百済守光（氏）」（同、和気国基も氏爵）と見えるが、百済光吉・守光の系譜・素性等も不明である。

こうした系図混乱があってか、平安後期から鎌倉期・室町期の三松氏一族の具体的な動向は史料に見えず、不明である。代々が河内検断職を兼ね、祠廟に奉仕した百済王神社の神主であったという三松氏の系図に見える伝承も、「河内検断職」なる職への補任の裏付けが取れないから、後世の自称にすぎないのだろう。

中世には、三松一族から分れた支族分出もあったとみられる。応仁の乱を避けた摂関家一条氏の土佐下向（土佐中村、現・四万十市中村に本拠をおく）に随い、家臣として土佐に遷った一族がいた可能性がある。いま高知県宿毛市域では与市明（よいちみょう）や橋上町京法を中心に三松姓が集中するが、この辺はその関係者の流れか。

兵庫県では尼崎市を中心に三松姓の分布があるが、これは南北朝期に三松又五郎興継が摂州丹生（摂津国武庫郡の丹生神社あたり。神戸市北区山田町坂本の丹生山）に住んだと系図に伝える流れを引くものか。当地の丹生神社はかつて丹生山上にあった明要寺の鎮守社で、『丹生山縁起』（元禄十三年〔一七〇〇〕頃に成立）によれば、同寺は百済・聖明王の王子、童男行者（＝王子恵という）が欽明天皇朝に堂塔伽藍十数棟を建立したのが始まりという。

話しを戻して、百済有雄の子が有永、さらにその子が秀俊とされ、この秀俊以降は現在に伝わる系図には異伝が見られない。三松氏の系譜記事では、秀俊は弓馬の名人で、明応二年（一四九三）に、子の貞俊とともに河内の正覚寺合戦に参陣して軍功があり、将軍義稙公から秀俊が御教書を賜ったとされる（史実では、対峙した畠山義豊により義稙・畠山政長軍が打ち破られ、将軍義稙が捕虜になったから、御教書の内容如何だが、記事は疑問かもしれない）。

貞俊の孫の世代が十六世紀前半に活動した俊宗・親康兄弟で、この兄弟の後が二系統にわかれて明治までつながる。俊宗の子の俊近は、本願寺の顕如上人に従い天正七年（一五七八）に石山にて討死し、その子の孫兵衛尉俊治は祖業伝来の地を失い、文禄年間（一五九二～九六）に浪人となって禁野村大垣内へ転居した。この俊治の曾孫、仁左衛門俊元が慶安三年（一六五〇）に中宮村から分祀して、禁野の地にも百済王神社（祭神が百済王大神・素戔嗚命）が設けられた。それが、禁野の御狩神社（祭神が大鷦鷯命・百済王・進雄命）などとともに、明治になって交埜神社（枚方市牧野阪。交野郡式内社の片野神社）に合祀される。
俊治の後裔の俊明・俊季兄弟のときに明治を迎え、前者は枚岡神社に奉仕した。俊明の養子、三松復治郎信優は、国学者栗原信充の孫である。弟の俊季のほうは親康系統の家の養子に入ったが、その子の俊雄は大正年間に大阪府枚方町長をつとめた。百済王神社は、親康の後裔一族によっても一時期、奉祀されたようでもあるが、本源の中宮村の同名社は、いまは地域性が強まり、村社・郷社的な存在になっている。

上記のように百済王三松氏の長い歴史を先祖から追いかけてみて、ここでその系図の**一応の総括**をすると、この系図が、①百済国の始祖王から禅広までの百済国王の系図、②禅広から俊聡までの百済王氏の系図、③俊聡以降の三松氏系統の系図と、大きく三つの部分から成っており、系図の評価はそれぞれの部分毎にしなければならない。①はさほど目新しいものがないが（古伝を伝えたものとは言いがたい）、②の百済王氏の系図部分は、個別個所にいくつかの問題があっても、総じて史料価値があるとみられる（使用にあたっては、個所毎に具体的な検討が必要なことは言うまでもない）。
③の三松氏系統の部分は、千百年弱の長い期間にわたるのだから、これもまた三つほどに分けて考える必要があろう。まず、a俊聡から平安後期の友俊（友時）までの部分、b友俊（友時）から戦国期の秀俊兄弟までの部分、c秀俊兄弟以降であって、明治初期までの部分、ということである。ここでは、あまり問題なく信頼できそうなのがc部分で、b部分は鈴木真年採取の系図のほうが信頼ができそうであり、aの部分については歴代の名前・事績はほとんど信頼できない模様である（世代数くらいは信頼できるのかもしれないが）。

このほか、交野郡の枚方城は、百済王氏一族から出たという本多内膳正政康（本田善光の同族ともいう）の居城で、豊臣氏に仕えたが、元和年間に夏の陣のときに討死し、大坂落城とともに廃された、と『大阪府全志』などに見える。本田政康の娘、乙御前は秀吉の愛妾であったといい、一乗寺には政康の墓や豊臣家ゆかりの品があるともいう。『姓氏家系大辞典』でもほぼ同様な記事があるが、これら本多政康一族の系譜ともども、所伝に裏付けがなく、信頼性に欠ける。

常陸など各地の百済王氏一族

(1) 常陸在庁官人の百済氏

常陸府中の在庁官人で、代々税所職・健児所（こにしょ）検断職を世襲した百済氏（苗字としては税所・平岡の両氏）がいた。

その始祖は、「吉田文書」等から仁平元年（一一五一）四月八日の留守所下文に見える散位百済貞成であり、貞成以降の系図が中山信名編「常陸国在庁官人百済両家系図」（転写本が静嘉堂文庫に所蔵）に見える。次に、鹿島文書の治承四年（一一八〇）七月十八日の同下文には「散位百済朝臣」が見え、これは貞成の子の税所政成に比定される。その後も、常陸税所文書の元徳三年（一三三一）三月付に「百済朝臣家成」と朝臣姓で見える。

この貞成の祖は、天慶年間に将門の乱の当時、武蔵守の任にあった**百済王貞連**（「貞運」と記すものもあるが、誤記か、あるいはそのように名乗った時期もあったか）であり、貞連から始まる系図が鈴木真年編纂の『百家系図』巻九に「平岡系図」として見える。それに拠ると、貞連は武蔵守の前任が上総介であり（『類聚符宣抄』天慶二年五月十七日）、その子・貞邦は上総大掾となり、その子・貞澄は在地にあって平岡大夫と名乗った。平岡は上総国望陀郡平岡（現・千葉県袖ヶ浦市東部）に因む苗字である。その後に初めて常陸国税所となった貞成（貞澄の曾孫）が出ており、その間の世代に若干数の欠落も考えられるが、流れとしては自然である。こうして見ると、上掲「鹿島文書」に百済朝臣という姓で見えても、その本来の姓は百済王であったと確認される。ここでも、平安後期に百済王という姓が転じて百済朝臣と称されたことが分かる。

一族は、税所家・健児所家の二系統に分れて常陸府中に続いた。後者は苗字を平岡としたが、元のコニショから「小西生、近衛所」とも云った、と中山信名が記す。税所のほうには、桓武平氏常陸大掾一族の石川山本氏から養子が入ったが、後裔は茨城県石岡市域に居住して「税所文書」を現在に伝える。

貞連の祖系は前掲真年整理系図に見える。貞連は、天平の敬福の兄・全福の子孫で、「三松氏系図」に見える善貞の子・貞春の玄孫であった（系図において写本では貞春まで記されるが、活字本では貞春は記されない）。上野氏の整理される百済王氏関係史料32のなかには、貞連に関する史料が延長元年（九二三）～天慶二年（九三九）まで五つもあげられる。六国史の後の時代では、現存史料に最も現れる回数が多い人物であった。

さて、上野利三氏は、前掲「常陸国在庁官人百済両家系図」について、上記論考の註で次のように述べられるが、同氏の失考・勘違いはここでも現れている。

「右系図が百済王氏のものでないことは、その祖貞成がかっては飛鳥と称し、その子政成が百済朝臣と称していることから知りうる。なお、豊崎卓氏は、その著「東洋史上より見た常陸国府・郡家の研究」で、右記系図の百済貞成を百済王氏の後裔とみているが、これは明らかに失考である」豊崎氏の見方は正解であって、まさしく百済王氏の出であった。平安後期には本来の姓を忘失して（当時の人が就いていた官位官職の影響もあるかもしれないが）、別の下位的な姓を名乗る事例は、楽人の大神氏（本来は朝臣姓なのに宿祢姓と名乗る）などに類例がある。それを、文書表記に単純に依拠して、一方を直ちに誤りと決めつける愚をおかしている。

上野氏にはまだ重大な誤りがある。それは、「その祖貞成がかつては飛鳥と称し」という点である。たしかに常陸には飛鳥貞成という人物がいた。しかし、時代が全く違う別人である。すなわち、『法華験記』には仁和四年常州飛鳥貞成、『元亨釈書』二九にも「仁和中、常州飛鳥貞成、其家富贍」とあり、「飛鳥部宿祢の後にして、其の後裔を浅井氏と云ふ」とも記述される。飛鳥貞成の活動した仁和四年（八八八）は、常陸税所の祖・百済貞成の活動した仁平元年（一一五一）の三百年弱も昔である。どうして、上野氏は史料確認をしっかり行わないのだろうか。ここでも、史料検討の基礎作業が疎かにされている。

(2) 美作津山の百済氏

交野郡山田郷から出たと伝える河内丹南の日置荘で鋳造業（河内鋳物師）を営んだ系統があり、百済馬之丞道正の流れである。交野から丹南に遷って、そこから美作に分かれたといい、その子孫は現在は豊中市内で「百済家譜」（百済祐治氏所蔵）を伝える。丹南から出たとされるが（『姓氏家系大辞典』）、道正以前の具体的な分岐過程は不明である。

美作津山には百済姓が四軒ほどある（人数は廿人ほどか）といい、そこの「百済家譜」等によると、敬福二十五代の孫という馬之丞道正が、応徳年間（一〇八二～八六）に河内国丹南郡狭山に住し、鋳造職を業としたとされる。初代の道正は嘉承二年（一一〇七）に死没し、以降は「正之―国家―国保―助国―国正……」と続いて、第九代久国のときに南北朝期となる（一三四八年に死没と伝える）。久国の子、又三郎国次が津山百済の初代であり（丹南百済家としては第十代）、観応二年（一三五一）に美作国久米郡長岡郷（津山市一方あたり。津山駅の西方）に来て、鋳物業を始めて「金屋」と呼ばれた。金屋（金山）の百済は、十代国次から二十代善三郎助実に至るまで二七四年間も、鋳物の生産を続けた。十一代の源次家久が津山に現存する多聞寺の梵鐘を造り、津山市小田中の安国寺にある津山鋳造物最古の梵鐘には、天授三年（一三七七）の百済源次（国次の子）の名がある。

大名家森忠政の美作入部とともに、寛永二年（一六二五）に廿一代与兵衛助正の一族は津山の吹屋町に移った。「文政十一年（一八一四）改諸国鋳物名寄記」には、美作の吹屋の地に百済重郎右衛門・百済清次郎の名が見える。卅代百済市良右衛門助順のときに明治を迎え、子の勝治郎助定が継いだが、大砲の鋳造は終わり、梵鐘づくりにまた専念し、この系統は更に続く（以上は、三松みよ子氏入手の系図などに拠り記述。死没年の記載も見えており、世代は妥当か。『姓氏家系大辞典』百済条31項にも記事）。

現伝の百済王三松氏系図では敬福の子孫が三家ほどに分かれており、どれかが津山百済家につながりそうに伝えるが、津山百済家譜には往昔に損壊として、古い歴代の系譜は明らかでない。備前の六郡を割いて美作国を置く上申をしたのが百済王南典であったように、作州の古代史は百済との関わりが深いが、南北朝期の河内丹南からの移遷事情は不明である（こうした移遷地と丹南の梵鐘鋳造技術を考えると、実態は、百済王同族の山川連の流れが津山に行って、そこでは本姓の百済を称した可能性もある。山川連の系図が平安初期頃まで世代を伝えるし、津山の十四代助弘から十八代助茂まで、五代にわたって

「助」通字で見えるが、丹南鋳物師の山川氏も「助」が通字とされた事情がある。なお、十四代助弘は、兵庫県相生市佐方の慈眼寺に所在の梵鐘も造ったが、この鐘はもともと文明九年（一四四七）に美作国長岡荘（現在の岡山県久米郡柵原町域）にあった上福寺の鐘として、「鋳物師藤原右兵衛尉助弘」によると記される）。

なお、京都三条釜座の鋳物師（西村道仁や名越弥七郎善正・名越越前少掾藤原三昌親子など）は、中世・近世は京公家の真継家の配下にあり、南都大仏建立につき百済から渡ってきた子孫で、河内国日置荘内の鋳物師とは別の系統だと伝えるが、詳細不明である。

現在の百済姓の分布

現在の名字としては、百済姓はあまり多くはないが、若干は各地に残っており、由来がまったく不明なものの、福岡県糟屋郡の粕屋町・志免町に分布が多い。次いで、奈良県奈良市や神戸市北区に見えており、ほかでは、山口県宇部市、岡山県津山市（上記の鍛冶師の後裔）、広島県福山市という山陽地方に多く見られる。奈良県の百済姓は、広瀬郡に百済池・百済邑があり（現在は北葛城郡広陵町東南部の大字百済の一帯となる。この地域には百済王氏一族の居住は知られない）、『国民郷士記』に百済将監が見えることに関係するか。

『元亨釈書』には、備中国窪屋郡の釈阿清、阿波の釈道証がともに百済姓で見える。筑後の高良社の社家には百済別当があり（『姓氏家系大辞典』など）、その神職五姓が丹波（大宮司、座主。日下部公同族か）・物部（物部公姓で大祝家鏡山氏）・安曇部（小祝、権大宮司）・草壁（日下部公姓、下宮二の勾当で稲員氏。公姓は筑紫国造族）・百済とされる。

また、三松という名字が高知県宿毛市に多い事情は、先に触れた。三松は富山県高岡市にも集中して見られ、奈良県北葛城郡王寺町にも多いが、この辺は事情が不明である。

第二部　高麗氏や新羅・伽耶系の諸氏族

一　高麗氏の渡来と動向

高句麗の全盛と滅亡─平壌遷都と最大版図

高句麗では、二世紀代前半の太祖王宮のとき次第に大きくなり、それ以降、遼東を攻めるなど国は発展を続け、四世紀末に出た好太王（名は談徳で、永楽大王ともいう。「好太王碑文」によると、正式には国岡上広開土境平安好太王。在位は三九一～四一三年）のとき、東扶余を討ち、南方にも勢力を拡大し、四世紀末から十数年もにわたり、倭軍（当時は応神朝に当たる）とおおいに戦った。これが、倭・高句麗が接触した当初である。

好太王の事績・領土を受け継いで高句麗の全盛期を現出したのが、子の長寿王（在位は四一三～四九一年）である。その王号の通り七九年にわたる長い治世をもち、五世紀の殆どに在位して大きな事績があった。即位直後に中国南朝の東晋に初めて朝貢し、その後、中国の南北両朝に対し遣使を行って、各々から冊封を受けた。宋から高句麗に授けられた将軍号、官位は当時の東アジア諸国の中で最上位である。国境を接する北魏（鮮卑族拓跋氏）との関係構築にもつとめ、これが半島南進策の基盤となった。

長寿王は朝鮮半島の経営と勢力拡大を指向して、四二七年には王都を吉林省集安の国内城から南方の平壌へ遷都した。新しい王都は、現在の平壌市街地ではなく、そこから六キロほど北東の大城山城一帯である。この時期の高句麗の朝鮮半島における影響力は、**中原高句麗碑**（一九七八年に韓国忠清北道中原郡〔現・忠州市〕中央塔面龍田里で発見された碑石）に示される。これに拠ると、高句麗を「大王」、新羅王を「東夷の寐錦（ムキン）」と位置づけて、寐錦以下の官に対し衣服を授与し、新羅人夫三百人を高句麗の軍官の指揮のもとに組織するなど、新羅の隷属ぶりが著しい。四五五年以降は百済を攻めて圧迫を重ね、四七五年に百済の王都を攻略し、百済の蓋鹵王も捕らえて殺害し、いったん百済を滅亡させた。

その後、援軍を求めて南方に派遣された百済王子の文周王が、戻ってきて国を南遷させ、熊津（現・忠清南道公州市）で百済を再興させた。高句麗軍は、さらに南進して現在の忠清南道北部辺りまで、東方向では慶尚北道北部辺りまで勢力を拡大した。この結果、中国の遼東・満州南部や朝鮮半島北部を支配し、高句麗の最大版図となった。領域の南限は、竹嶺・鳥嶺一帯から南陽湾を結ぶ線まで伸びた。このあたりまでが長寿王の在位時期である。

長寿王の死後は、その孫が跡を継ぎ文咨明王（ぶんしめい）となって（在位は四九一～五一九年）、引き続き対外活動を盛んに行うも、羅・済の同盟に阻まれることもかなりあった。次の安蔵王（在位は五一九～五三一年）は百済を攻めたが、嗣子がなくて死んだという（殺害されたか）。この後に、王弟の安原王が即位したものの、病で倒れると王位継承を巡って二年ほど外戚たちが激しく争い（麁群と細群の争い）、結局、八歳の陽原王（在位は五四五～五五九年）が立った。この時代は、丸都城主の干朱理の乱などの事情もあって、支配層は混乱し王権は弱体化した。これが倭の欽明朝にあたる時期であり、この頃に高句麗から倭地への渡来者もあって（後述）、安蔵・安原両王時の混乱に起因した渡来かもしれない。

五世紀末頃には、再建した百済と韓地南東部の新羅がそれぞれ王権体制を整え国力を増強してきたことで、六世紀に入ると高句麗の前線は次第に北方へ押し戻される。六世紀後半の五五一年には、百済の旧王都・漢城が百済・新羅の連合軍によって占拠され、それが、最終的には漢江流域が新羅の領有となった。

この事態に対処して、翌五五二年には、陽原王は王都を現在の平壌市内の長安城に遷した（ともに、平壌城と呼ばれた）。この都市造りは、次ぎの平原王（在位は五五九～五九〇年）になって始まり、完成までには四三年もの歳月を要した。この間、新羅の勢力拡張、攻勢を受けて、五七〇年には初めて倭国へ使者を送る。それまでもなんらかの外交・交流があって不思議ではないが、高句麗の使節が風浪に惑い、越になんとか辿り着いた事情が窺われる。渡来が確実なのは、欽明天皇末期の三十一年（西暦五七〇年に相当）とされる（『書紀』）。

中国で五八一年に隋朝が成立すると、高句麗の平原王は冊封を受けた。隋による中国統一に対し、高句麗と百済は迅速に反応し、十年ほどのうちに百済及び高句麗が隋への遣使を行い、これにやや遅れて新羅も隋へ朝貢して冊封を受け、満鮮地域も隋を中心とした一元的な国際秩序の中に組み込まれる。このころ、高句麗は靺鞨族・契丹族への対策や隋の脅威への対策として軍備の増強を行った。これら一連の行動と高句麗の使者の取扱いに対し、隋の文帝は平原王を問罪する璽書を送ったが、靺鞨との抗争から高句麗が攻撃したのを契機に、水陸三〇万もの大軍を高句麗に遠征させた。隋の最初の高句麗征討は、遼河の洪水などで隋側に大きな損害が出て、かつ、隋との全面衝突を恐れた高句麗の嬰陽王（在位は五九〇～六一八年）の謝罪もあって、一旦は終息した。

文帝の次の煬帝は、長城巡幸の際に東突厥と高句麗との間に連携の動きがあるのを知り、脅威を覚えた。そこで、父・文帝時の失敗を踏まえ、煬帝は六一二年には大軍で高句麗に親征（第二次遠征）したが、薩水（現・清川江）の戦で将軍乙支文徳らにより壊滅的に敗れ、撃退された。煬帝は翌六一三年、さらに六一四年にも遠征を行うもうまくいかず、高句麗でも連年の戦争による国力疲弊があって、和議が結ばれた。この不履行が高句麗側にあって、煬帝は更に遠征を企図したが、国内各地で反乱が多数発生して不可能であり、翌六一八年には煬帝自身が近衛軍団により殺害される。隋による一連の高句麗遠征は失敗に終わって、隋朝滅亡の重要な要因の一つとされる。その後の内乱を勝ち抜いた唐公李淵（高祖）により建てられた唐が隋朝に代わった。唐王室の李氏は、漢族から出る系譜を称したが、実態は鮮卑族の出であった。

高句麗は、唐成立の翌年には遣使し、六二一年には百済・新羅と揃って朝貢を行った。唐の高祖は、国内に割拠の群雄の制圧を優先して、高句麗との関係修復に努めたため、暫時、高句麗をめぐる情勢は安定した。六二八年には次代の太宗の手で、唐が国内の統一を完了すると、対外強硬策に転じ、高句麗への圧力を増すとともに、東突厥を滅ぼした。

この姿勢転換を恐れて、高句麗は国境沿いに千里余の長城を築き、唐からの侵攻に備えた。長城築城の監督の任にあった大対盧の淵蓋蘇文は、六四二年に唐の侵攻に備え、国家体制の再編をめざしてクーデターを行った。当時の栄留王と伊梨渠世斯（いりこせし）ら一八〇人余の臣下を殺害し、王弟の子・宝蔵王（在位は六四二～六六八年で、最後の王となる）を王にして、淵蓋蘇文は最高官職の莫離支（ばくりし）に就任し国政の全権を掌握した。この六四二年前後は、百済、新羅、更には倭国でも政治体制の転換と権力集中が進み、それとともに国際情勢も著しく変化したことは先に述べた。

六四五年春には唐の太宗は十万余の軍勢を率いて高句麗へ親征した（第一次侵攻）。高句麗は蓋牟城・遼東城など十城を破られ、領土を一部奪われたものの、安市城（遼寧省鞍山市のなかの海城市域で、遼東半島北部に位置する）をめぐる激戦の末に唐軍を撃退した。六四七年、翌六四八年にも唐が攻撃をするも、これら一連の攻撃を高句麗はしのぎ切る（その後の経過も含め、淵蓋蘇文が統治した廿四年間は、唐軍はついに高句麗軍に勝てずに、攻めては撤退を繰り返したことになる）。その後、高句麗は逆に周囲の諸国を攻撃して勢力拡大につとめ、六五五年には百済と共に新羅に出兵し三三城を奪取した。

この苦境打開のため、新羅は唐に百済等の討伐を求め、唐のほうでは、うち続く攻撃失敗から、高句麗討滅には、先に同盟国・百済を滅ぼして、高句麗の背後をつく策をとる。唐は六六〇年に大軍で百済へ侵攻し、滅亡させた。その後に、百済復興を目指した遺臣たちが蜂起し、倭国の支援を受けたが、六六三年の白村江の戦いの結果、百済遺臣側は完全に制圧された。この情勢のなか、六六一年に唐は新羅の兵力も加えて高句麗を再び攻撃したが（第二次侵攻）、ここでも高句麗は持ちこたえた。ところが、六六六年に淵蓋蘇文が死亡すると、その諸子（長子男生と、弟の男建・男産が対立）・一族の間で分裂状態が生じた。

この高句麗の混乱する情勢を見て、唐の高宗は出兵し、先ず高句麗の西の拠点の新城を、次いで遼東半島をも攻略すると、翌六六八年には新羅と共に再び平壌を攻め（第三次侵攻）、一か月もの包囲戦で泉男産と宝蔵王は降伏し、泉男建はその後も抵抗をしたが敗れて捕らえられた。こうして、高句麗は滅亡した。

高句麗滅亡後の動向

唐軍の大将軍の李勣（りせき）は多数の捕虜（二十余万人ともいう）を伴い凱旋して、太宗の陵墓に高句麗討滅を報告した。新羅も、七千人もの捕虜を連れて先祖廟に高句麗・百済の滅亡を報告した。この戦の後に、唐は、平壌に安東都護府を設置し、旧高句麗領に九都督府・四二州・百県を置いて高句麗人を登用し、羈縻州として組み込んだ。先に、旧百済領には熊津都督府が置かれていた。

更に高句麗遠征に際しては、新羅の文武王（太宗武烈王と金庾信の妹・文明王后との子。在位は六六一～六八一年）を鶏林大都督とした。これは、新羅をも、唐の羈縻州とすることを意味したが、唐の支配下になるのを嫌った新羅は旧高句麗・百済領からの唐の排除をめざし、唐と新羅の対立が強まった。六七〇年に高句麗の酋長剣牟岑（けんぼうしん）が唐の地方官を殺害し、宝蔵王の外孫・安勝（淵蘇文の弟の浄土の子）を擁して新羅に亡命すると、新羅は安勝を金馬渚（全羅北道益山市。百済の旧領域）に置き、「高句麗王」（後に「報徳王」とする）に封じた。翌六七一年には石城（忠清南道扶餘郡）で新羅は唐軍を大破し、高句麗の使者を倭国に朝貢させたが、その後の高句麗使の倭国派遣では新羅の使者が帯同した。上記「報徳王」の冊立と併せ、新羅王の権威を示し、唐が設置の安東都護府に対抗する姿勢を明らかにする。

百済領をめぐる唐と新羅の衝突が六七〇年中には始まっており、六七六年に新羅が唐軍を破り、朝鮮半島南部から唐を駆逐して半島を統一する。唐はその後も新羅の旧百済領支配を認めなかったが、西方の吐蕃（チベット族）の勢力伸張によって、朝鮮半島情勢への介入継続が困難となった（そのうえで、七世紀末には渤海建国もあった）。この結果、存在価値を失った高句麗亡命王権は六八四年に取り潰されて、安勝の「報徳王」は消えて消息不明となり、新羅の支配圏が拡大して朝鮮半島は殆どがその領域となった。なお、安勝には、新羅・文武王の妹が嫁し、迊飡（そうさん）（三等官）の官位と金姓も与えられていた。

唐と高句麗との長い戦いのなか、多くの戦死者が出たが、降服した者・捕虜となった者もまた多い。降服者では、唐の第一次侵攻のときの高句麗の将軍で王族の高延寿・高恵真は、大敗して唐に降伏し、官位（各々鴻臚卿、司農卿）を与えられ、彼らは高句麗攻撃の軍議にも加わったが、延寿は嘆息・憂慮して途中で死に、恵真は長安に着いたという。

高句麗滅亡後の遺民たちは様々な運命を辿る。六六九年には、高句麗の民三万人を江淮（の南方）や山南（湖北省一帯）に移住させたことが見え（『新唐書』）、高句麗北部の領域では、遺民の多くが唐によって営州都督府の支配域（現・遼寧省朝陽市）や莱州へ強制移住させられた。このときに移された高麗戸は二万八千余とされる（『旧唐書』本紀第五高宗下）。淵蓋蘇文の長子・淵（泉）男生は先に唐に投降しており（遼東大都督や玄菟郡公などに任ぜられて、李勣とともに平壌を攻め、高句麗内部を離間させ宝蔵王を捕縛）、蘇文の弟・淵浄土のほうは新羅に投降した。

唐は捕らえていた最後の高句麗王・宝蔵王を遼東州都督・朝鮮王に封じて遼東に戻し、現地の安定をはかったが、宝蔵王は靺鞨と結んで反乱の動きを見せたため邛州（四川省）に流され、ほどなくその地で死亡した（墓は長安）。宝蔵王の子には、男福・徳男・任武などの名が文献に見られるが、それらの子の世代より後の子孫は知られない。

強制移住の先、営州の地は、モンゴル高原で東突厥が再び強大な力を持つようになると、唐にとって東北方面の一大拠点として重要な位置を占める。その営州を六九六年に契丹の族長李尽忠らが襲撃し、華北を席巻する勢いを見せると、武則天（則天武后のことで、中国史上唯一の女帝として六九〇年に即位し、国号を周〔武周〕とする）は突厥の助力により破ったものの、営州の支配権を取り戻すことはできず、遼東を奪回するために遠征軍を派遣した。

この討伐対象には、乞乞仲象と大祚栄（親子説、異名同人説、別個存在説がある）が率いる一団があった。この集団は高句麗遺民が主だが、大祚栄自体は高句麗に従属した粟末靺鞨の出かとみられる。大祚栄集団は粟末靺鞨の中心地、東牟山（現・吉林省延辺朝鮮族自治州の敦化市付近）へと逃れ、この地で都城を築き六九八年には震国を建て、これが後の渤海国へと繋がる。渤海国は唐・新羅と対抗するため日本へも使者を送り、高仁義の率いる渤海使節が神亀四年（七二七）に到着し、翌年には入京して国書と貢物を奉呈した。これを端緒に、渤海滅亡の延長四年（九二六）まで約二百年もの長期間、通交が続いた（高句麗・渤海と新羅とでは、民族的・言語的に大きな隔たりがあるとみられることが多い）。

唐の営州支配が無理になったため、安東都護府をやめ、高氏君長の遼東派遣の方向で六九八年には、宝蔵王の孫・高宝元を忠誠国王、安東都督に任じようともしたが、これも止めて、翌年には宝蔵王の子、徳武を安東都督として遼東に派遣した。これが小高句麗国といわれるものだが、突厥に服属したり、唐についたりで、徳武の最後もよく分からない。

百済と同様、唐の内部に移された高句麗の遺臣たちの墓も残る。中国では西安、洛陽を中心に入唐高句麗人の墓が発見されており、現在までに廿点超の墓誌も出土した。この墓誌により、その後の数世代にわたり唐に仕えた人々の動向が分る。高句麗の内乱のなかで唐軍を引き込んだ泉男生兄弟などの墓誌もあって、高句麗攻略の功績で唐から厚遇されたことや、唐との関係が構築された経緯など、当時の外交関係の諸事情を伝える。高句麗から倭に移った遺民も若干だがあり、この辺は次で見ていく。

高麗王・肖奈王など高句麗王家一族

西暦六六八年に高句麗の都・平壌城が陥落すると、肖奈福徳らは倭に亡命する。ほかにも高句麗滅亡の前後に倭地に逃れた者たちがいたと思われる。大化前代では、推古朝十八年（六一〇）に、高麗の嬰陽王が僧の曇徴・法定らとともに墨工など製紙技術者を日本に献じたと『書紀』に見えるが、大化前代の時期の交流・遣使の詳細は不明である。

ともあれ、渡来時期が不明ながら、高句麗からの移住者で最も高貴性が認められたのが**高麗若光**であり、大宝三年（七〇三）四月に従五位下高麗若光に対して高麗王（こにきし）姓が賜与された。高麗若光の父祖・系譜はまったく不明であるが、『書紀』天智天皇五年（六六六）十月条に、高句麗から日本に派遣された使節の一員に「玄武若光」なる者が見られ、これが高麗若光の前身かとされる（王姓賜与から考えると、宝蔵王の近親とするのが割合自然か。「玄武」に注目して、高句麗五部のうちの北部〔絶奴部、後部、黒部〕出身で、王妃族との見方もある）。これが同人の場合には、王賜姓まで三七年もの長い経過があるが、帰国記事もなく、その間の事情は不明である。高麗王若光のその後の事績も、大宝三年時に既に老齢とみられて、六国史などの史料に活動が見えず、子孫も史料には見えない（若光の確実な子孫はまったく知られず、若光一代で絶えたというのが実情か。これを、渤海国との関係で、日本が化外に高句麗継承王権を認めたから、化内に「高麗王」姓を存続させることができず、この姓は歴史の舞台から姿を消したとみる見解〔田中史生氏『渡来人と帰化人』など〕は考えすぎであろう。ただ、下記の肖奈王賜姓のときには、渤海国との通交が既に開始されていたから、高麗王の賜姓にならなかったのかもしれない）。

武蔵国高麗郡の建郡が、高麗王賜姓の更に十三年後だから、高齢の若光本人が武蔵まで移遷したことは、その意味でも考え難い。

藤原宮跡地で東方官衙北部地区（橿原市高殿町）から出土した木簡には、「□□（不解読）若光」の文字が記される。この地は、持統八年～和銅三年（六九四～七一〇）という期間に宮都であり、当時の人名で「若光」なる者がほかに見えないことから、高麗王若光との関連が考えられる。その場合も、若光は東国の武蔵まで行かなかった可能性が大きい。

『書紀』によれば、天武天皇十四年（六八五）二月には、大唐人・百済人・高句麗人あわせて百四十七人に爵位を授け（詳細は見えない）、翌六八六年閏十二月（天武の崩御後）には、筑紫大宰から高句麗・百済・新羅三国の男女に併せ僧尼六二人が献上された。

高句麗から渡来した遺民たちは、駿河・甲斐・相模・上総・下総・常陸・下野など、東国一円に居住させられている。持統天皇元年（六八七）には、高麗の五十六人を常陸に移して田を与えた。霊亀二年（七一六）には、東海道七か国から約千八百人の高句麗人を武蔵国に移住させて、高麗郡（日高市・鶴ヶ島市の全域とその周辺地）が設置された。同郡は二郷構成で、高麗郷（現・日高市ほか）と上総郷（現・飯能市北東部ほか）から成った。

高麗神社（埼玉県日高市）

この地域には、高麗神社・高麗川・日高市高麗本郷などの「コマ」地名があって、その名残りを今に留める。

若光の家族らも、これが実在した場合には、高麗関係の一員として武蔵に移住した可能性がないでもない。埼玉県日高市新堀にある聖天院勝楽寺は、若光の三男と称される聖雲が建立したと伝え、寺の雷門手前右側には、若光の墓という高麗王廟がある。若光の長男という高麗家重の後裔が高麗神社を奉斎してきたとも伝える。しかし、先にも触れたように、若光の近親・家族が日本列島に存続した証拠は文献にはまるでなく、おそらく後世の偽作と考えられる。

若光の墓と伝える聖天印の高麗王廟
（埼玉県日高市）

この新堀の地の高麗神社は、高麗王若光を祭神とするといい（これに反対して、『新編武蔵風土記稿』には、「社伝の高麗王は、福徳の事か」と記され、『神道大辞典』でも高麗王福徳の霊を祀ると記す）、白鬚明神ともいう。中世では、神仏習合の修験道（本山派）の寺として存続し、高麗氏が代々、長く奉祀して現在まで至る。ところが、この高麗氏の初期段階の系譜には大きな疑問があり、後ろでも触れる。

勝楽寺と関連して、日高町域には古代寺院の跡が三か所あり、高岡廃寺・大寺廃寺・女影廃寺で、これらは高麗氏ゆかりの寺院であった可能性が高いとみられている。

高麗若光の次ぎに「王姓」を賜ったのが、肖奈氏一族である。いずれも『続日本紀』に賜姓の記事があり、天平十九年（七四七）六月条に正五位下背奈福信・外正七位下背奈大山・従八位上背奈広山等八人が背奈王（肖奈王）を賜姓した。次いで、天平勝宝二年（七五〇）正月条に従四位上背奈王福信ら六人が**高麗朝臣**を賜姓し、さらに宝亀十年（七七九）三月条には従三位高麗朝臣福信が**高倉朝臣**を賜姓した（『続紀』には賜姓対象が福信のみと記すが、その後の史料の記事を見ると、高麗朝臣姓の一族全てが賜姓対象か）。このように渡来人として賜姓を重ね、朝臣姓まで賜ることは異例である。この一族の祖が背奈福徳であった（史料でも、「背奈」表記が「肖奈」と混用されることに留意。このため、本書でも混用する）。

肖奈福徳の系譜もよく分からない面があり、『姓氏録』（左京諸蕃の高麗朝臣条）では高句麗王好台（＝好太王か）の七世孫、延興王（延典王）から出たと記すが、系図には高句麗第廿七代栄留王の子が福徳だとするものもある。氏の「肖奈公、肖奈王」は、高句麗の五部の一つ「消奴部」に由来する姓だとされ、福信の祖父で高句麗から渡来の福徳は、消奴（肖奴・肖奈）の地域を本拠としたことに因み、それが氏の名になった、と佐伯有清博士が推定するから（「背奈氏の氏称とその一族」）、その場合は栄留王の子という可能性は少ないいか。

上記のように淵蓋蘇文によるクーデター（六四二年）で殺害されたのが栄留王だから、その子孫が王統からはずれたことはありえようが、「延興王」なる者の存在が系図も含めてどの史料にも見えず、良く分からない（延興王が別途、実在した場合には、平原王・栄留王親子の近親かもしれず、好太王七世孫なら平原王の兄弟に位置するか）。系図では、福徳が天智元年（六六二）に帰化し、相模に置かれると記事に見え、この所伝が正しければ、高句麗滅亡の前に渡来があったことになる（上記のクーデターが亡命、渡来の原因かは不明であるが）。

高倉朝臣福信の栄進と後裔一族

背奈福徳の子が福光・行文らだと系図に伝えており、『続紀』養老五年（七二一）正月条に明経の「第二博士正七位上背奈公行文」と見える。福光の息子である背奈公福信は、後に公卿（従三位）にまで昇進したが、若い時に高麗郡から伯父行文に連れられて上京したと薨伝に見えるから、背奈氏の一族も武蔵国高麗郡に居住したと分かる。

行文の子・大山は、天平宝字五年（七六一）に遣高麗使（遣渤海使のこと）に任命され、その子・大学少允正六位上殿継が宝亀八年（七七七）に渤海使の送使に任命された事情などから推して、福信一族が当時の朝鮮関係諸国との外交に関係していた。殿継（殿嗣）は、その後、高倉朝臣姓を賜り、玄蕃頭・主計頭などの諸官を歴任し、従五位上に叙位後の延暦二十年代に駿河守、大同元年（八〇六）に肥後守となり、この記事が最後である。

高麗朝臣福信のほうは天平勝宝八歳（七五六）には武蔵守となり、その二年後の天平宝字二年（七五八）に武蔵国に新羅郡を設置した。天平神護元年（七六五）には従三位造宮卿となり、宝亀十年（七七九）に一族とともに高倉朝臣姓を賜ったのは先に見た。これは異例の昇進であり、渡来系氏族出身の男性で従三位以上に昇進した人物を数えると、百済王氏が三名（南典、敬福、勝義）と最も多く、坂上氏が二名（苅田麻呂、田村麻呂〔大納言〕）で、あとは和朝臣家麻呂（中納言）、菅野真道（参議）と高倉福信の合計八名にすぎず、しかも殆どが非参議であった。

『続紀』延暦八年（七八九）十月条には、高倉朝臣福信の薨伝が見える。その記事では、

「散位従三位高倉朝臣福信薨じぬ。福信は武蔵国高麗郡の人なり。本の姓は肖奈。その祖福徳、唐将李勣、平壌城を抜くにあたり、国家に来帰きて、武蔵の人と為りき。福信は即ち福徳の孫なり。小年にして、伯父肖奈行文に随ひて都に入りき。…（中略）…初め右衛士大志に任し、……天平年中に外従五位下を授けられ、春宮亮に任せらる。聖武皇帝甚だ恩幸を加えたまふ。勝宝の初、従四位紫微少弼に至る。本の姓を改めて高麗朝臣と賜ひ、信部大輔に遷さる。神護元年、従三位を授けられ、造宮卿を拝し、兼ねて武蔵・近江の守を歴たり。宝亀十年、書を上りて言さく、「……伏して乞はくは、高麗を改めて高倉とせむことを」と申し、詔してこれを許す。天応元年、弾正尹に遷され、武蔵守を兼ねたり。延暦四年、表を上りて身を乞ひ、散位を以て第に帰りき。薨ずるとき、年八十一。」

福信の子の石麻呂は、宝亀四年（七七三）に叙爵し、その後に武蔵介、治部少輔、中務少輔、さらに延暦八年（七八九）に美作介に任じて、その後は記事が見えない。その子の宗人は、系図では武蔵権介従五位下と見えるが、現存の六国史には記事がない。

平安期の高倉朝臣を名乗る者では、高倉朝臣真綱が『園城寺文書』の「徳円度縁案」に弘仁三年（八一二）八月の玄蕃寮の正六位上行助で見える。次ぎに、高倉朝臣祖嗣が承和六年（八三九）六月付け「宇治院田券検納状」（『平安遺文』六四、股野文書）に近江国坂田郡に関し石川朝臣（欠名）と共に見える。同人は、承和十二年正月には阿波国名方郡の東大寺荘園に関する「高倉祖嗣奏状」

にも見えて、別当正六位上行河内介高倉朝臣祖嗣と記されており、先に承和五年（八三八）八月三日の「造東大寺司所記文案」（『平安遺文』六三、「東南院文書」）では、石川朝臣真主とともに別当内竪として記される（刊行本では、「高橋朝臣」と誤りの判読）。真綱・祖嗣の二人は系図には見えないが、官位や年代的に見て、上記の殿継の子及び孫であろう（「殿継―真綱―祖嗣」という関係か）。

武蔵のほうでは、宗人の曾孫の安永は、貞観三年（八六一）に高麗郡大領に任じたと系図に伝えており、その後孫は現地の豪族として続いた。安永の曾孫とされる照和も同郡擬大領となったといい、この者以降の歴代は、『高麗氏古系図』に見える者と名前がほぼ一致するようになる（系譜関係の所伝は必ずしも同じではなく、「古系図」には傍系も入り混じって系が続いており、歴代が一致するようになるのは麗純以降と言えよう）。

すなわち、高麗氏に現在伝わる系図は、若光の長子・家重から「弘仁―清仁―高照……」とつながるものだが、「初期の若光・家重から照和（第十一代目）までの部分」は疑問が大きい。当時の命名法などを考えると、鈴木真年編の『百家系図稿』巻六に掲載の「高麗系図」の記事のほうが妥当だとみられる。十世紀代の照和の子の郡司**貞正**の後裔は、平安期から高麗郡に繁衍し、高麗・新井・勝・井上など多くの苗字を分出して武家となる。

貞正は判官代郡司となったといい、その娘には「秩父貫首丹治武時妻」と記載がある。高麗貞正は系図の前後関係から見て、十一世紀中葉ないし後半頃の丹治武時の舅として年代的に符合する。このことは、秩父郡石田牧別当の丹治武時を祖とする丹党の系図も、高麗系図も、このあたりの世代から以降はともに信頼できることを意味しよう。丹党の系図では、秩父太郎基房（武時の孫）の子の経家が高麗郡加治村に居住して高麗五郎を号し、加治荘を丹党の主要拠点の一つとして発展したが、その基盤にはこうした縁組が先だっていた。鎌倉期の『東鑑』（『吾妻鏡』。建久元年・六年条）に見える「高麗太郎」とは、加治一族の実家（経家の長子で、弟が加治二郎家季）のことであり、これ以外は同書に見えない。こうした事情で、高麗氏は丹党とともに行動することが多かった模様だが、鎌倉末期・南北朝頃の争乱のなかで武士をやめ、その後は修験・神職として続いて現代までに至る。

上記の高麗系図によると、貞正の子の純豊の四世孫に修験人として名高い**高麗麗純**が出ており、純豊の兄の新井貫首元豊の四世孫の女子が麗純の妻となり、嫡子高純を生んだとも見える。高麗麗純とは、平安末期に出た高麗次郎純秀のことで、大峯修行の後に久延二年（久安の誤伝で、一一四六年）に修験となって麗純と改名したと伝える。

なお、高麗家の家宝とされる「**高麗氏古系図**」は、高麗神社宮司家の高麗氏に相伝されており、写本は東大史料編纂所（高麗大記原蔵本を明治十八年に影写）などにある。所伝によると鎌倉中期の正元元年（一二五九）十一月八日に出火のため、他の家宝ともども焼失したため、一族から出た諸氏が自家の系図史料を持ち寄って再編集されたものと伝えるが、その復元過程に大きな問題があった（このとき既に初期段階の系譜が、高麗郡では殆ど失われていた可能性もある。端的に言うと、初期部分は後世の偽作系図ということであり、当該系図を基礎に高麗氏を考えても誤解となろう）。この再編集時の一族・姻族としての苗字には、高麗のほか、高麗井（駒井）、井上、新、新井、神田、丘登（岡登、岡上）、本所、和田、吉川、大野、加藤、福泉、小谷野、阿部、金子、中山、武藤、芝木の各氏などがあったといわれる。

入間郡勝呂郷塚越村の住吉明神神主に高麗氏があり、この氏に付属した祠官は多摩・高麗・秩父など八郡に散在して五十家あり、これを勝呂方という（『総社誌』）、との紹介が『姓氏家系大辞典』

に見える。住吉明神は、北武蔵十二郡の総社で、現在は坂戸市塚越（旧・入間郡坂戸町）の大宮住吉神社となっている。祠官家ははじめ勝と称し、途中に高麗、文化五年（一八〇八）から勝呂と称したと『入間神社誌』に見え、現在につながる。この家は、高麗麗純の兄の勝大夫純実（「高麗氏古系図」には見えない）の流れか。

シラヒゲ神社の奉斎

武蔵には高麗氏一族が奈良時代から長く居ただけに、このほかにも支流があり、行文・大山親子（大山は武蔵介にも任官歴あり）の後裔が高麗郡高倉村（現・鶴ヶ島市高倉。高麗本郷から東北六キロほどの地）に降竜権現を建立して奉祀した（現在の日枝神社につながるか）。これが、後の高倉・神田などの氏になった。神田氏の一族は戦国末期の天正年間（一五九〇年代）に高麗郡柏原村（狭山市柏原）の有力者・鋳物師で居て、同村の総鎮守・柏原白鬚神社（高麗神社の東南七キロほどに鎮座）に懸仏を奉納をしている。

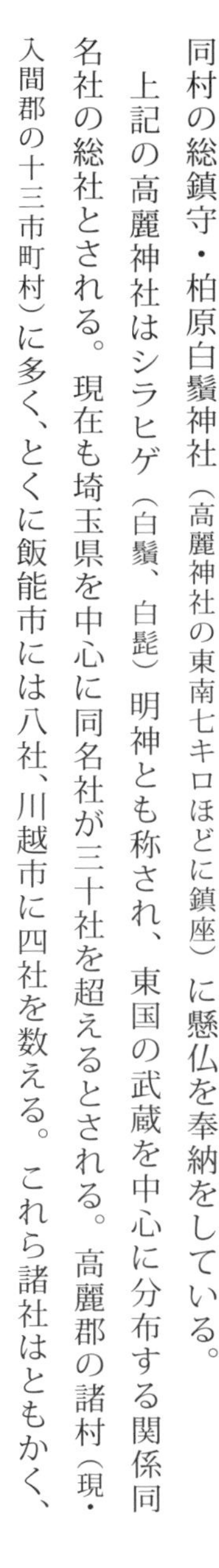

　上記の高麗神社はシラヒゲ（白鬚、白髭）明神とも称され、東国の武蔵を中心に分布する関係同名社の総社とされる。現在も埼玉県を中心に同名社が三十社を超えるとされる。高麗郡の諸村（現・入間郡の十三市町村）に多く、とくに飯能市には八社、川越市に四社を数える。これら諸社はともかく、

大宮住吉神社（埼玉県坂戸市）

どの辺の地域まで高麗氏族が祭祀に関係したかは不明な面もある。一般に猿田彦神を祭神とするシラヒゲ社が、どうして高麗神と混用されたかも不明であり、武蔵でも、墨田区東向島鎮座の白鬚神社は、猿田彦神を祀るという。

鎌倉期の元久二年（一二〇五）の大和国興善寺（奈良市十輪院畑町）の阿弥陀如来像胎内文書には、高麗真弘など高麗氏の名が見えるが、この辺の事情は不明である。その近隣の川之上町には南都楽人の久保氏が代々住んだから、その祖先の同族であったものか。

なお、別系統の桓武平氏を名乗る高麗氏も武蔵におり（秩父・畠山の一族で、武蔵武芝の女婿・秩父六郎将恒の孫の高麗荒大夫武家の後裔）、高麗郡大町村を名字の地とし、多西郡得恒郷（現・日野市域）などに進出している。

現在、高麗の名字は、埼玉県のほか、東京都西部（八王子市・三鷹市）や群馬県西南部（甘楽郡・高崎市）、神奈川県東北部（相模原市）に集まって分布するが、上記のように地名に基づく非渡来系などや明治の新姓もあるから、参考程度にとどまる。

日本列島における高句麗系の氏族と痕跡

他の朝鮮半島諸国からの移住と同様、高句麗から倭地への移住の痕跡は、考古学、文献学双方の資料において存在する。ただ、倭と高句麗との通交の歴史は、先に見たようにあまり古くはなく、しかもあまり密接とは言えないので、高句麗滅亡前にも来た者があっても、それが多いとは言えない。高句麗滅亡後の遺民の一部で倭地へ逃れた者もいたが、これもその実態がはっきりしない。先に『続紀』などに拠って、高麗王・背奈王の流れを見たが、それ以外の諸氏についても見ていこう。

平安時代前期に成立した『姓氏録』には、「コマ」を名乗る高句麗系諸氏が以下のように見られる。

①狛人…高麗国の須牟祁王の後（河内未定雑姓）。後に直道宿祢を賜姓した者あり。山城国相楽郡にも狛人黒麻呂、狛人麻島が居た（大日本古文書）。

②狛造…高麗国主の夫連王より出（山城諸蕃）。楽人狛氏の祖であり、後述する。また、陸奥に分かれた一族がおり、承和十年（八四三）に同国安積郡の狛造が陸奥安達連を、白河郡の狛造が陸奥白河連を賜姓している。

③狛首…高麗国人の安岡上王の後（右京諸蕃）。安岡上王は、二十三代安原王のことである（佐伯有清博士）。

④狛染部…高麗国の須牟祁王の後（河内未定雑姓）。一本には大武神王の後とあるが、系譜は不明。染織を掌ったとみられるが、この辺も不明。

⑤大狛連…高麗国の溢士福貴王の後（河内諸蕃）。楽人狛氏の祖と関係。

⑥大狛連…高麗国人の伊利斯沙礼斯の後（河内諸蕃）。「伊利斯、溢士」は同じものか。⑤と⑥との関係は不明。『書紀』及び『続紀』に、大狛連百枝・足坏らや狛造千金の大狛連賜姓（霊亀元年〔七一五〕七月）が見えるが、これらとの関係も不明である。

河内には若江郡に巨麻郷（八尾市久宝寺付近）があり、同国大県郡人の大狛池辺の子に安慧（あんえ）和尚がおり、最澄・円仁に師事して、貞観六年（八六四）に天台座主となった（「天台座主記」）。

これら諸氏は、祖先と伝える須牟祁王が「朱蒙（名前）＋解・祁（氏）」で表記されるなど、高句麗王族の後裔を称したが、同じ「コマ」でも、六国史に見える「狛朝臣」は、先祖の事績に因む皇孫系の阿倍臣氏一族であり、阿倍狛朝臣とも見える。

高句麗王族後裔を称したのは「コマ」を名乗るものばかりではない。とくに楽人の伝統を長く伝える狛氏と武家となった長背連について、とくに次の項で取り上げる。また、山城諸蕃にあげる高井造は、「高麗国主鄒牟王の廿世孫汝安祁王より出づ」と見え、「汝安祁」は長寿王の子で、文咨明王の父に「汝安」が置かれており、「廿世孫」もこれとほぼ符合する（国王の歴代数で言えば、長寿王は第廿代である）。

また、狛祁乎理和久が神亀元年（七二四）に賜姓して、古衆連となった例も見える。

楽人の狛氏の出自と系譜

律令制で治部省に属する雅楽寮には、渡来系の流れを汲む地下の楽人（伶人）の家がいくつかあり、そのうち南都方楽人（奈良楽人）の狛氏（狛宿祢）も名高い。この伶人の任補については、平安後期から鎌倉中期までの『楽所補任』という史料がある。狛氏の諸家は明治までつながった。近世では分れて五家ほどあり、東・辻は笙を業とし名乗りが「友、近」、上・奥は笛を業とし名乗りが「近、葛」、窪・久保は篳篥を業とし名乗りが「光、近」で両流あり、クボの表記を異にする。芝は「葛」を名乗る。

『楽家録』には、狛氏を宿祢姓とし、その上祖を高麗国主夫連王の後とするが、『姓氏録』の山城諸蕃・狛造の後裔である。その由来は、大伴狭手彦が欽明朝に韓地遠征をして、そのときの高麗の囚を献上したが、これが山城国の狛人となった、と『三代実録』（貞観三年〔八六一〕八月十九日条）に見える。現在に残る系図では、夫連は高句麗廿二代安蔵王の孫とされるが、安蔵王には子がなかったともいい、それが実態なら、安蔵王の弟・福貴君が夫連の父とされる。河内諸蕃の大狛連は福貴王の後と見える事情もある。

夫連の孫の烏賊麻呂(いかまろ)は天武十年（八七一）四月に狛連姓を賜り（『書紀』には山背の狛烏賊麻呂と見える）、その五世孫で九世紀中葉頃の人、因叶（あるいは国叶）が狛宿祢となって、楽人狛氏の祖となる。因叶の子の左近将監好行は大宰府庁の舞師首となり、その弟の衆行は尾張浜主の聟（実際には子孫の聟という可能性もある）となって雅楽の業を受け継ぎ、雅楽狛師となった。衆行は興福寺に置かれたともいうが、これが狛氏が奈良楽人とされた所以でもあろう。衆行の四世孫が従五位上左近将監光高であり、楽所の一者を廿五年もつとめ、『小右記』や『左経記』にも関係記事が多く見える（寛弘六年〜長元四年、一〇〇九〜一〇三一の期間）。楽人狛氏の系統は、この光高の子孫とされ、『地下家伝』でも狛光高から記載がある。

光高の子に左近将監則高（『平定家記』には、康平四・五年〔一〇六一・二〕に記載）や光重がおり、則高の子、左近将監光季は、『楽所補任』天永二年（一一一一）の筆頭にあげられる。光季の後は野田・上、その弟の則季の後は西、その弟の高季の後は辻・東・奥・窪・久保・芝の諸氏となった。これら狛氏楽人はかなり多く各種史料に見えるが、省略する。

『続左丞抄』には承久二年（一二二〇）三月に「左近衛将監狛宿祢光真」が見えるが、その養嗣（狛光近の外孫で、興福寺五師聖順の子。光真の実弟）が従五位上**狛近真**（生没が一一七七〜一二四二）であり、舞・笛に優れ、「舞曲の父」「伶楽の母」（『舞楽符合鈔』）と称され、天福元年（一二三三）には、総合的な楽書の先駆『教訓鈔』（三大楽書の一）を撰した。中世・近世の史料に見える狛氏は、殆どが楽人狛氏の一族である。

楽人狛氏のなかでも、南都楽人辻近朝の子の近弘は、秀吉・家康時の第百七代後陽成天皇に召されて禁裏の楽人となり、この系統はその孫の高秀が東山院の師範、その子の高房が中御門院の師範となり、各々が四位に達した。高秀の兄の左近衛高政は幕府の紅葉山楽人となり、高政の系統は、その子の高親以下が『寛政重脩諸家譜』に見える。

奈良市の興福寺の近くにある春日大社末社、拍子神社は「芸能の神様」として狛近真を祭神とする。また、同市春日野町にある式内社、氷室神社の境内には、楽祖とされる狛光高を祀る舞光社という祠がある。同社の例祭は「氷室の舞楽祭」といわれた。

伶人には韓地渡来系の**豊原氏**もあった。この氏の系譜は難解で、『姓氏録』では「高麗上部王虫麻呂の後」（左京諸蕃。高麗系の同族とみられる豊原造の賜姓も『続紀』に見える）とあり、新羅系という「新羅国人壹呂比麻呂の後」（右京諸蕃）との両系統で見える。『続紀』に双方の賜姓記事があるが、平安中期の村上天皇の笙の師範、豊原有秋までは氏人の動きが史料に見えず、系譜・系統を明らかにしがたい（天武天皇の子、大津皇子の子の粟津王を祖とするのは、明らかに系譜仮冒。有秋は、師の関係か、「小治田」でも記される）。姓は連から宿祢、朝臣へと変わり、近世まで長く続いた。中世は今橋と俗称し、後に江戸期より「豊」（ぶん—の）と名乗る。

伶人諸氏のこのほかについて、かつて書いた拙稿「雅楽を担った人々」（『家系研究』誌第廿三・廿四号。一九九〇・九一年）

拍子神社（奈良市登大路町）

をご参照されたい。

大原野神主の狛宿祢

狛氏の一派には、京都の大原野神社（西京区大原野南春日町）の中世・近世の神主家があるが、その系譜が不明である（山城国葛野郡松尾社の宮仕中沢氏が狛姓といい、具体的な系譜等は不明も、地域的に見て山城の同族か。京都府木津川市山城町椿井〔上狛の北隣〕に松尾神社があり、その宮座は南村〔上狛〕と北村〔椿井〕から成るから、相楽郡居住の狛氏同族の出か。木津川市には中沢の名字分布がある。史料には、応永廿六年〔一四一九〕七月に松尾社務・月読祢宜に中沢行靖が見える。松尾大社の西南約五キロに大原野社が鎮座する。次項以下の山城関係の狛氏もご参照）。

大原野神主としては、室町中期の『建内記』に見える永享元年（一四二九）の大原野神主成房あたりが史料初出に近いようで、その後も永享十一、十二年（一四三九、四〇）～文安四年（一四四七）には神主治房（美濃守）・子息郷房（権神主、従五位下刑部権少輔）が狛宿祢姓で同書に見え、治房の父も応永十七年（一四一〇）二月に神主の故量房と記される。文安四年十二月には治房に同職の代々相続の旨が宣下されている。

『歴名土代』には、楽人狛氏一族の多くの叙位のほかに、室町後期の大原野神主で従三位狛親房（天文九年〔一五四〇〕に叙爵）などの狛一族が見えており、その孫の満房は永禄七年（一五六四）十二月に従五位下に叙された。江戸時代の中期・後期には、狛精房（享保年間）・宗房（宝暦年間）・郡房（天明年間）の三人が、従三位に叙されたが、いずれも非参議であった。家名は中沢を称し、江戸末期の宝暦十二年（一七六二）に「大原野社神主中沢大和守」が見える（「広橋兼胤公武御用日記」）。

大原野社で神主になる前はその社務を長くしていたようで、平安中期の『小右記』等には、大原野御社の神殿預に狛茂樹（茂木）宿祢が見え、寛弘二年（一〇〇五）三月の中宮彰子の大原野社行啓に奉仕して位一階を賜り、外従五位下で記事に見える。その少し前には、下総少目を改任された狛茂安が『除目大成抄』に見えており、茂樹と兄弟か。

長背連とコマの各地

狛氏一族には武家につながる流れがあり、それが**長背連**の系統である。その祖を頭霧唎耶陛（づむりやへ）といい、『書紀』欽明廿六年五月条に、高麗人の同人が投化してきて、山背国に置かれ、これが当地の高麗人の祖となる（当地とは、畝原〔比定地不明も、長背連居住から考えると紀伊郡か〕・奈羅〔久世郡那羅郷〕・山村〔相楽郡山村〕の地と記される）、と見える。

氏の名「長背」は、この者の貌が美しく、体が大きく、その背の間が長いので「長背王」という名を賜った由来に因るとされる（『姓氏録』右京諸蕃の長背連条にも、ほぼ同じ記事がある）。

頭霧唎耶陛の曾孫の大津牟が庚午年籍で狛氏となり、その曾孫の狛広足の長背連賜姓が『続紀』天平宝字二年（七五八）六月四日条に見える。このとき、広足は弟の浄成（賜姓記事に散位正八位下と見え、系図には子に山村大夫安良が掲載）・乙成や従弟の道麻呂らも同時に賜姓した。正倉院文書の同年九月付「東寺写経所解」に経師として紀正台史生従八位下長背若麿が見えており、年代と命名から考えると、道麻呂の兄弟か。

長背連広足は、後に外従五位下に叙され、園池正や西市正に任じたが、その子孫は山城国紀伊郡（京都市伏見区）や大和国宇陀郡などにあって郡司などをつとめ、次第に武士化していく。子孫の長瀬太郎兼武が新羅三郎義光に属し、その孫の兼春が佐竹昌義の郎党として常陸国茨城郡入野村に移って、子孫の代々が佐竹氏に仕え、さらに子孫の孫太郎経武が戦国期に常陸国久慈郡に移遷したが、佐竹氏の家臣として子孫が秋田藩に仕えて、「長背連之系」を伝えた。この系図は、いま『佐竹諸士系図』八に所収され、また東大史料編纂所にも写本が残る。

山城国紀伊郡には、鎌倉期の弘安五年（一二八二）に石井郷（京都市伏見区域）の土豪狛氏があって、時清・嫡男末弘の親子が『東寺百合文書』に所領売却の件で文書が残る。

ところで、頭霧唎耶陛の別名が陽夫といい、これが夫連と同人だという所伝もあると『朝鮮歴代系図』に見えるが、この辺の真偽が不明で、頭霧唎耶陛が安原王の子なのか福貴君の子なのかは明確ではない。ともあれ、渡来の契機が、大伴狭手彦の遠征にあるのか、高句麗内での王位継承などをめぐる争いにあるのかも良く分からないが、一応、別人と考えて、頭霧唎耶陛の渡来契機が後者のほうであったから、衆を率いてきたと解しておく。

コマの地名は、高麗、狛、巨麻などの表記で、近畿や関東に分布する。これを、平安中期の『和名抄』で見ると、

山城国相楽郡の大狛郷（木津川市上狛のあたり）・下狛郷（相楽郡精華町下狛）

……上狛は鎌倉時代、下狛は平安時代からの史料に見える地名といわれる。上狛には、欽明三十一年に高句麗からの使節が来たとき安置され迎接をうけた「高槭館（こまひ）」跡や高麗寺跡もあるとされる（『京都府相楽郡誌』）。

河内国の大県郡巨麻郷、若江郡巨麻郷

甲斐国巨麻郡（現在の山梨県巨摩地域）

武蔵国の高麗郡高麗郷。なお、多磨郡に狛江郷もある（現在の東京都狛江市周辺。地名に「江」もついていて、川の蛇行に由来という説もある。狛江市中和泉の伊豆美神社や式内論社の虎狛神社（調布市佐須）の存在から見ても、高麗氏一族とは無縁の模様である）

これらの地には、コマ神社やコマ寺の存在が知られるものもある。山城の木津川のほとりに高麗寺跡がある。現・京都府木津川市域（旧地名：相楽郡山城町上狛小字高麗寺森の前）である。これまでの発掘調査により、金堂・塔などの土壇・礎石が発見され、飛鳥寺に使われた瓦と同一瓦が使用され、法起寺式伽藍配置とされており、一九四〇年に国史跡に指定された。この高麗寺は七世紀初め頃（六一〇頃）に創建された我が国最古の寺の一つで、白鳳期に整備されて、平安時代末頃の十二世紀まで存続しており、狛氏の氏寺とされた。

河内では、大狛神社が大阪府柏原市本堂（旧・河内国大県郡巨麻郷）にあり、祭神は大狛連祖神及び大山咋神・木花開耶姫神とされる式内社であった。許麻神社（許摩神社）が八尾市久宝寺（旧・河内国若江郡巨麻郷）にあり、祭神が高麗王霊神・許麻大神及び牛頭天王・素盞嗚神とされて、これも

高麗寺跡（京都府木津川市山城町上狛）

大狛神社（柏原市本堂）

式内社であった。江戸時代は、疫病除けの神として「牛頭天王」と称された。東大阪市若江から八尾市久宝寺にかけての一帯は古代、高句麗系渡来人が広く居住した地で、その祖を祀って創祀された。

許麻神社（八尾市久宝寺）

山城国人の狛氏一族

古代の狛氏の流れとされるのが、中世の南山城の中小国人領主で見える狛氏である。鎌倉初期の建久八年（一一九七）八月に狛六郎が見えて、相楽郡の北隣に位置した綴喜郡玉井庄の下司職に元のごとく就けるよう百姓が要請した（『鎌倉遺文』）。室町期の応仁の乱のときは、東軍（細川勝元方）で狛山城守秀盛（文書に「秀」とのみ記載）が活動し、西軍方軍勢の狛城攻めで狛山城守の子、新三郎兄弟は討死したという。狛氏は乱の後にできた「山城国一揆」三十六人衆の成員でもあった（狛一族の系図は『山城町史』に見えるが、先祖の系譜を仮冒して摂津渡辺党に架上する。同書は、椿井文書に史料批判が加えられ、後醍醐帝の笠置籠りのときの「吐師川原到着状」「仏河原到着状」、及び「狛左京亮殿古書」〈椿井家古書目録一六六〉などを仮作としており、系図は「狛左京亮殿古書」のなかに記されるので、信頼性には疑問な面もある）。

この一族の系図には、「高麗王夫連王の末、狛姓烏賊麻呂の後胤」とも一書に云うと見えるから、これが本当なら楽人狛氏の同族ということになろう。

史料上では、嘉吉の乱（一四四一）の翌年に、大和の豪族筒井氏の内訌に際し狛下司と木津氏が般若坂合戦で討死した。その後にも、筒井氏や細川氏に属しての活動が見える。狛氏が興った地は相楽郡上狛であり、中世は興福寺の荘園の狛野荘と呼ばれた。荘内の椿井に狛一族が守護神として崇めた狛弁財天があり、一族ゆかりの寺・西福寺には境内に狛氏一族の墓碑が祀られ、織田信長時代の**狛左京亮秀綱**の位牌・画像も伝えられる。信長が足利義昭を擁して上洛すると、秀綱は、信長勢に属して山城国狛郷の所領三百十余石を安堵された。その翌々年、信長より塙直政が山城半国の守護職に任じられると、これに属し、本能寺の変では、明智光秀勢に属した模様である。

その子の狛左京亮綱吉以降は郷士となったが、子孫は江戸前期に信長との縁由かで織田氏（信雄の子の高長系統）に仕え、主家の丹波柏原転封に従って柏原に住した。この子孫である丹波柏原の狛忠雄氏に『狛文書』が残り、「山城狛秀綱宛朱印状」とか「山城狛左馬進」が信長関係文書に見える。この一族は山城で狛八家と呼ばれ、大西・小林・野村・松井・平井・今中・井上・上村とされており、小林宇兵衛家の文書も残る。狛一族には、延命寺・福原・泉橋寺の苗字も系図には見え、延命寺氏の活動は他の史料にも見える。

南山城の狛氏の支流が**大和国城上郡**の泊瀬郷岩坂一帯におり、狛山城守が永正四年（一五〇七）に山城から入部したという。岩坂の東方を狛村（東岩坂村）といい、現在も桜井市東部に大字狛で残る。戦国時代後期頃の狛実秀は筒井翼下の小泉秀元（筒井順昭の姪聟）の娘を娶って伊勢守孝澄を生み、孝澄（その子の摂津守）は越前松平家に家老で仕え、大坂の陣でも戦功をあげた。当時は孝澄は藤原姓を称したという。福井藩の「明治元年武鑑」には家老として狛山城の名が見え、福井市の狛氏代々の墓は、足羽山東麓の通安寺にある。

「福井藩士履歴」（福井県文書館蔵）には、同藩に狛山城家（約五千五百石）及び狛帯刀家（約千六百石）の二家があげられる。前者では、父の木工の跡目を元禄年間に継いだ狛伊勢に始まり、木工、大学などの歴代に続けて狛山城（主税介、木工允）が幕末頃の人で、その子の狛元（主税介、淳士。当時は四千五百石）のときに明治を迎えている。

なお、京都府木津川市あたりや奈良県では、「駒」の名字表記も多く見られる。永禄三年（一五六〇）に松永久秀が大和進出をはかるとき、南山鎌倉城主の駒杢之進が抵抗したが（『桜井町史』）、杢之進は伊勢守孝澄の父祖となる。山城の狛氏一族の系図にも、山城守・木工兵衛尉・大学介の通称が見えるから、大和の狛氏が山城支流として認められる。

近江でも、戦国時代永禄頃の守護六角氏の承禎・義治父子の重臣に、狛丹後守・修理亮兄弟がいた。蒲生郡三津屋（現・東近江市域〔旧・八日市〕）に居館があったが、系譜不明である。『近江蒲生郡志』には、佐々木氏家人志に狛氏の記事がある。それに拠ると、神崎郡に大字高麗寺があり、中野村大字小脇に古へ金柱御堂があったが、氏人が見えるのは、永正十一年（一五一四）の佐々木神社棟札に記載の「狛式部丞頼□」が初めで、永禄十年（一五六七）四月の蘆浦観音寺文書には「狛丹後守定□、狛修理亮、狛右兵衛尉、狛孫三郎」の四人が同時に記される。

二　高句麗遺臣関係者の流れ

高句麗重臣諸氏の流れ

鈴木真年の著『朝鮮歴代系図』によると、高句麗の五部は、内部と東部（蓋）、西部（解、黒歯）、南部（多）、北部（高）から構成されており、このうち内部は王族であって上部（次酒、王、己婁）、中部（乙、木劦）、下部（卦婁、孫、汶休）、前部（解、鼻利、曰佐）、後部（高）から成り立ったという。そうすると、『姓氏録』に掲載の高句麗系諸氏も、大半が王族の末裔なのかもしれない。

重臣諸氏一族から出た淵蓋氏後裔の八坂造などもあり、京都祇園の八坂郷に拠った八坂造や、その同族・日置造の一族が六国史等に見える。ほかにも、滅亡時の高句麗遺民の後裔とみられる姓氏が、六国史や『姓氏録』に見えており、その主なものには、八坂造とその同族諸氏を除くと、次のようなものがある。

難波連：平安時代に京都の右京に住み、先祖が高句麗の好太王という系譜があるが、これは二系統があるも、百済を経てから倭地へ来たものであり、高句麗遺民ではない。

黄文連：倭に移住した高句麗系の人々には、画師として活躍した人々が多い。遅い十世紀代に成立の『聖徳太子伝暦』などによれば、黄文画師は推古十二年（六〇四年）に山背画師とともに制定されたとあるから、大化前代の比較的早い渡来であった。推古十八年（六一〇）に、高句麗は彩色・墨の技術者である僧・曇徴（どんちょう）を倭国へ貢上したが、これにも何らかの関係があるものか。曇徴の渡来後の業績も不明であり（法隆寺の金堂壁画の製作者のはずがない）、上記『伝暦』には、聖徳太子が曇徴を斑鳩宮に招いたというが、その証拠がなく、子孫も知られない。

『天寿国繍帳』に画者の一人として高麗加西溢（かせい）の名が見え、斉明天皇朝には高麗画師子麻呂（狛竪部子麻呂）や高句麗系の黄書画師も見える。彼らは倭国内の仏教寺院の建設や仏画の作成などに大きな役割を果たしたとみられる。

『姓氏録』山城諸蕃・黄文連は、黄書画師の伴造で、高麗国人の久斯祁王の後とされる。**黄書連**本実（当初は造姓）が著名で、唐・長安の普光寺の仏足石から写した仏足図を持ち帰ったと伝え、天智十年（六七一）に水臬（みずはかり。水準器）を献じ、後に鋳銭司に任じ、持統天皇・文武天皇の両帝崩御に当たり殯宮司を務め、装束司ともなり、従五位下に叙された（『書紀』など）。天武天皇元年（六七二）の壬申の乱当時では、大海人皇子の舎人に黄書造大伴がおり、壬申の功で封戸が与えられ、天武十二年（六八三）に連の賜姓をうけ、のちに山背（山城）守に任じ正五位上で卒したが、正四位下が贈位された。大伴の子に粳麻呂が知られる。これらの近親とみられる黄文連備は、大宝律令撰定に功があり、『懐風藻』にも入って、主税頭従五位下と見える。これらは皆、近親の一族か。

山城国久世郡久世郷が本拠で、奈良時代後期の天平勝宝・天平宝字年間に画工司文書で見える戸主黄文連乙万呂（画工司令史、正七位下）、戸口の黄文連黒人や黄文川主らが居住したが、画工司の黄文三田は大和国山辺郡に居た。

さて、黄文連の先祖は何時、どのような経緯で渡来したものか。この問題については不明だが、

『書紀』欽明廿三年（五六二）条の大将軍大伴連狭手彦の高句麗討伐譚（平原王陽香のとき）が関係しそうである。狭手彦が韓地を攻め入って捕獲した高句麗の囚人を献じたのが山城国狛人の祖だという（『三代実録』貞観三年八月十九日条）。あるいは、欽明廿六年条には、高麗人の頭霧唎耶陛（づむりやへ）が投化してきて、山背に置かれたが、これが畝原・奈羅（久世郡那羅郷か）・山村の高麗人の先祖だというから、この時に随行して一緒に倭地にきた可能性もあろう。後の時期だが、上記のように推古朝の黄文画師の制定や僧・曇徴の渡来にも絡まるものか。

鈴木真年の『朝鮮歴代系図』には、黄文連の祖・久斯那が好太王談徳の子の位置に記されるが、この系譜は真偽不明である。「久斯那」は『姓氏録』には「久斯祁王」とあり、「祁、解」はこの一族の氏だから、この表記のほうが「久斯那」より正しいとみられる。

高田首：『姓氏録』では右京諸蕃にあげて、高麗人の多高子使主後裔とされ、同族には賜姓された田村臣（弘仁二年〔八一一〕に高田首清足など七人が賜姓）もあった。『書紀』孝徳天皇の白雉四年（六五三）条には、遣唐大使大山下で高田首根麻呂が見え、新家の父とされる。壬申の乱においては、韓地からの渡来人たちは、中国系の東漢氏や秦氏の一族が大海人皇子（後の天武）方として活躍した以外では、殆ど活動が見られないが、やはり高句麗系の高田首新家が活動しており、伊勢の鈴鹿で大海人皇子を伊勢国司らとともに出迎えている。後に従五位上を追贈され、更に壬申の功で封戸が与えられ、子の首名に相伝が許された（『続紀』）。

倭国と高句麗との交流の少なさから言うと、高田首の先祖も同様に欽明朝あたりに渡来してきたものか（これより早い渡来はまず考え難い）。そう考えると、地名の高田が大和とみる説（佐伯有清氏）

よりは、山城国葛野郡高田郷（京都市右京区嵯峨野高田町付近）とみる説（太田亮博士）のほうが妥当であり、鈴木真年も葛野郡高田と記している。同地には、郷長として嘉祥四年（八五一）に高田部某も居た。田村臣の地も、葛野郡田邑郷（右京区の御室・宇多野あたり）とされ、これと符合する。

この高田首と同族関係は不明も、百済人の多夜加の後裔という「漢人（あやひと）」が右京諸蕃にあげられる。中国渡来の多氏は、越王の後とされ、漢武帝のときの無錫侯多軍の後裔で郡望は丹陽という。『書紀』敏達十三年是歳条に漢人夜菩が見えるが、多夜加の近親関係者か。

淵蓋蘇文の族裔―八坂造と日置造の系譜

韓地には残らない淵蓋蘇文の系譜がわが国に伝わり、鈴木真年が編した『百家系図稿』巻八に「朝鮮系図」として所収される。その祖先は古く檀君から見えるが、出だしの古い部分は記事がなく、かつ、内容が信頼性にも乏しい面もあるので、箕準の時の人で衛満に仕えたとある掖玖利からここでは見てゆく。

その子孫で都慕王のときの古那、その孫が百済温祚王のときの末津とされ、その曾孫の羅斯が高句麗の男武王（故国川王。二世紀末頃に在位）に仕え、その四世孫の蓋弗志が四世紀前葉の美川王のとき蓋牟城率となって、子孫歴代が蓋牟城（石炭産出地で著名な遼寧省撫順市域。この地域に古くは蓋州・蓋牟州がおかれ、隋・唐と高句麗と間の攻防戦の要地）にあって、蓋氏（蓋氏）を名乗った。蓋牟城人の蓋布流の子、東部大人の蓋大対盧の子が蓋蘇文とされるが、洛陽に残る泉男生墓誌には、曾祖父が子遊、祖父が大祚という名とされ、みな莫離支に任じたと見える。蘇文の従兄弟には、蘇文がクーデターのときに殺害した伊梨渠世斯こと蓋渠世斯がおり、両者の従兄弟に蓋須がいた。これが、『書紀』斉明二年（六五六）条に倭に遣使が見える高麗からの調進副使の**伊利之**（**伊梨須使主**）である。蓋蘇文は、男武王（故国川王）に仕えた羅斯の十四世孫と位置づけられており、故国川王の十五世孫にあたるとみられるのが蘇文殺害の栄留王だから、この両世系は世代数でほぼ符合していて、相互に信頼性を担保するとみられよう。この羅斯より前の世系は世代や活動時期について疑問もあるが、温祚は二世紀末頃よりも数代前の人であったと分る。

伊梨須使主の子孫では、その後が二系統に分かれ、子の麻手臣の子孫が大和国葛上郡日置郷に住んで日置造（『姓氏録』大和・左京などの諸蕃）となる。この一族はかなり栄えて、後に栄井宿祢・鳥井宿祢・吉井宿祢や日置宿祢・三統宿祢の賜姓をうけた。三統宿祢氏からは、平安中期に理平（まさひら）・公忠・維宗と三代にわたって大外記を輩出した。公忠の弟・元夏も従四位下文章博士兼春宮学士として、『御産部類記』など史料に頻出する。

麻手臣の兄弟、保武知は、山背国愛宕郡の八坂里に住んで**八坂造**（同、山城諸蕃）となる。『姓氏録』には、狛国人の「之留川麻乃意利佐（しるつまの）」（この者が誰に当たるのかは不明も、「意利佐」が「伊梨須」に相当するものか）の後と見える。

保武知の三世孫の吉日女は、天平神護二年（七六六）に従五位下に叙された。この系統が**京都祇園**の感神院の社務執行職を世襲した。具体的には、八坂造真行（母は紀忠方〔紀長谷雄の曾孫〕の娘）が天台の良真僧正に従って出家して行円（ぎょうえん）となり、永保元年（一〇八一）に感神院の社務執行となり、以後子孫代々その職を継ぎ、明治維新による世襲制の廃止まで続いた。後に母系先祖の紀朝臣氏に系譜を仮冒する。この一族から尾張国中島郡の津島神社（牛頭天王）神主が分かれ、堀田氏を出すが、これが幕藩大名の堀田氏につながる系譜となる。

感神院はいまの八坂神社（京都市東山区祇園町北側にある旧官幣大社）につながる。また、京都市西京区の樫原廃寺（国史跡）からは白鳳時代の八角塔が検出したが、この八角塔様式は高句麗に多い。東山区清水八坂上町の法観寺も、八坂造氏の氏寺説が有力とされる。

伊梨須使主と同人とみられる「高麗国人伊理和須使主」（「和」は利の転訛した衍字か）の子孫というのが河内諸蕃の島木（一に島本）であり、右京諸蕃の島岐史（高麗国能祁王の後）及び同・島史（高麗国和興の後）もおそらく同族であろう。伊梨須使主の盖須の父の名を盖能祁と系図に伝える事情がある。伊利須使主の兄・許呂使主の後裔は、大和諸蕃の日置倉人となった。

上記の掖玖利の遠祖の倶婁の弟・宇陀麻の子孫は、天日矛や新羅の**昔氏王家**の遠祖につながると伝えるが、この系譜はわが国天孫族の系統にもつながるとみられる。夫余・高句麗の王家は解氏といい、その遠祖は**蓋盧辛**という北夫余の長だと伝えるから、「蓋・盖」の姓が共通であり、ともに遠祖を辿れば同族であった可能性がある。これらの系統や夫余から出た百済氏の一族では、牛頭天王（＝素戔嗚尊とされるが、その遠祖にあたる外地の神、蕃神か）

八坂神社（京都市東山区祇園町）

を祀り、祇園感神院でも同様に古くから牛頭天王が祭神であった。

各地の高句麗遺臣の後裔

『続紀』天平宝字五年（七六一）三月条には、百済人の余民善女らの百済公賜姓と併せて、百済系及び高句麗・新羅系の人々の賜姓記事が見える。高句麗系では、達沙仁徳らが朝日連、上部王虫麻呂が豊原連、前部高文信が福当連、前部白公らが御坂連、後部王安成らが高里連、後部高呉野が大井連、上部王弥夜大理らが豊原造、前部選理らが柿井造、上部君足らが雄坂造、前部安人が御坂造の賜姓を受けた。これらは主に畿内にあった者たちか。名前からして、ほぼ一世紀前の高句麗滅亡に伴い、渡来してきたことを窺わせる。

『姓氏録』や六国史に見えるものでは、高氏の系統では、高（録・左京に二氏。高助斤及び高金蔵の後裔）、福当連（録・左京。前部能婁後裔の高文信に賜姓）、御笠連（三笠連。録・左京。従五下高庄子の後裔）、新城連（録・左京。高福裕の後裔）、男捄連（録・左京。高道士の後裔）、浄野造（高牛養に賜姓）、殖槻連（高昌武に賜姓）、清原連（高禄徳に賜姓）があり、王氏の系統に王（録・左京。王仲文の後裔）、後部王（録・右京。王周の後裔）、高里連（後部王安成らに賜姓。上記）、豊原造（上部王弥夜大理らに賜姓）、新城連（王吉勝に賜姓）、蓋山（みかさやま）連（王多宝に賜姓）などが見える。

佐伯有清氏は、高句麗・新羅からの新渡来者の一族後裔たちは、陰陽道、天文博士・算暦・木工・鋳工など、学問・技術の面で著しい足跡を残したとする。

次ぎに、東国に配置された高句麗人は、主に高句麗遺民の後ではないかとみられるが、なかでも信濃・甲斐の高麗系民が史料に顕著に見え、考古遺跡も残した。

『続紀』の延暦八年（七八九）条には、その情願により甲斐国山梨郡人外正八位下要部上麻呂等の本姓を改め田井、古爾等は玉井、鞠部等は大井、解礼等は中井、と為すと見えており、これらは高句麗・百済系の遺民とみられる。

さらに、『日本後紀』延暦十八年（七九九）十二月条には、甲斐国人止弥（とみ）若虫・久信耳鷹長ら百九十人が言上して、先祖が元は百済人で、本朝に航海し投化してきて、はじめ摂津に置かれるも、丙寅歳（六六六）には更に甲斐国に遷され、それ以来久しく経過があったが、天平勝宝九歳（七五七）の勅をふまえて、高麗・百済・新羅人らに諸蕃の姓を改めることを乞い、許された。この時に、若虫には石川、鷹長らには広石野の賜姓を受けた。

当該勅により改姓を願い出たのが信濃にもおり、外従六位下卦婁（けろ）真老・後部黒足などや小県郡人の无位上部豊人・下部文代・高麗家継なども言上した。己らの祖先は高麗人で、小治田・飛鳥二朝の時に帰化来朝したと言い、賜姓を許された者では、卦婁真老らが須須岐、後部黒足らが豊岡、前部黒麻呂が村上、前部秋足らが篠井、上部豊人らが玉川、下部文代らが清岡、高麗家継らが御井、前部貞麻呂が朝治、上部色布知が玉井の姓を受けた、と見える。高句麗五部のなかの桂婁部が音通で「卦婁」に関係しようが、具体的な祖先は不明である。卦婁は内部の下部に属するともいい、他の高麗や前部・後部、上部・下部も、もとは高句麗王族の血筋につながるのであろう。

長野県にある日本最大の**積石塚**古墳群である大室古墳群（長野市松代町。約五百基からなる円墳の密集）、及び針塚古墳（松本市里山辺）については、高句麗の墓制との関係を指摘する見解がある。**針塚古墳**をマオイの墓と呼ぶ人がいるが、これも五世紀後半の築造だとしたら、積石塚から渡来人との関係がいわれても、真老の墓にはなりえない。上記の高句麗人の卦婁真老が須々岐賜姓された事情を踏まえ、そう呼ばれているようである。同墳は、松本市の東方の須々岐水神社（薄宮大明神）の近くにあって、薄川中流域の河岸段丘上に位置し、直径二〇メートルの円墳状である。かつては、この周辺に数十基もの積石塚があったといわれるが、同墳のみが現存する。

東京都狛江市の五世紀後半に築造とみられる亀塚古墳も、その壁画などが高句麗に類似する事情などから、渡来人との関係が注目された。東国では、山梨県甲府市東部の横根・桜井積石塚古墳群（一四五基）など同種の古墳が見られ、県内では一七〇基ほどある。

これら積石塚が出土品などから見て五、六世紀以降の築造だとしたら、高句麗関係者の渡来時期を考えると、誰が築造したのかの疑問も残る（積石塚は高句麗の前・中期に特徴的に見られて、いずれも方墳。五世紀代の平壌遷都頃からは「石室封土墳」に形態変更があった）。築造時期等の再評価、検討も必要かもしれない。山梨県について言うと、朝鮮半島の積石塚とは、構築方法・形態が相違しており、高句麗に由来する「巨麻郡」には積石塚が殆ど確認されない、渡来系神社と積石塚との分布が合致しない、などの問題点も指摘される。斎藤忠博士は、大陸墓制説を批判して、環境自生説を展開し、「積石塚考」（『信濃』一九六四年五月号で発表）を論述された。これら積石塚に関し、

針塚古墳（長野県松本市）

今後とも十分な研究が必要であろう。

高句麗王家の祖系・王統譜

この辺で、高句麗関係のまとめとして、本国の高句麗王家についても、初期段階からの王統譜を考えてみる（これは、高句麗の歴史の総括的な把握にもつながることではあるが）。

中国東北部（遼寧省など東北三省を中心とする満州地方）から朝鮮半島北部にかけて活動していた濊貊族系（ツングース種）の貊人が、渾江（佟佳江。鴨緑江支流）から鴨緑江にかけての地域で半農半猟の生活をしていたが、この辺を中心に建国したのが高句麗（卒本扶余、忽本。渾江流域の現・遼寧省本渓市の桓仁満族自治県あたりに初期の本拠）である。

この国の位置づけや民族性について、中国と韓国との間で歴史研究者の見解が大きく分かれ、日本でもまたかなり異なるようなので、冷静で合理的な評価・判断が必要とされる。しかも、総じて資料も乏しいので、朝鮮半島最古の歴史書（といっても、平安末期頃という成立がきわめて遅い史書）とされる『三国史記』の記事にそのまま依拠していては、上古の研究・解明をしようとして、問題が大きいこともありうる。

同書によると、同じく貊人種の扶余国の王族から出た朱蒙が、紀元前三七年に遼寧省東南部の桓仁（卒本）あたりに高句麗を建国したとされるが、中国の史書等から考えると、これは、時期がすこし早すぎる（ましてや、前一〇七年に玄菟郡の属県として高句驪県が置かれても、これを後の高句麗や高句麗族とは直ちに結びつけられない）。

紀元前一世紀の中ごろには、満鮮地域に前漢王朝が置いた東方四郡の一つ、玄菟郡の変遷・衰弱があって、ツングース系種族もこの頃に自立の動きを見せ、それが高句麗の建国につながる。本シリーズの『天皇氏族』でも触れたように、始祖の朱蒙（夫余の始祖とされる東明王とは、本来は別人か）に関する記事が『漢書』巻九九の王莽伝に見え、紀元一二年に朱蒙に相当する「句麗侯騶」が王莽の命で中国軍の厳尤の手に掛かり殺害された。

だから、この事件を基礎に朱蒙の活動期間や高句麗建国を考えるのが妥当となる（被殺者が朱蒙ではないとみるのは無理）。初祖たる朱蒙の実在性には疑いがなく、紀元一世紀の前葉頃までに高句麗が建国したことになる。朱蒙の治世時期は、『三国史記』高句麗本紀では西暦紀元前三七〜前十九年で、享年が四十歳とされるが、これが史実より三十年ほど年代遡上されたものとなる。中国の研究を踏まえたネット「百度百科」記載の治世時期表では、朱蒙の治世が「前八年〜紀元十二年」と記載されており、これが史実原型として比較的穏健妥当な見方と言えよう。

高句麗は、もとは部族連合的な国家であったが、二世紀前半の⑥太祖大王宮のときに勢力を拡張した（上記「百度百科」では、「在位が一〇五〜一四四年」とされる。『後漢書』では一二一年に死没と解されるが、『三国志』では宮が死んで伯固が立つとあり、矛盾する。宮の一四四年死没が『三国志』にもほぼ符合し、『三国史記』の超長期間在位の記事よりは妥当。宮は一二一年に譲位して、その後も生きて一四四年に死去、同年ないし翌年に次の王の遂成が被殺ということか）。『三国史記』等から見て、高句麗の集権的統治的な政治態勢は、勢力を拡大した太祖大王宮の時代からと考える李丙燾氏の見解（『古代韓国史』参照）を妥当としよう。

高句麗の初期三代の王（好太王碑文では、「鄒牟王―儒留王―大朱留王」）と太祖大王宮の間に入る諸王の位置づけ・系譜には諸説・所伝がある（一般に閔中王・慕本王の二代の王がいたとされるが、ほかに欠落数王を考える見方もある）。太祖大王宮の登場前の時期には、暗殺・争乱など政治的混乱もあったようで、太祖大王宮が王族傍系から入ったとされ（これも「国祖王」ともされる由縁か）、確実な系譜は不明である（王を出す出身母体の部が消奴部から桂婁部への変更したという見方もあるが、朱蒙の血統は保たれたのであろう〔出身母体の部の変更は、朱蒙より前の時代の話かもしれない〕。初期の大武神王や慕本王の子孫ではなく、慕本王の従兄弟の子孫という見方もあって、この辺が妥当か。『北史』高句麗伝では、初期を「朱蒙―閭達―如栗―莫来」と続けて、莫来の裔孫が宮だと記す）。

二世紀末頃から三世紀初の頃、後漢末・三国時代の頃で、高句麗では、⑨故国川王・⑩山上王（延優）の治世の頃となるが、発岐なる兄弟（抜奇とも表記。両王との親族関係について諸説あるが、両者ないしどちらか一方の兄弟）との間での王位をめぐる争いも起き、遼東太守の公孫氏により高句麗が初期の王都から追われた事情もあって、桓仁から東方七五キロほどの地、鴨緑江北岸に丸都城（国内城。現・吉林省集安市）を築いて移った。この移遷時期が、山上王あるいは故国川王の治世の二一〇年頃といわれるが（王都移遷が一九八年、あるいは二〇四年という説もある。『三国志』では、伊夷謨が遷都と記す）、これが高句麗の実質的な新建国という見方もある。

この辺の歴代の系譜については、日本の学界で諸説、議論があり、とくに⑨故国川王と⑩山上王との関係や位置づけ・実在性、伊夷謨・位宮なる者の比定については、諸学の論述に争いがある（武田幸男氏・井上秀雄氏や白崎昭一郎氏の著作を見ても、拙見では、納得がいきがたい記事となっている）。故国川王を後世に造作された架空の人物とする見方もあるが、この王だけをそうした扱いをすることには疑問もある。

種々検討したところでは、基本的に中国史書の記事を踏まえたもので考えるのが、最も妥当そうである。すなわち、『三国志』「魏志」の高句麗伝に見えるように、「宮（⑥太祖大王）―伯固（⑧新大王）

―抜奇、弟の伊夷謨（⑨故国川王。南謨）―位宮（⑩山上王。延優の異名）」とする系譜が割合、妥当そうに考えられる（『北史』高麗伝も、抜奇が見えないが、同じか）。宮は位宮の曾祖父となり、伊夷謨は故国川王で、延優・位宮の山上王とは別人であって、伊夷謨の庶子が位宮ということでもある。

この場合、太祖大王宮の次の次大王遂成は、新大王伯固の兄に位置づけられるが、この場合なら、遂成を殺害した明臨答夫が次の新大王のもとで重用されるのも不自然ではない（『三国遺事』王暦では、一六五年に次大王は新大王により被殺さると記す）。『後漢書』『三国志』を踏まえ、次大王・新大王の二人が太祖王の息子という説を採用する研究者もいる（あるいは、宮の弟が遂成で、その甥が伯固〔宮の子〕という可能性もあるか）。

丸都移遷から後の時期では、『三国史記』の記事に史実性がかなり認められよう。ただ、治世年代や王統譜がその記事通りかどうかは、十分な検討を要する（ここで掲載した表とは異なり、山上王の即位が一九七年で、それ以降の紀年を信頼するという立場もありえよう）。

三世紀中葉には、魏王朝の攻撃で、高句麗の⑪東川王は王都たる丸都の陥落など甚大な被害をうけたが、復興して⑮美川王の三一三年には、中国王朝が朝鮮に置いた楽浪郡を滅ぼした。この美川王以降は、「百度百科」の治世年代記載は『三国史記』とほぼ同様であり、王統譜でも異説がほぼ無い。その後、⑯故国原王のときに百済と戦い平壌で敗死、⑰小獣林王のときに律令制度の採用、仏教の受容があり、次いで⑲好太王（広開土王ともいわれる）・⑳長寿王が出て、領土を南方などに大きく広げて、高句麗は全盛期を迎えた。

問題は、好太王が高句麗王第十九代で、「好太王碑文」には、初代朱蒙の「十七世孫」（朝鮮半島

高句麗の帝王世系（推定試案）

代	国君称号	名・別名	在位時期	世代	親族関係・身分（一部に含推定）	
01	朱蒙王	朱蒙/騶/鄒牟	前 8-後 12	①	高句麗初代。卒本に都	主に百度百科の治世年代に拠る
02	琉璃明王	儒留/閭達	12-48	②	朱蒙の子	
03	大武神王	無恤	48-74	③	儒留（閭達）の子	
04	閔中王	莫来/色朱	74-78	③	儒留の子	
05	慕本王	解憂/愛婁	?	④	無恤の子	
06	太祖大王 （国祖王）	宮/於漱	105-144	⑤	再思の子、如律（如栗、朱留）の孫＊、閭達の曾孫＊	
07	次大王	遂成	144-145	⑥	宮の子＊か弟。重臣に被殺	
08	新大王	伯固	145-190 or -179	⑥	宮の子＊	
09	故国川王	伊夷模/男武	190-211 or179-197	⑦	伯固の子	
10	山上王	位宮/延優	211-246 or197-227	⑧	伊夷模の子＊。丸都に遷都	
11	東川王	憂位居	?	⑨	位宮の子	
12	中川王	然弗	?　不記	⑩	憂位居の子	
13	西川王	薬盧/若友	?	⑪	然弗の子	
14	烽上王	相夫	?-300	⑫	薬盧の子	
15	美川王	乙弗利/憂弗	300-331	⑫	咄固の子、位宮の玄孫、然弗の孫*	三国史記の治世年代に拠る
16	故国原王	釗/斯由	331-371	⑬	乙弗利の子。平壌で戦死	
17	小獣林王	丘夫	371-384	⑭	釗の子。仏教伝来	
18	故国壌王	伊連/於只支	384-391	⑭	丘夫の弟	
19	好太王	談徳	391-413	⑮	伊連の子	
20	長寿王	璉/巨連	413-490	⑯	談徳の子、釗の曾孫。平壌遷都	
21	文咨明王	雲/羅雲	491-519	⑱	璉の孫、助多（一に汝安）の子	
22	安蔵王	安/興安	519-531	⑲	雲の子	
23	安原王	延/宝延	531-545	⑲	安の弟	
24	陽原王	成/平成	545-559	⑳	延の子、璉の五世孫	
25	平原王	湯/陽成	559-590	㉑	成の子	
26	嬰陽王	元/大元	590-618	㉒	湯の子。隋侵攻を撃破	
27	栄留王	建武/建成	618-642	㉒	元の異母弟。蓋蘇文に被殺	
28	宝蔵王	蔵/宝蔵	642-668	㉓	建武の甥、大陽の子。滅亡	

（備考）親族関係の＊は『三国史記』と異なるもの。

の数え方では「本人が一世、子が二世、孫が三世、……」となり、日本式の「本人、子、孫が二世孫、……」の数え方と比べ、一世代分少ないとされよう）と記される系譜が的確に復元できるかということである。『魏書』などの中国史料なども含めて種々、検討を加えても、どうも実態（史実原型）は「十五世孫（ないし十六世孫）」とするのが妥当な模様である（ちなみに、『三国史記』記載の高句麗王統譜では十三世孫にしかならない）。この辺の解答は現存史料からは難解だが、参考までに、高句麗王歴代の治世時期・血縁関係の史実原型について、妥当性の高そうなところを、主に「百度百科」等の記事を踏まえ一応の推定試案として表に掲げておく（本書の巻末には、高句麗王統譜についての一応の推定試案をつける）。

なお、高句麗の王統譜については、武田幸男氏の「高句麗王系成立の諸段階」（『高句麗史と東アジア』所収。一九八九年）や奥田尚氏の「古代東アジアの歴史叙述に関する序説（二）―高句麗の初期の王の名を手がかりに―」（『アジア文化学科年報』八。二〇〇五年）などの研究・論考もある。これら論考がすべてに説得力があるかどうかは、拙見では疑問な点もあり（とくに丸都移遷前の段階で、後世に造作された架空の王が存在するかという点）、上記の拙考は種々検討した結果である。

高句麗王家の姓はもと解（祁）姓であり、初代朱蒙が高氏を名乗るというものの、初代から第五代慕本王までの五王の名には、尊称的に「解、祁」（hæ）が付されており、この語は「高」と共に高句麗王家の姓として知られる。解は音の共通性から太陽（hæ）、訓義によって光（pur）と解釈できるという（「解・祁」は日・太陽の意とされる）。

朱蒙が自らを高辛氏の後と称して高姓としたという。早くから中華文明に接した高句麗が上古の聖帝たる高陽氏・高辛氏の子孫として「高」姓とする付会を行なったとみる見解などがあるが、上古五帝との関係では、むしろ殷王朝の同族たる箕子朝鮮王家との関連を考えるほうが妥当であろう。扶余や高句麗の祖先が長北扶余（必ずしも、北方の吉林省扶余ではないかもしれない）にいた蓋（または解姓）廬辛なる者と伝えることからみて、実際には古代朝鮮の始祖檀君の後裔と称する流れとの近縁関係を考えるほうが自然でもあろう（檀君を箕子朝鮮と別物と考えるのは疑問であり、檀君伝承は箕子朝鮮のなんらかの反映・転訛か）。高句麗王が「高」姓を用いた記録の初出は、『宋書』高句麗伝に見える高璉（長寿王）である。

三　新羅・伽耶系一族の先祖と活動

新羅・伽耶系の諸氏の先祖と原郷

百済・高句麗の滅亡後では、朝鮮半島を統一した新羅と倭との関係には微妙なところが種々あって、八世紀代以降では朝鮮半島からの渡来者は、九州への難民を除くと、名門諸氏の渡来は殆どなくなった。中国からも、唐僧鑑真や波羅門僧・菩提遷那（ぼだいせんな）、林邑の僧・仏哲などのように、遣唐使の往復に伴うか関連して渡来したのが散発的にあった。

このように、四世紀後葉の応神朝以来の帰化人の頻繁な渡来は、七世紀後葉頃で、ほぼ終止符が打たれる。その間に渡来した多くの渡来人・帰化人、そして百済・高句麗からの亡命者たちやこれらの後裔は、日本古代国家の社会・文化の形成と発展に大きく貢献しており、奈良時代の貴族社会の多様な人的構成要素ともなった。ここまでに百済や高句麗からの渡来者を主に見てきたが、韓地のそれ以外の地域である新羅や伽耶諸国からの渡来者はあまり多くはない。とはいえ、若干は続いてあったから、その辺を最後に見ていきたい。

倭地と新羅との関係が生じたのは、上古の天日矛や昔脱解王を除くと、四世紀の後葉以降であり、具体的には神功皇后の韓地遠征以降である（この関係の詳細は拙著『神功皇后と天日矛の伝承』をご覧いただくこととして）。『姓氏録』では、新羅系とされるのは僅か八氏にすぎず、そのうち四氏が新羅の王子と伝える**天日矛**の後裔で、それも早い時期の到来で、三宅連とその一族（左京諸蕃の橘守、右京・摂津諸蕃の三宅連、大和諸蕃の糸井造）であった。三宅連石床は壬申の乱のとき、伊勢守在任で天武方について活動し、小錦下で死去して、壬申の功で大錦下を贈られている。

天日矛は新羅の昔氏王家とも関連があった模様であるが（本貫はむしろ伽耶で、なかでも大伽耶〔高霊〕か）、その数次の渡来は三世紀代頃までと古い時期だから、応神朝以降が主であった他の渡来系とは区別してみられてもよい。「天日矛（天日槍、天日桙）」と称される者が複数おり、現伝の史料に現れるところでは、倭地関連では異なる時代で少なくとも三人はいた。朝鮮半島の「意呂山」（現在の蔚山ではなく、伽耶山のほうか）に天降り伝承をもつ天日矛が先ずおり、その後が第一次倭地渡来の天日矛たる阿加流日古で、神武前代に弁辰より来朝して周防の佐波地方に定着した模様である。その子孫で韓地に戻った一族から出たのが第二次天日矛たる前津彦（阿流知命）であり、神武朝の少し後代くらいの時期に倭地に移動して来て、但馬の出石地方に定住した。この嫡統とされる系譜をもつのが三宅連であり、仁徳天皇時に設置された針間国飾磨御宅の管掌に因むと伝える。このように主居住地が但馬あたりで、畿内には一族が多くない。

わが国の応神天皇治世の頃以降では、新羅との関係を反映してか、新羅系の渡来は更に少なくなり、『姓氏録』に掲載は五氏（右京諸蕃の豊原連・海原造、山城諸蕃の真城史、河内諸蕃の伏丸、和泉諸蕃の日根造）にすぎない。これら五氏のうち、金氏王家と同族とみられるのが海原造（進広肆金加志毛礼の後）及び真城史（新羅国人の金氏尊の後）で、朴氏王家と同族とみられるのが日根造（新羅国人の億斯富使主の後）である。豊原連は高句麗系との縁がありそうで、伏丸は「新羅国人燕怒利尺干」の後と記事にあるが、百済系の燕氏後裔の赤染連とも関係あるか。和泉の樫井川流域の開発につとめた日根造の後裔とみられるのが、中世武家として和泉や美濃に見られる日根野氏であるが、系譜は藤原姓などを称した。

五世紀前葉の仁徳朝には、新羅第十八代実聖王から王子未斯欣（みしきん）（第十七代奈勿王の子で、第十九代訥祇王の弟）が倭に人質に出され、これを朴堤上が苦労して奪還し新羅へ戻した伝承が残るが、この後しばらくは倭と新羅との通交がなかった模様である。新羅と倭とが敵国として対立するのが伽耶諸国の帰属問題であり、五三〇年代初めに金官及び㖨国（㖨己呑）が、次いで五六二年には大伽耶などが新羅（廿四代真興王の治世）によって併呑される。ところが、こうした一連の大事件が驚くほど簡単にしか『三国史記』に記載がない。

六世紀後半となる『書紀』欽明二十三年（西暦五六二年に比定）七月条には、倭に滞在中の新羅使が本国新羅が任那を滅ぼしたことを恥じて（同年十一月条には、「本国での処罰を恐れて」と見える）、帰国せずに倭地に留まることを請い、これが「河内の更荒郡鸕鷀野邑（うの）（大阪府大東市域か）の新羅人之先」だと見える。この記事との関係が指摘されるのが、河内の宇努連の先祖の渡来伝承である。王族金氏の同族で、『姓氏録』河内未定雑姓に掲載の宇努連条には、「新羅皇子の金庭興の後」と記事がある。これが新羅王族出自の唯一例であり、金庭興については、智証王の子で、第廿三代法興王（在位が五一四～五四〇）の弟という系譜が伝えられる（鈴木真年『百家系図稿』巻六の金氏系図）。宇努連は「未定雑姓」の分類だが、所伝は年代的にも符合し、王族出自の系譜は信頼できそうである。

このほか、天佐疑利命後裔と称するものは、系譜は脱解王の後裔であり、『姓氏録』では和泉未定雑姓に近義首（こんぎ）・山田造の二氏（両者同族で、応神朝に投化した微伐角汗の後）をあげる。新羅の昔氏王家の祖・脱解は、もと倭の多婆那国（竜城国ともいう。比定地には不明点が多いが、具体的には周防の佐波地方とするのが妥当か）の人と伝える。昔氏と同じ新羅王家の朴氏との祖系関係は不明も、遠い同族であった可能性も考えられる。

『姓氏録』では皇別の右京にあげるが、新良貴氏があり、神武天皇の兄弟の稲飯命から出たと記される。その一族として、新羅、斯藹（一族に清海造の賜姓あり）、新良木舎姓（同、清住造の賜姓）があげられ、『続日本紀』等に見える、と佐伯有清氏は指摘する。これら史料に見える関係記事は簡単なものだが、鈴木真年の『百家系図稿』巻六の「朴姓」系図では、持統九年（六九五）三月に新羅から遣使された王子金良琳に随行の薩飡朴強国の子孫で、その子の薩甫が「新良貴公」の祖だとする。朴薩甫は天平宝字二年（七五八）の武蔵国新羅郡の建郡に関わったと伝える。朴強国は『書紀』に見えるが、朴薩甫の名は『続紀』に見えない。「朴姓」系図には、朴強国の父を阿飡朴刺破とするが、『書紀』には、天武六年五月に新羅人の阿飡朴刺破が従者・僧とともに血鹿嶋（五島列島の値嘉島）に漂着したので、同年八月に遣使の金清平に付けて新羅に返すと見える。

いま「新良貴」の苗字は、広島県福山市（市域の沼隈町中山南など）と周辺の備後地方にかなり多く、東京都板橋区や埼玉県にもある。福山市と呉市あたりの分布から推すると、その中間の同県三原市中之町に鎮座の御調郡式内社の賀羅加波神社（素盞嗚尊等が祭神）と何らかの関連ありか。当社付近で近くの川が伏流するので「干川」（からかわ）と呼ばれたともいうが、『三代実録』に見える備後国天照真良建雄神に関し、「真良」は地名で（三原市高坂町真良）、「シンラ」と訓み韓地に由来で「帰化系の神社ならん」という見方がある。この神は妙見菩薩で、世羅郡の小童牛頭王社（須佐神社）で祀るとの見方もある（『小童村誌』で、現・広島県三次市甲奴町域）。備後地方では「素戔嗚尊＝武塔神」、後にこれと同体とされた牛頭天王の信仰が盛んで、三つの祇園社（小童の須佐神社、及び戸手天王社〔福山市新市町戸手の素盞嗚神社〕、鞆祇園宮〔同市鞆町後地鎮座で、沼名前神社配祀〕）が中心的な役割を果たしたとの指摘もネット上に見える。これらは傾聴すべきものか。

新羅使と遅く渡来の金氏一族

新羅から日本への使者が多く来るのは、白村江戦の後に新羅が唐王朝と対立するようになってからであり、天智天皇（六六八）七年九月に新羅使（使人は金東厳で、武烈王金春秋の甥）が再開すると、八世紀末まで四十数回を数える。日本からの遣新羅使も二八回に及ぶ。それが、唐との関係が修復されるにつれ、新羅の姿勢も日本への貢調から交易へと変わる。天平勝宝四年（七五二）閏三月には、王子金泰廉ら七百余名が大船団で筑紫に来て、三七〇余人が入京したが、交易主体で多様な文物が持ち込まれた（このとき、奈良の大仏塗金用に大量の金が持ち込まれたと推定されている）。

その後は、新羅の姿勢に問題有りとして日本側が追い返すことが多くなり、使者の派遣もなくなる。宝亀十年（七七九）の新羅使（正使が金蘭孫、副使が金巌〔金庾信の玄孫〕）を最後にして、九世紀になると日羅両国の関係は急速に冷却化する。

それでも、九世紀代にはかなり多数の新羅人（一般庶民が主体か）の渡来が六国史に見える（佐伯有清博士の前出論考に詳しいが、ここでは省略）。弘仁十一年（八二〇）には遠江・駿河で新羅人七百人の叛乱が起こると、相模・武蔵等七国の軍で追討にあたらせ、天長元年（八二四）には新羅人の「辛良金貴賀良水白等五十四人」（人名は二人で四文字で切るか？そうすると、共にカラ姓か）を陸奥に安置させた（『類聚国史』など）。新羅人を強制帰国させるなどで、その帰化も認めなくなり、両国の交流は私貿易のみに変わった。

新羅王家の金氏では、遅くなって七世紀末の持統朝に投化してきた韓奈麻許満の族裔が東国にあった。初めは武蔵国埼玉郡に居住し、次に子孫が陸奥に遷り一族が繁衍した。陸奥国にあっては、気仙郡あたりに多く残り、金や今野・紺野などの苗字を現在に伝える。

系譜等の記事に拠ると、太宗武烈王（金春秋）の甥の金万物が日本に遣使で来て、これが『書紀』天智十年十月～十二月条に見える。その子が韓奈末許満であり、持統四年（六九〇）二月条に見えて、許満ら十二人が武蔵国に居したという。その四三年後の天平五年（七三三）六月条には、武蔵国埼玉郡人の**金徳師**（許満の孫くらいにあたるか）ら男女五三人が申請により金姓となると記される。金徳師の子の知仙が延暦十五年（七九六）に陸奥国栗原郡伊治城に遷り、その子孫一族が鎮守府の軍曹・軍監や近隣の気仙郡郡司となって繁衍した。その子孫の金為時の一族が、陸奥での前九年の役のとき、源氏側に味方して安倍頼時らと戦ったとあり、『陸奥話記』に多く見える。その族裔は奥州藤原氏に仕えており、『古事談』四巻に信夫庄司季春（藤原基衡の乳兄弟という）を斬ったと記される気仙弥太郎（為時の曾孫の金重貞）がおり、文治五年（一一八九）の頼朝による奥州征討のときには、藤原泰衡方の大将軍として郎従「金十郎」が『東鑑』（同年八月十日条）に見える。

金一族の後裔が、金・昆・今野・昆野・金成などの苗字で気仙・磐井郡に多く住み、近世まで続く。後に系譜を仮冒して、皇孫の左大臣阿倍倉梯麻呂の後と称する系譜をもった。

百済・高句麗滅亡後の新羅関係者の渡来について見ると、持統元年（六八七）には、三月に渡来した新羅人十四人を下野国に居住させて田を与え、翌四月には、筑紫大宰が投化した新羅の僧尼及び百姓の男女廿二人を献上したので、武蔵に居らしめるとある。次ぎに同四年（六九〇）二月に新羅沙門詮吉、級飡北助知等五十人が帰化した、と『書紀』に見える。更に、天平宝字二年（七五八）八月に帰化の新羅僧卅二人らを武蔵国閑地に置き新羅郡を置き、同四年三月に帰化の新羅百卅一人を武蔵国に置くと、『続紀』に見える。武蔵の新羅郡は、後に新座郡と改められ、いまの新座・新倉や志木、白子などの埼玉県南四市あたりの地域（東京都の保谷・大泉などにもかかる）の地名につながる。新倉村の山田・上原・大熊などの農民諸氏は、祖先が新羅王に従って来たと伝える（『新編武蔵風土記稿』）。

『続紀』宝亀十一年（七八〇）五月条には、武蔵国新羅郡人の沙良真熊等二人に広岡造を賜姓したと見える。この沙良真熊は新羅琴（加耶琴）の名人で、興世朝臣書主（百済渡来系の吉田連の改姓。官途は従四位下治部大輔）という宮中大歌所の和琴の名人や宮内卿高枝王が教わったと伝える（『文徳実録』嘉祥三年〔八五〇〕・天安二年〔八五八〕条）。

なお、武蔵国秩父郡での和銅（国産銅）の発見者として、「金上无」などをあげる研究者がかなり見られるが、これは、『続紀』の誤読によるものではないかとみられる。

同書の和銅元年（七〇八）春正月乙巳条に、武蔵国秩父郡が和銅を献したとあるのみで、発見者も献上者も名は記されない。同日条には志貴内親王以下十七人の叙位が記され、その中の下位三名、従六位下日下部宿祢老・津嶋朝臣堅石・无位金上元（無の異体字「无」は元の誤記）を和銅関係者だと誤読したものという感じもある。このときの十七人全てが和銅関係者ではないし、下位三名だけをそのように解することもできない。当該下位三名が武蔵国の国司であった確認もできない。そもそも、和銅発見当時の武蔵国司は知られない。

具体的に『続紀』の記事で当該三名を追いかければ、歴然とする（日下部宿祢老は、散位従四位下で卒したが、官歴に武蔵国司は見えず、津嶋朝臣堅石は遣新羅副使の功績で和銅の昇叙であろう）。それでは、金上元はどうであろうか。同人は、翌和銅二年十一月には伯耆守に任ぜられており（これ以降は史料に不見）、武蔵の居住者とみるには無理がある。金上元が無位から内位の従五位下へと一躍叙爵されたのは、出自の高貴さを物語るものか。その出自を推するに、新羅王家金氏の一族で、大宝三年（七〇三）の新羅からの使、級飡金孝元とか、和銅七年（七一四）から翌霊亀元年にかけての新羅からの使、阿飡金元静、あるいは天武二年（六九八）の使、阿飡金承元の近親ではなかろうか。武蔵国埼玉郡に金氏一族の居住があっても、金上元が鉱山・採鉱の技師とか銅関係技術者だとする根拠はないと言えよう（佐伯有清氏の論考「朝鮮系氏族とその後裔たち」でも、金上元には触れない。和銅の採銅関係者は、あえて推定すると、武蔵在住なら丹党の遠祖一族ではなかろうか）。

美濃や京などの新羅人

東国では、持統元年（六八七）などには、投化の新羅人を下毛野国に置いた。天平神護二年（七六六）には、上野国に在る新羅人の子午足ら百九十三人に吉井連を賜った。

美濃にも「新羅人」の配置があり、霊亀元年（七一六）に尾張国人の席田君邇近（むしろだ）及び新羅人七十四家を美濃に貫して席田郡（後に本巣郡の一部）を建てた。天平宝字二年（七五八）十月には、席田郡大領外正七位上子人・中衛無位吾志らが言上して、子人らの六世祖父の乎留和斯知が賀羅国から慕化して来朝し、これまで姓字をつけずにいたが、国号により姓字を賜いたいと望んで、賀羅造を賜姓した。弘仁五年（八一四）には、投化して来た新羅人の加羅布古伊ら六人が美濃に配された。

子人らの六世祖の時期と言えば、欽明朝ごろの活動になるとみられるから、これら「加羅・賀羅」関係者は、「新羅人」というよりは伽耶関係者（とくに大伽耶か）のことで、当時の伽耶諸国の滅亡に伴う投化だったものか。大伽耶に近い卓淳（とくじゅん）国を名乗る氏、卓淳人足も天平勝宝年間の経師で見えるが、これも亡命者の後裔か。

神亀元年（七二四）五月には、従六位上金宅良・金元吉に対して国看（くにみ）連の賜姓が見えるが（『続紀』）、金宅良は新羅沙門行心（幸甚）の子であった。この僧は『懐風藻』や『書紀』『続紀』に見えて、天文卜筮を解し、大津皇子の謀反が発覚したとき逮捕されている。

このほか、奈良朝以降にも渡来してきた新羅の人々があり、こうした新羅人は総計すればかなりの数に上る。記録に見えるところでは、『日本後紀』には、嵯峨天皇の弘仁七年（八一六）冬十月に大宰府が言上して、新羅人の清石珍ら百八十人が帰化したといい、翌同八年（八一七）二月にも同じく大宰府の言上があり、新羅人の金男昌ら四十三人が帰化したと言う。

新羅系の渡来人の後裔では、陸奥の豪族金氏が平安後期から活躍した以外はあまりめぼしい動きがない。新羅に由来する可能性のある名字「白木」は、現在は日本のなかでも岐阜県に最も多く、本巣市下真桑、岐阜市下鵜飼、各務原市須衛や加茂郡八百津町・安八郡安八町に分布するが、古代のなんらかの名残か。

新羅神社の分布

「新羅神社」も、青森県に集中する東北地方など、日本列島各地にある（岐阜県多治見市や福井県南条郡南越前町今庄、島根県大田市五十猛町大浦、兵庫県姫路市四郷町明田などが代表的）。福岡県の糸島地方・

朝倉市など九州に多い「白木神社」の表記も併せて、「シラキ・シラギ」神社は、総じて言うと素戔嗚尊（韓神、五十猛命、牛頭天王）を主神とするものが多いが、祭祀氏族や古代新羅との結び付きがあまりはっきりしない。

越前今庄の新羅神社は、延喜式内社で『越前国内神名帳』には「従五位白城神」と見え、素盞嗚命等を祀り、今庄字梅ヶ枝の白鬚神社を下社と称している（白鬚神社は今庄の南方近隣の合波にも鎮座）。同じ南越前町で南方近隣の荒井にも新羅神社（新羅明神）がある（『今庄町誌』）。敦賀市沓見には信露貴彦神社（白木大明神）があって、宮司の龍頭家は新羅国王族の末裔と伝え、「王の舞」神事がある。敦賀郡の延喜式内社には信露貴彦神社があげられ、その論社が沓見の同名社と南越前町今庄の神社とされる。同じ敦賀郡の式内社に白城神社もあり、鵜羽明神とも称されて、敦賀市白木にある。白木あたりには竜神信仰と鶏卵禁食の風習があり、後者は鶏を神聖視した新羅の習俗に通じる。越前南部（若狭湾沿岸部）に新羅系の神社が多くある事情は不明も、敦賀ゆかりで新羅から渡来伝承のある天日矛関連を考える見方もある（この見方は、但馬出石に明確な新羅系の神社が分布しない難点もある）。

これらの越前の「新羅」を五世紀代頃以降の新羅国に限定せず、上古の弁辰地域、洛東江流域の伽耶諸国も含めての広範囲で「シラキ」地域を考えたほうがよいか。というのは、伽耶（辛・韓、荒・安羅・安良）に通じる神社名をもつ、新羅系神社もかなりあるからである。その場合、敦賀渡来の伝承がある大加羅の王子・都怒我阿羅斯等の関係も考えられるよう（後述）。ともあれ、越前の古代豪族で新羅系のものが管見に入らないままである。

先に拙著『天皇氏族』で、天皇家の先祖は洛東江流域の大伽耶（高霊）を故地として、製鉄・鍛冶の技術をもつ天孫族の倭地渡来時の始祖が素戔嗚尊（五十猛神）とみられることを記した。上垣外憲一氏も、製鉄・鍛冶と関連する「火」を名前に持つ天孫族が、加羅から北九州に渡ってきたという想定をし、洛東江流域の古地名に「火」を冠するものがじつに多いと指摘する（『天孫降臨の道』一九八六年刊）。この辺で、新羅関係は終えておく。

伽耶からの渡来者

韓地東南部の伽耶からの渡来者の後裔もあまり多くない。主なところでは、六世紀代前葉・中葉の新羅による伽耶地域の併合などを契機として、欽明朝に倭地に投化した者もある。中世までの期間で見ると、なかでは多々良公が代表例であるが、この一族は周防の大内氏に関連して後ろで触れる。その同族とみられるのが、摂津の荒々公・韓人（辛人）・豊津造や大和の大伴造（大部造）である。金官伽耶ばかりではなく、本伽耶（高霊）など伽耶諸国系の諸氏もかなりの数が倭地に来たとみられるが、この辺は早くに系譜を失って、経緯や賜姓なども史料に見えず、明確ではない。

出羽弘明氏は、新羅の慶州と伽耶の金海・釜山は地理的には同じ文化圏で、祭祀の神々も同様であると指摘する。新羅明神は素戔嗚尊と同体とされ（その原型は、必ずしも素戔嗚同神ではない可能性もある）、滋賀県大津市園城寺町の三井寺の鎮守神として有名であり、新羅善神堂で祀られ、新羅明神像（国宝）を安

新羅善神堂（大津市円城寺町）

置する。

金官王家は新羅金氏と同祖という所伝もあるが、金庾信の碑文等には黄帝軒轅氏の後、少昊金天氏の後裔の故に姓を金としたとの所伝をもつと記される。現代中国の『姓氏詞典』（王万邦編）には、少昊金天氏など金姓の起源が五つ挙げられるが、総じて羌・匈奴といった東方ないし北方のツングース関係に由来する傾向がある。

金庾信については、この者の十二世祖が始祖王の首露だと『三国史記』列伝に記されるが、その場合、首露王の活動年代は遡っても三世紀中葉ごろとなろう。『三国史記』には新羅第五代王の婆娑の廿三年条に、老齢で知識豊富な首露王が見えており、これが活動年代の一つの参考となる（首露王は、本シリーズの『天皇氏族』でも取り上げており、同書をご参照のこと。首露王の活動時期から考えると、系譜原型では、「十二世祖」よりも数世代多い可能性もあろう）。

金官の滅亡は西暦五三二年（新羅の二十三代法興王のとき）とされ、国王金仇亥がその三子とともに新羅に降伏してきたと『三国史記』に見える。この一族は金海金氏として長く続き、上記の金庾信など新羅の重臣を輩出し、伽耶諸王家のなかで唯一、永続した。金官王族の支流という氏もいくつかあるが、実際には伽耶諸国の王族の流れなのかもしれない。

大加耶王家の後裔もある。大加耶（大伽羅、高霊）は金官国滅亡より三十年遅く、六世紀中葉の道設智王のとき、新羅の金異斯夫将軍の軍勢により滅亡した（新羅の廿四代真興王のとき。倭では欽明朝）。この大加耶王族の流れからも、国の滅亡などで倭地に投化したものがある。金官（駕洛）とはその始祖伝承を同じくするとも伝える大加耶（高霊）王家だが、この一族の韓地での系譜が伝わらないのは、わが天皇家の遠祖系譜との関連でも惜しまれる。『三国史記』にも『書紀』にも、滅亡時の大加耶の王の名をあげず、滅亡時期も記事記載がすこし異なるが、『書紀』の記事には幾つかの混乱も見えており、前者の言う西暦五六二年の九月に滅亡した模様である。任那滅亡当時、大和王権はこの王族・亡命者をあまり重大視しなかった（尊重して扱わなかった）ことかもしれないが、不思議な感がないでもない。

大伽耶王家の嫡流は、『姓氏録』右京未定雑姓にあげる三**間名公**とみられる。これが紀伊の奈良期史料に見える「三間名干岐」と同じだと太田亮博士は指摘する。「干岐」の意味（「旱岐」とも書き、古代伽耶諸国の王・首長の尊称）を考えると、奈良時代に賜姓の「百済王、高麗王・肖奈王」にほぼ匹敵する姓氏なのかもしれない。

「任那」の地について、広義では伽耶諸国（もとの弁韓）の全体であり、狭義のほうは、日本では金官説が多数のようであるが、韓国では従来から「任那＝高霊」説が有力で、李丙燾氏の見解でも「大加耶（高霊）の本名が弥摩那、あるいは任那」と記される（『古代韓国史』参照）。拙見でも、狭義（本来）では高霊説が妥当だと考えるが、この任那王（大伽耶王）的なものとして「三間名干岐」の表記も重要な意味をもとう。中田憲信は、天日矛の弟・乙知巳が大駕羅国王、即ち任那王の祖だとする（『好古類纂』。これだと新羅の昔氏王家と同族となる）。

『書紀』神功皇后摂政六二年条の割注には、『百済記』が言うに、沙至比跪（さちひこ）（葛城襲津彦）が新羅の策略にかかり、新羅の替わりに加羅国を討伐し、そこで加羅国王の己本旱岐及び子の百久至・阿首至らが人民とともに百済に逃げ、百済ではこれを厚く遇したという事件が起きた。この加羅国の王の名が己本（こほ）旱岐とあることにも注目され、「加羅国」も地域的に考えて大伽耶のほうにあたるとみるのが自然である。『書紀』欽明天皇二年（五四一）四月条には、百済聖明王と任那旱岐との応答も見える。

この「三間名干岐」の在京の一族は、三間名公→美麻那宿祢→美麻那朝臣という賜姓を平安中期にかけて重ねたが、初期の活動は史料に見えない（おそらく欽明朝に渡来があっても、当時の朝廷ではあまり大切には扱われなかったか。朝臣の賜姓も、平安中期頃の官人の活動によるもの）。ミマナ氏の奈良時代の人では、弥麻奈秋庭女（天平五年の「右京計帳」）、三間名久須万呂（天平勝宝二年の「造東大寺司解」）が史料に見える程度で、六国史にも見えない。

平安中期の『小右記』の長徳二年（九九六）に「右志美麻那近政」（おそらく延政の誤記）とあり、同年以降には「史延政」を含め左少史・右大史などの官職で見え（『類聚符宣抄』長保元年には「右大史美麻那宿祢」）、『権記』の長保三年（一〇〇一）二月には左大史正六位上に美麻那延政が見える。これより早く、『経俊卿記』に「美麻那実憲（天徳二年十月転大尉）」、『検非違使補任』には実憲が右衛門少尉で「天暦十（九五六）～天徳二（九五八）」の期間に見える。従五位上守大判事兼明法博士の美麻那朝臣直節の名が、『政事要略』（寛弘六年〔一〇〇九〕二月）や『除目大成抄』（長和四年〔一〇一五〕正月）に見えるが、永祚二年（九九〇）に「博士正六位上美麻那宿祢直節」（『類聚符宣抄』）と見えるので、延政の近親一族か。その頃では、長保二年（一〇〇〇）・寛弘三年（一〇〇六）や寛仁三年（一〇一九）などの相撲人に見える「美麻那重茂」（『権記』『小右記』）くらいか。その後の一族は見えない。

『日本霊異記』下巻三十には、「老僧観規は、俗姓が三間名干岐で、紀伊国名草郡の人であり、先祖の造れる寺が同郡能応（のお）の村にあって弥勒寺という」と見える。これが和歌山市の紀ノ川河口北岸にあって、上野廃寺（国史跡。山口廃寺か）と呼ばれるものに比定される。ここで使われる軒平瓦は、包み込み式の新羅式の作り方で、主として七世紀に新羅から日本に渡来した人々の寺で主として用いられたとみられており、割合早くに紀伊の同地に落ち着いたものか。観規は聖武天皇のときに発願して仏像・観音像を造りだし、八十数歳のとき桓武朝に一度死んだが、甦って大往生を遂げた、と同書に記される。

『姓氏録』の右京の三間名公の記事は難解であり、「弥麻奈（任那）国主の牟留知王の後裔」と見え、この国主の子の名が「**都怒賀阿羅斯止**（于斯岐干阿利叱智干岐、蘇那曷叱智）」かとみられ、崇神朝に来朝して垂仁二年に帰国する迄滞在するが、その後胤と称する（六年の滞在期間に生した子の後胤？。なお、河内未定雑姓の三間名公は、中臣氏族で雷大臣命の後というが、おそらく同族で、中臣氏族は系譜仮冒か）。『書紀』には、意富加羅国王の子、名は都怒我阿羅斯等と見える。

一方、推古廿年紀には百済人味摩之が帰化し、大市首・辟田首の祖となるという伝承を記しており（『姓氏録』では都怒賀阿羅斯止の後が左京の大市首・清水首、大和の辟田首だとする）、三間名公との系譜関係は不明であり、実に紛らわしい（あるいは阿利叱智干岐の後裔が味摩之で、一族の日本定着はこの者のときか）。

賀羅の賀室王（嘉悉王）の後裔と称したのが、三田毘登（三田首）や道田連（左京諸蕃）であり、任那国豊貴王の後裔と称したのが荒々公（摂津諸蕃）である。

次の「カラ」を名乗る次の諸氏も、百済国人・新羅国人の後などと称するが、実際には大加羅王家の族裔ではないかとみられる。そうしたものに、加羅氏（『姓氏録』未定雑姓右京）、大賀良・賀良姓（共に河内未定雑姓）があり、後者の大賀良や賀良姓の二氏は、ともに「新羅国の郎子王の後」と記すから、「郎子王」は都怒我阿羅斯等に通じそうでもある。上記の美濃の賀羅造（加羅造。同国席田郡領家)、席田君(同郡人)もあった。天平時の経師に見える加良・辛を名乗る人々も、同族であろう。大加羅と金官(駕洛)とはその始祖伝承から見ても同族の可能性もあるが、各々系統や分岐を明確にはなし難い。

なお、上記の沙至比跪の争乱で加羅王族の「百久至」が百済に逃げた事件があったが、この「百久至」が『姓氏録』和泉諸蕃掲載の信太首の祖と伝える「百済国人の百千」にあたるかという見方もある(佐伯有清博士)。和泉では信太首氏が和泉郡信太郷(現・和泉市域)に居り、式内社の聖神社(信太の森や葛葉伝説がある)の神主家として鎌倉期末までつながる。近隣に住む同じく百済系の取石造(とろし)(百済国人の阿麻意弥の後とする)ともおそらく同族で、須恵器の生産や陰陽道関係に関わった可能性も考えられている。この観点からは、伽耶にこれら祖系が出たことも考えられ、あるいは、「百」は百済大族の「苩」氏という可能性も考えられよう。

『姓氏録』では信太首に続けて、葦屋村主・村主の二氏を和泉諸蕃にあげ、前者は「百済の意宝荷羅支王」の後、後者には「葦屋村主同祖で、大根使主」の後と記すが、「意宝荷羅」がオホカラ(大伽耶)なら、この二氏も伽耶系ということになる。「大根使主」は、左京諸蕃に掲載の沙田史の先祖にあげる「百済国人意保尼王」と同人ともみられ、これら諸氏の系譜は、百済と伽耶の出自が混同されているのかもしれない。

葦屋村主が陰陽道の伝承人物たる蘆屋道満(道摩法師ともいい、平安中期の陰陽家、呪術師。藤原道長のころ、安倍晴明と法力を争ったと『宇治拾遺物語』などに見える)に関係があるのであれば、信太首とも同族だったものか。

四　周防の大内氏一族の系譜

百済王家や伽耶系諸氏の関係の補論として、聖明王の後裔と称した周防の大内氏についても検討・説明しておく。韓地系の流れを汲む中世の武家大族はきわめて少ないうえに、大内氏は祭祀等で新羅にも通じる特色のある存在だからでもある。

多々良姓大内氏の系譜

戦国大名で名高い大内氏のルーツについては、百済第二六代聖明王の第三王子である琳聖太子が先祖だと称されてきた。琳聖は、欽明朝ないし推古朝の頃に周防国佐波郡の多々良浜（山口県防府市）に着き、摂津で聖徳太子に謁見し、太子から多々良姓を賜り、また周防国に下向し、吉敷郡大内村（山口市域）を本拠地に居住したことに因み、大内を苗字にしたと伝える。

しかし、この大内氏の初祖伝承は後世に造作された伝説で、実態は周防権介を世襲した在庁官人の出だとされる。中世の武家雄族は中央貴族の藤原氏や源・平などの末裔を称することが多いが、大内氏は諸蕃系の祖系をもつと称した武家でも珍しい存在であった。

この一族が歴史上に現れるのは、平安末期頃からであり、仁平二年（一一五二）の文書に多々良氏として記されて以降である。一族の人名では、九条兼実の日記『玉葉』の治承二年（一一七八）に多々良盛房らの名前が記されており、中世には守護大名、そして戦国大名へと大きな発展をとげた雄族であった。

大内氏は百済の聖明王の後裔と称した系譜を利用して、室町期の勘合貿易など対朝交渉で重要な位置を占めた。その出身が佐波郡にあった周防国衙の在庁官人であり、鎌倉初期頃から国衙の「権介」を世襲したが、そこから雄飛して南北朝期以降は守護大名となり、周防・長門、石見、豊前、筑前や紀伊など諸国の守護職に補任され、最盛期には中国地方と北九州の五ないし七か国ほどを実効支配したが、戦国後期に大内義隆（当時、従二位兵部卿兼大宰大弐）が一族で重臣の陶晴賢により滅ぼされた。

この氏については、かつて「多々良姓大内氏とその同族諸氏」という論考を『家系研究』誌（第五八・五九号。二〇一四年十月及び二〇一五年四月）に発表したことがあり、詳しくは当該論考を見ていただくこととして、ここではその主要部分を記しておく。

古代及び鎌倉期の史料に現れる多々良氏一族

琳聖太子も含めて、多々良氏の先祖は信頼できる史料のなかには古代で殆ど見えず、琳聖太子の後裔を名乗るのは大内義弘・盛見兄弟ごろの十四世紀後葉以降ではないかともされる。だから、周防権介を世襲した在庁官人の出だと確認されても、それ以外の実態や先祖は殆ど不明だとされることが多い。この大内氏と同族の系譜を検討する過程で、妙見信仰にからんだ事情も浮上してきた。

大内氏の先祖が確実な史料に出てくるのは、平安時代末期の仁平二年（一一五二）八月付の「周防国在庁下文」（『平安遺文』二七六三）である。そこに、多多良氏三人、賀陽氏二人、日置氏二人、矢田部氏、清原氏の九人が在庁官人として花押で連署する。これが周防の多々良氏の初見とされ、多々良氏三名の名前があって、この頃すでに周防国内で大きな勢力に成長していた。ちなみに、賀陽氏は吉備出身で、日置氏は出雲国造族かとみられ、周防地付きの古代国造族後裔がなぜか見えない。

この二十六年後の治承二年（一一七八）十月には、多々良盛房・弘盛・盛保・忠遠の一族四人が流罪を赦されて、各々が常陸・下野・伊豆・安房の地から帰国した（九条兼実の日記『玉葉』）。多々良の名は、その後も養和二年（一一八二）四月の周防国与田保の「野寺僧弁慶申状案」に「権介多々良」として、証伴の十名のうち多々良、大江の両氏が権介の肩書で見える（盛房か弘盛）。文治三年（一一八七）二月の「周防国在庁官人等解状」（記事は同年四月条）にも「権介多々良宿祢在京」（弘盛にあたるか）と見えており、多々良盛房・弘盛親子を当主とする大内一族が在庁官人として最高の地位を占めていた。大内一族が大内介（周防権介）と名乗ったのは、系図では盛房の先代の貞成以降であるが、文献上では、上記の養和二年が初めてで、及び『東鑑』建久三年（一一九二）正月条の大内介弘成（弘盛の誤記とされる）があって、鈴木真年は盛房以降のこととしており、歴代の当主もこの官職名を世襲した。盛房の次の大内弘盛が寿永年間（一一八二～八三年）頃の当主とみて、この頃からから「周防権介」を称するようになったともいう。

寿永元暦の源平争乱にあっては、最終的に源氏に加担したのであろうが、『東鑑』にはこの時期の大内一族の記事が見えない。その後、『鎌倉遺文』所収の文書（一一六三号～一一六五号）では、正治二年（一二〇〇）十一月に散位多々良盛綱（弘盛の弟で、兄・盛長の養子となって右田・陶の祖）が見え、在庁官人の最奥に記載の権介多々良弘盛らとともに現れる。これが、重源の国司庁宣を受けて国衙の課税を免除した文書であり、この時点では弘盛は在庁官人の筆頭であり、かつ、幕府の御家人にはなっていない（『山口県史　通史編　中世』東大史料編纂所教授の近藤成一氏執筆）。

平安末期の貞成・盛房のころから大内氏は、本拠地の吉敷郡大内を中心に勢力を拡大し、一族を大内近隣や周防国府周辺の要地に配して在地領主化させた。宇野・右田・問田・鷲頭など有力支族の分出も、この頃から始まる。鎌倉中期頃には、一族の問田経貞は検非違使所の兄部、右田八郎は健児所の兄部で見え、大内氏惣領は惣追捕使及び案主所の兄部であり、同時に在国司の地位にあったとみられている。これら諸職は当時、世襲に近かった。

「大内介地行所領」と題する年代不詳（鎌倉末期頃か）の東大寺文書には、周防の国の内十五か所の地域があげるが、この中に吉敷郡内では矢田令、宇野令、大内村、宮野の地などがあり、これらは現在の山口市域で、大内氏の直接の治下にあったと確認される。これら在地の地名に因り、吉敷郡の宇野・仁戸田・鰐石・吉敷・問田・黒川・江木・矢田・野田・陶などの各氏、都濃郡の鷲頭・末武氏、佐波郡の右田・得地氏などが庶子家として分出し、中世の周防国内に繁衍する。鎌倉時代になると、大内一族は周防の国衙在庁を完全に支配下に置き、実質的な周防の支配者となった。そして鎌倉幕府の準御家人として、鎌倉後期の当主重弘は六波羅探題評定衆にも任命された。

大内氏では、盛房・弘盛親子のときに源平争乱期にあたったが、一般に通行する系図では弘盛以降の嫡家は、その子の「満盛―弘成―弘貞―弘家―重弘―弘幸」と直系で続いて、弘幸のときに南北朝期を迎える。こうした歴代のうち、弘成は祖父にあげる弘盛の重出とみられ、おそらく満盛が早世して父の弘盛が再び当主をつとめたものであろう。『東鑑』に見える弘成は弘盛にあたる事情もある。満盛は、建永年間（一二〇六～〇七）、山口の白石に瑞雲寺（のちの龍福寺）を開基したと伝える。

弘貞の史料初出は、寛元三年（一二四五）四月付の「弘貞社領安堵状案」であり、次いで建治三年（一二七七）八月五日付の「多々良弘貞書状」（上司文書、『鎌倉遺文』所収）があり、『勘仲記』弘安四年（一二八一）に「周防ノ大内弘定」が見えており、弘安九年（一二八六）七月に死去したと伝える。この者の時代に両度にわたる元寇があり、大内一族も対応したと伝える。『右田系図』の記事では、弘貞・弘家親子は筑前海岸で対応し、そのときに弘家の弟・四郎弘盛も参陣して軍功あり、豊後の由布院に住んでこの地の右田氏の祖となると見える。弘貞は、古尾にあった八幡宮を分けて、須川に北方八幡宮を、吉沢に南方八幡宮を建立したともいう。江木氏の譜録でも、その祖・弘房は兄・大内介弘定に従って豊前より筑前に出動したと伝える。

大内介弘貞の妻は、前問注所執事三善康持の女子得弥（後に尼円念）であり、正応年間（一二八八～九三）に弘貞後家尼は相模国二宮河匂荘をめぐる相論に見える。ちなみに、鎌倉末期のものとみられる大内介知行所領注文（「東大寺文書」）には、周防国外の所領として三河国高須郷と伊予国味須郷法師名が記される。

その次の弘家は、永仁三年（一二九五）五月八日付の宗禅寺文書に弘家の名が見える。その次の重弘については、「東大寺文書」文保二年（一三一八）十二月廿六日付文書に「大内介重弘」と見え、東大寺の周防国衙支配と対立したことが知られる。系図には、元応二年（一三二〇）三月六日に死去と見える。

その子の弘幸のときに南北朝時代に入る。元弘三年（一三三三）に鎌倉幕府が滅亡し、建武の新政になると、長門探題北条時直の影響によってか、幕府に味方した宗家の甥・弘幸に替わって周防守護職に任ぜられたのが下松の鷲頭長弘である。建武の新政が崩壊すると、大内一族は足利尊氏に味方したが、尊氏が京都を追われて九州に下向する際にも、引き続き長弘は周防守護職に任じており、大内豊前権守（入道）と号して大内氏の惣領にあった。その死後、周防守護職は次男の弘直に引き継がれたが、観応の擾乱の際に南朝方へ転じた大内弘世（弘幸の子）の攻勢によって、鷲頭氏の貞弘らは大内宗家に敗れて従属した。鷲頭氏は有力庶子家で、大内盛房の三男盛保（上出、治承二年）が都濃郡鷲頭庄（現在の山口県下松市）にあって、これに因み鷲頭と称したが、盛保の嫡男親盛の死後は男子後継者が無く、親盛の娘・禅恵尼が養子として宗家弘家の子の長弘を迎え、後継者とした。

その後、大内弘世は長門国守護の厚東氏と戦い、正平十三年（一三五八）には厚東氏の拠点霜降城を攻略してこれを九州に逐ったことで、大内氏の勢力は周防と長門の二か国に拡大した。大内氏館（山口県山口市大殿大路）は、正平十五年（一三六〇）頃、弘世がそれまで館があった大内御堀（山口市東南部の大内御堀）から北方へ移って、中枢部としての館を定め、ここに大内氏繁栄の基礎が築かれたとされる。正平十八年（一三六三）には大内氏は北朝の室町幕府に帰服した。

その子の大内義弘は、九州探題今川貞世（了俊）の九州制圧に従軍し、明徳二年（一三九一）には山名氏の反乱である明徳の乱でも将軍義満を助けて活躍した結果、和泉・紀伊・周防・長門・豊前・石見の合計六か国を領する大守護大名となり、李氏朝鮮とも独自の貿易を行うなどして大内氏の最盛期を築き上げた。しかしほどなく、鎌倉公方の足利満兼と共謀して、応永六年（一三九九）に義弘が泉州堺で挙兵するも敗死して（「応永の乱」という）、いったんは衰えたものの、その弟の六郎盛見のときに大内氏は勢力を回復した。この盛見の頃から姓氏を当主や有力家臣は多々良朝臣と名乗っており、勘合貿易印でも大内義長は「多々良朝臣」と名乗ったが、実際に朝廷から朝臣姓を賜与されたものかは史料に確認できない（義弘以降、従四位に昇る当主が多いことで、朝臣賜姓があったか）。

これ以降、滅亡までの全盛期あたりの大内氏の歴史はよく知られており、室町期には兄弟・一族間の家督相続争いが頻繁に起き、これらに絡む系譜や親族関係には興味深いものがあるものの、ここでは省略して、祖系のほうをたどってみる。

琳聖太子の渡来伝承の当否

一般に通行する大内氏の祖先伝承で、まずあげられるのが琳聖太子である。第二五代とされる義弘がはじめて朝鮮との通商を持ち、応永六年（一三九九）に李氏朝鮮に使者を送って、世系が百済始祖温祚王高氏の後裔だとして、「高義弘」と称し書き送っている。これが、『朝鮮王朝実録』という朝鮮側史料に見える。朝鮮王が具体的な根拠をもって史実と認識したわけがないが、とりあえずは政治判断でこれを受け入れている。その五年後に義弘の弟・盛見は氏寺興隆寺が先祖の琳聖太子により推古朝に開創されたと述べる（応永十一年の年紀が見える「氷上山興隆寺本堂供養日記」）。山口県内には琳聖太子伝説が濃密であるが、その史料初見は盛見によって挙行された応永十一年の本堂供養とされている（須田牧子氏『中世日朝関係と大内氏』）。

この琳聖太子なる者が実在したか、実際に百済の聖明王の子であったか、その活動時期はいつだったのかという問題がある。大内氏が明や李氏朝鮮などとの対外貿易を盛んに行うようになると、その関係で作られた虚構ではないかという見方も多くある。松岡久人氏（広島大学名誉教授）は、大内義弘や政弘などの行動等から、「大内氏を琳聖太子の子孫とする先祖譚は、中世後期大内氏の発展に伴って作り上げられた部分が少なくない、という推測に導かれる」とする（『大内氏の研究』など）。

須田牧子氏も、百済王子の琳聖太子を先祖とする「先祖伝承は中世大内氏の発展に伴って唱えられだしたものであり、義弘から政弘に至る五代約一〇〇年の間に素朴・曖昧な段階から具体的かつ確定的なものへ展開したのだとされてきた」と記される（『中世日朝関係と大内氏』）。

しかし、祖先伝承や系譜は、そもそも観念的に簡単に作れるものではない。現実に古代に多々良公という姓氏があって、平安中期の玖珂郡玖珂郷戸籍に多多良公秋男の存在が知られ、平安後期から多々良氏が周防在庁官人で見えるので、まったくの創造と決めつけるよりは、奇妙な個所はなんらかの伝承転訛とみたほうが自然である（松岡氏は『国史大辞典』、平凡社版『日本史大辞典』や『日本の名族九　中国編』などにも大内氏の記事を多く執筆しており、この関係の学説に関して影響力が大きいが、だからといって、その見方に全面的に依拠してよいわけでもない。須田牧子氏も、佐伯有清氏・森茂暁氏など先学の見方の受け売りにすぎず、論拠がない）。

古代の史料には、琳聖太子の名は見えず、聖明王の子では勿論、百済王家の一族としても知られないうえに、当初から周防の多々良浜にやってくること自体にも大きな不審がある。こうした問題点は大内氏の先祖伝承には確かにあるが、だからといって当該祖先伝承を簡単に切り捨ててよいものではない。そのことを、奈良期・平安期の史料が具体的に示している。

玖珂郡玖珂郷の戸籍断簡と周防国府跡出土木簡

奈良時代後期の史料では、平城京跡出土の木簡に「多々良息人、多々良起人、多々良大成」の名が見えており、『播磨国風土記』飾磨郡少川里条には欽明朝に「田又利公鼻留（たたらひる）」が居住して、その後裔が私部弓束だという記事も見える。播磨の鼻留は年代的に見て、琳聖の近親だったか。平安時代初期の『姓氏録』にも山城諸蕃に多々良公が任那系にあげられて、「御間名国主爾利久牟王より出て、欽明朝に投化して金属製の多々利及び金於居（ともに糸を繰るための道具）を献じたので、天皇はこれを誉め多々良公姓を賜う」と記される。

この「爾利久牟」なる者は、韓地南部の任那（伽耶）、首露王を初代とする金官国の王第八代鉗知王の兄弟であると系図に見えるから、「爾利」が名として知られる。語尾の「久牟（クム）」は姓氏の金のことであり、当時の韓地の人名では、名前と氏が今の表記と異なり、逆の形で倒置していた。

鉗知王の子孫は、後に**金海金氏**として知られる朝鮮半島の著族である。西暦五三二年（百済では聖明王の治世時期）に金官伽耶が、第十代仇衡王の時に新羅によって滅ぼされると、金官王家嫡系は新羅に従属して、その国での大族として長く存続した。

仇衡王の曾孫には、金庾信や文明夫人（宝姫。太宗武烈王金春秋の妃）の兄妹などを出した。古代の朝鮮半島では、滅んだ国の王族の一部が逃れて日本列島にやってくるのは、百済や高句麗の例もあり、割合自然である。その渡来者集団の一つの長が「琳聖」だとしたら、名前が古代の史料に残らなくても十分ありうる。系図では、琳聖は爾利久牟の子におかれるが（この場合は、仇衡王の従兄弟とされる）、一に仇衡王の子とされる（鈴木真年筆『朝鮮歴代系図』）。佐伯有清氏は『新撰姓氏録の研究』（考証編第五の山城諸蕃・多々良公条）で、大内氏の先祖伝承を否定するが、当該記事は不完全な立証であり、琳聖の実在性否認にはなっていない。

多々良氏の祖先は、最初から周防に落ち着いたのではなく、山城や播磨にも同族が見られるから、まず畿内の山城あたりに到来し、その後に周防方面に地方展開したとされよう。

周防国佐波郡の多々良も、日本での始祖が到着した地ではなく、別の意味も考えられる。佐伯有清氏も、タタラの氏の名を献上物の多々利ではなく、出身地たる韓地の多多羅（慶尚南道多大浦）に因むとみる（『新撰姓氏録の研究』。太田亮博士なども同旨）。タタラは蹈鞴、すなわち鉄製錬に使われる装置として鉄鍛冶に関係するという見方もあるが、周防の多々良はこれには該当しない。

琳聖の後、五、六代を経て多々良正恒に至るといい、それ以下は、その子の「藤根―宗範―茂村―保盛―弘真」と続いて、弘真の子が先に述べた平安後・末期頃の貞成であり、その子「盛房―弘盛」の系につながる。琳聖と多々良正恒との中間の世代では、これは代数が少なすぎるし、『系図纂要』では、「琳龍太子―阿部太子―世農太子―阿津太子」という歴代四名の名前を記すものの、これらはいかにも不自然な命名であって、後世の造りごとにすぎないし、そもそも歴代の数も少なすぎる。

大内一族の事績や系図については、古くは明治期の近藤清石や戦後の御薗生翁甫の研究（御薗生氏の「新撰大内氏系図」は、『近世防長諸家系図綜覧』に所収）があり、最近でも、松岡久人氏の『大内氏の研究』（二〇一一年刊）、須田牧子氏の『中世日朝関係と大内氏』（同じ二〇一一年刊）の両力作があるが、系図研究に限って言えば、これら先人の研究については、拙見では不満がないでもない。

管見に入ったかぎり、もっとも詳細で信頼性が高いとみられる系図史料が、中田憲信編『諸系譜』第七冊に所収の大内氏と楊井（やない）氏の系図である。楊井氏は平安中期頃と早い時期に分かれた大内支族で、周防国玖珂郡楊井、いまの山口県柳井市の柳井地域に居住した一派である。中世には大内氏に従うようになり、江戸時代は萩藩毛利家に仕えたが、大内一族の祖系を大内本宗とは別途に伝えた。

この初期の多々良氏の系譜については、上記『諸系譜』所載系図では、爾利久牟の子に琳聖をあげ、欽明天皇三年四月に投化したと見えるが、これは西暦五四二年にあたるから、金官伽耶国が新羅に併合された五三二年の十年後になって、倭地に来たことになる。『播磨国風土記』の餝磨郡少川里条には、欽明朝に田々利君鼻留が居住して私部弓束の祖になったと記される。鼻留は年代的に見て琳聖の近親とみられるし、「琳聖」が実名かどうかは不明だが、そうした人物の実在は認めてよいと思われる。

琳聖以下では、その子「麗烏君（大礼冠）―阿奚君―和陀古君―川勝」と系図は続ける。麗烏君の「大礼冠」という冠位は推古朝まで生存したことを示しており、その曾孫の川勝は、記事（君姓が付されず、その官位記事も併せ考える）と世代から推して、七世紀後葉の天武朝頃の人とみられる。川勝の子の広人が山城多々良の祖となり、その弟の広吉が周防国佐波郡の多々良郷長となって移遷したと記される。

この多々良郷長を「広吉―蓑麻呂―牛足」の三代が世襲で務めたが、この活動年代がほぼ八世紀代であろう。牛足の弟の馬養には佐波郡主政、牛足の子の年成・総成兄弟は佐波郡の郡司をつとめ、その子孫は同郡の郡司を世襲していき、総成の孫の当成は従六位下大領となり、その孫が従六位下擬大領の正恒として、大内氏の系図に先祖と見える者につながる。この場合、正恒は琳聖の十二世孫であり（琳聖の後で七世孫という所伝もあるが、これでは世代が少なすぎる）、ここまでの系図には世代や内容等でとくに不審な記事は見えない。

周防の多々良氏では、延喜八年（九〇八）の「周防国玖珂郡玖珂郷」の戸籍断簡（『平安遺文』所収、一九九号）が知られるが、そのなかに戸主正丁物部連有吉の次ぎに正丁**多多良公秋男**（年陸拾陸歳〔六六歳〕、耆老〔六、七十歳代の老人の意〕）の名があげられる。秋男の家族は見えないが、この秋男こそ、楊井氏の祖先となる者である。一方、物部連有吉の後裔もその後に長門で大きく発展して、中世の大族厚東氏となった。系図では、当成の弟に永成をあげて「従六位上玖珂郷長」とし、その子に「従七位下秋男」につなぐが、この親子の官位は他で確認できないものの、それ以外では不審点はない。

最近、防府市桑山にある周防国府跡から二〇〇〇年に出土の木簡に「**達良君猪弖**」という名が記されることが分かった。出土したのは、佐波郡司から周防国司に対し人夫を進上する旨が記された木簡、氏名や続柄・身分など戸籍・計帳に関係すると思われる計帳歴名下書きとみられる木簡などの三点からなるとされ、年代は八世紀代から九世紀初め頃ではないかとみられている。

上記『諸系譜』所収の系図に拠ると、琳聖の七世孫の牛足・馬養の兄弟があげられることを述べた。この兄弟は八世紀後葉くらいの活動が推されるし、多々良氏時代の系譜には動物の名を名前に入れた者がほかに見えないから、猪弖は牛足らの兄弟に当たる者ではなかったろうか。猪弖は猪手とも表記される名であり、大宝二年（七〇二）の筑前国嶋郡川辺里（旧福岡県糸島郡志摩町、現糸島市域）の戸籍に見える肥公猪手は嶋郡大領であったが、ほかにも同名で『書紀』皇極朝に見える土師猪手連が知られ、周防国佐波に来目皇子の殯宮を造り土師娑婆連の祖であった。牛足・馬養・猪手という名が対応するようにも思われる。こう考えると、琳聖も含めて、『諸系譜』所収系図の信頼性も十分考えられる。佐波郡の多良郷は『和名抄』では達良とも書かれる事情もある。

周防国佐波郡に住んだ牟々礼公や、『姓氏録』摂津諸蕃にあげる荒々公（仇衡王の弟、豊貴王の子孫）も多々良公の同族であった。前者は天平十年付の「周防国正税帳」（『大日本古文書』所収）に「五月四日下流人、周防国佐波郡人牟々礼君大町」と見えるが、牟礼郷は佐波郡の郷名に見える。後者の荒々公後裔と伝えるのが摂津人の深江氏である。

楊井氏とその一族

上記の『諸系譜』の記事によると、多多良公秋男の子の玖珂郡司長秋の後が楊井一族となる。楊井氏は柳井市柳井あたりに居住し、一族は玖珂郡の各地に繁衍して、高守（岩国市玖珂町高森）、大山（岩国市大山）、小川、矢野、楊田、川上（岩国市周東町川上で、長秋の弟・長延の後）、入野などの諸氏を分出した。長門人の豊田、中村も一族という。楊井氏では、平安後期の直後以降の歴代が伝えられる。

大内氏との関係では、楊井太郎仲衡が元暦年中に大内弘盛に属して源氏方で軍功があったと伝える。内閣文庫所蔵の「周防国古文書」寛元二年（一二四四）四月には楊井荘の地頭職は楊井太郎が知行したと見えるが、この者は仲衡の孫の太郎左衛門尉久衡にあたるか。

次いで、『東鑑』建長二年（一二五〇）三月条には、京の閑院内裏の再建に関する「閑院殿造営雑掌目録」の中で、西鰭（はた）（外壁・縁側のような物）五丈を、「楊井左近将監跡」（「跡」は後継者一族のこと）が造築したとあり、当時の楊井氏は、京都の御殿工事にかり出されている。楊井左近将監は、久衡の子の季衡とみられる。このときに、大内介も築地三本（押小路面土平門東在垣形一本）の工事を分担したから、この時までに楊井氏も大内氏も御家人になっていた。

その後も、楊井氏は大内氏に従い、楊井三郎武衡が大内弘世に属したが、後に毛利氏に従って江戸時代に毛利藩士として数家が見える。『萩藩閥閲録』や『長陽従臣略系』にも楊井氏はあげられるが、そこでは先祖の所伝を失ってか、藤原姓で関白道隆後裔の菊地一族から出たと見え、高瀬武教の三男が楊井三郎武衡になるとして、それ以降を記している。『柳井市史』に於ける楊井氏の記述では、大内政弘の家臣として、延徳四年（一四九二）五月十三日に楊井助次郎盛友が縫殿允の官名を所望した文書が見えており、先祖代々楊井に居住したとある（『萩藩閥閲録』楊井神兵の項）。楊井氏は武衡の兄、楊井太郎正衡の流れが嫡系のようだが、この系統では郷直が最後の当主で、主君大内氏と運命を共にして弘治二年（一五五六）に滅びた。

加賀の大内氏一族

室町時代になって、応永六年（一三九九）九月十五日の相国寺供養のとき、大内一族の大内修理亮多々良満景及び大内左京亮多々良満長が帯刀のなかにあげられる（関白一条経嗣により著された『相国寺塔供養記』）。満景及び満長は従兄弟関係で、重弘の弟・八郎弘景の曾孫として大内氏の系図に見える。各々の父の詮弘、詮長は、貞治六年（一三六七）三月の「中殿御会記」に将軍行列の「三番左　大内修理亮詮弘、右　大内七郎詮長」と見えており、この頃から在京ないし畿内周辺にあったものか。

足利義尚将軍の近江出征を記す長享元年（一四八七）の『常徳院江州動座着到』には、大内（多々良）のほか、五番に加賀の大内修理亮及び大内左京亮長郷などが見られ、加賀国江沼郡大内館（石川県加賀市山中温泉あたり）に拠るとのことで（『姓氏家系大辞典』や『西谷村誌』）、幕府に直接、詰衆、奉公衆として仕えたことが『御番帳』などに見える。戦国時代にもその後裔が残り、十六世紀中葉に江沼郡の大内竹千代（後に四郎と号）として本願寺の証如上人の日記に現れる。

大内館辺りの鎮守は地主権現社といい、土俗に八幡宮と云う（『江沼志稿』）。大内一族では、後の冷泉氏につながる系統（助四郎・下野守家）も幕府の奉公衆にあり、割合高い官位を受けていた（以上の京・加賀での大内一族の活動について、須田牧子氏も「加賀の大内氏について」〔『山口県地方史研究』第九九号所収〕で取り上げて検討する。本稿と概ね同旨）。

大内氏の初期段階の系譜

大内氏の始祖と伝える正恒の活動年代は、おおむね十世紀後半とみられる。村上天皇のときに大内正恒が下松の高鹿垣に妙見上宮を建て、永観元年（九八三）に多々良宿祢と姓を改めたと伝える（鈴木真年『華族諸家伝』でも、この時の賜姓をいう）。この宿祢への改姓事情が基礎にあって、現在流布する系図では大内氏の初祖とされたのであろう。

正恒から盛房までの系譜は、通行する多くの系図では正恒の子の「藤根―宗範―茂村―保盛―弘真―貞長―貞成―盛房」という直系が伝えられる。しかし、世代数が多少多い感じもあり、これら歴代のなかに傍系相続も若干ありそうである。藤根には大内太郎という号もあったというから、この頃から吉敷郡大内村に住んだものか。とはいえ、途中の先祖の弘真には吉敷郡宮野郷主で宮野太郎、その子の貞長にも宮野郷主という記事も見えるから、この辺が実際には傍系であったようであり、これが実系解明の手がかりとなる。一に弘真の父の名を義村というから、義村が茂村の弟で大内村の近隣の宮野郷（山口市宮野）に分家し、貞長のときに大内宗家の保盛あるいは修長（保盛の甥）の後継となって大内に戻った可能性を考えておきたい。

大内氏の系図（『諸系譜』第七冊所収）には、宗範の弟に宗茂（大内五郎）をあげ、「永承之人、安倍貞任退治の軍列なり」という記事が見えることにも留意される。永承年間（一〇四六～五三）は十世紀半ばであり、周防から遠く奥州まで行って安倍貞任一族討伐合戦（前九年の役）に参陣したという所伝には、不思議な感じがある。しかし、次の二つの事情から、この記事には信憑性があるように思われるようになった。

「康平五年九月衣川合戦」の浮世絵

その第一は、会津には御舘山塁があって館主が多々良伊賀と伝えており、昔義家朝臣東征のときに館をここに築いたと伝える（『新編風土記』）。これは前九年の役に参加したと伝える者が大内一族にあったことに因むものか。室町中期に、葦名氏の重臣松本右馬允通輔は宝徳三年（一四五一）、尾山館主多々良伊賀を襲って落城させたところ、敗れた伊賀が小高木の館に乱入し葦名幼主の盛詮を奪い取る事件がおきた。尾山館は御山館とも書き、会津若松市に所在した城館跡（会津若松市門田町御山）であり、築城年については、古くは康平年間（一〇五八～六五）という所伝もあり、築城者も源義家などといわれて、多々良氏らが居城した。

次ぎに、出典が不明なものの、江戸末期から明治前期に活動した浮世絵師・歌川芳虎の「**康平五年九月衣川合戦**」の図のなかに、宗茂の名が見える。この図には清原武則真人（図の1・物部長頼（同、2）・吉彦秀武（同、3）などとともに描かれており、八幡太郎義家の背後に描かれる武者に「大内介宗茂、佐々木源太夫章経」の名が記される。この両名以外の者の名は皆が『陸奥話記』のなかにあげられるが、芳虎がどのような出典に基づき、両名の名を書き込んだかは不明である。康平五年（一〇六二）当時は大内の苗字を名乗ったかどうかも不明であるが、「宗茂」なる者は上記のように大内氏の系図のなかに宗範（系図では盛房の六代祖先）の弟として確かに見える（系図には宗茂の子に二郎宗成という者も見えており、衣川合戦の参加者は年代的にこの宗成のほうが妥当なのかもしれないが）。

もう一人の登場人物、佐々木源太夫章経も、近江佐々木氏の初代という成頼の子（源平争乱期の秀義の三代祖先で、生没年は一〇二一～八一という）にあって、その活動年代も妥当だから（拙考「近江源氏・佐々木氏の発生」を参照。『姓氏と家系』第十号、平成二五年十二月に所収）、出典不明でもこの両武者が衣川合戦に参陣したことは認めてよいのかもしれない。

大内氏の先祖の事績伝承では、「天長四年（八二七）」に（年代は疑問も後述）、茂村が氷上山に妙見尊星祠を建てたと見えるが、この「氷上山」とは山口市大内御堀にある大内氏の氏寺、周防第一の天台宗寺院、興隆寺の山号でもある。これらの伝承が正しければ、茂村の祖父で大内太郎と系図に見える藤根の時代には一族が大内村にあったと知られる。宗茂は藤根の子と系図に伝えるから、宗茂の当時で大内という苗字をもっても不思議ではない。

大内氏の妙見信仰

大内氏歴代の妙見信仰は著名だから、上記茂村の事績に関連して、ここで触れておく。

この妙見信仰は、氏神としての山口市氷上山の北辰妙見社に代表されるが、下松妙見社（県社の降松神社。下松市吉原）、妙見宮鷲頭寺からの勧請とされる。所伝では、敏達七年（五七八。推古三年説もある）に都濃郡鷲頭庄青柳浦の松樹に大星が降臨し七昼夜輝き、「吾が霊をこの地に鎮祭せよ」との託宣があったので、北辰尊星妙見大菩薩として創祀したという。この降星伝説（北辰降臨説話）は、文明年間の『大内多々良氏譜牒』や『妙見縁起』『鷲頭山旧記』など、大内氏関係の書物にも記述される。古く青柳浦にあった妙見社は宮ノ州へ、ついで和銅二年（七〇九）には下松の高鹿垣（茶臼山）に奉遷し、さらに康保元年（九六四）に現在の鷲頭山に遷座した。これを茂村が山口に勧請したものであった。大内氏当主の政弘や義興、義隆という歴代の幼名の「亀童丸」も妙見信仰がらみの命名といわれる。防府のJR三田尻駅近隣の車塚古墳（横穴をもつ後期古墳で前方後円墳）は、琳聖太子が乗ってきた車を埋めたという伝説をもち、これは年代的にも信頼できないものではあるが、その傍には多々良宮という妙見社が祀られた。

九州では、妙見神が五十猛神（素盞嗚神、八幡大神）や白木神（とくに熊本県域）と重なる神社があるとされる。山口総鎮守は**今八幡宮**（山口市八幡馬場）とされ、文明三年（一四七一）に大内政弘がそう定めて市内の朝倉八幡宮を遷して合祀した。大内氏の山口入府以前から存し、創建年代は不明も、鎌倉期の弘安

山口の総鎮守、今八幡宮（山口市）

年間、「今八幡殿」という女性が大内弘成の娘に見える。その後の文亀三年（一五〇三）には、大内義興が社殿を造替した。明との交易で得た巨富を象徴する建物で、国の重要文化財に指定される。同社に対し、大内義隆は巨大な鰐口を寄進した。

播磨国志方の大内氏一族

妙見信仰がらみで、播磨国印南郡志方（現・加古川市志方町）に大内一族らしき人物があらわれる。西志方横大路の大内家の系図によると、志方大内家の始祖が**大内茂信**で、当地には承和九年（八四二）に来て、但馬国の妙見山（養父市八鹿町石原）から妙見大明神を宮谷（西飯坂）に勧請したのが志方八幡神社元宮で、創祀は天永二年（一一一一）というから、大内茂信の到来はこちらの年代のほうが妥当とみられ、そうすると、年代的に考えて、宗茂の子か孫くらいにあたる者か。横大路には古くから大内氏があり、周防から来住で、初め大内村といったと伝える（『兵庫県の地名Ⅱ』。志方の加古川対岸の加古郡には、加古川市野口町古大内の地名もある）。これら宗茂及び茂信絡みの話は共に典拠がやや弱いが、示唆深い。

妙見信仰絡みで浮上した志方の大内氏については、昭和四四年（一九六九）に刊行の『志方町誌』に当該大内氏の系図や一族の記事があることが分かった。志方大内氏の存在により、平安後期頃からの大内氏歴代の系譜やその当時から妙見信仰をもっていたことも傍証されるが、この辺は概略のみを記す。

志方大内家の祖・大内茂信は、周防大内の正恒の孫で、藤根の三男に当たるが、「天長四年（八二七。上記で茂村が妙見尊星祠を建てたと一伝にいう時期に留意）」に十歳で母の喪にあい、亡母の冥福を祈るため諸国遍歴を重ねるうち、但馬国気多郡の妙見山に参籠したときの神夢で、冥福を祈る有縁の地は播磨の鹿田荘（志方町一帯）と知らされ、ここを子孫永住の地と定めて大内村と称した。これが横大路村の前身である。この地の守護神として上記の但馬から妙見大明神を勧請し、宮谷の地に祭祀したが、これが志方八幡宮の前身である。茂信は、延喜十五年（九一五）に享年九十八歳で卒した、と伝えられる。

ここでは主に鎌倉期・南北朝期ごろまでの期間を取り上げて、各地の大内氏一族の動向を見た。一般に初期に分かれた支族のほうに古来の系譜は伝えられることもあり、室町期の大内宗家に先祖琳聖太子以来の系図が明確に伝えられなくとも、本件でも支族にそれが残った。大内氏は、百済王族の末裔ではなく、韓地からの渡来系では同じでも、金官伽耶国王族の末裔であったが、琳聖末裔という点では変わりがない。

妙見信仰のほうは、伽耶の金氏と同族ともいう新羅・月城の金氏王家にある月星祭祀に通じる。新羅の王は日神と月神とを礼拝する、と『隋書』新羅伝に記事がある。これは、百済には見られないようだから、その意味でも、大内氏が百済王族の流れという系譜は否定される。

河内の秦氏一族の居住した茨田郡幡多郷にあたる寝屋川市太秦桜ヶ丘に式内の細屋神社があり、その東北近隣の交野郡の茨田三宅がおかれた交野市倉治に機物（はたもの）神社（七夕に関する伝説で知られる。細屋から六キロ余。交野忌寸の祖・漢人庄員と関係があるともいう）があって、両社ともに**星辰信仰**が見られる。前者の祭神は不明であるが、西島家文書など古い記録に「天神」、「星天宮」や「星屋」と記される事情があって、天や星（星辰）を祀る神社とみられている。この東方近隣には、七曜の星（北斗七星）が降って来たといわれる星田の地名（交野市域。機物神社の南方）もあり、そこに妙見山もある。星田妙見宮の神体の大岩は、古くから「織女石（おりめいし）」と呼ばれた。秦氏は辰韓（秦韓）王族の流れという系譜をもつから、辰韓関係氏族にこの種の信仰が見られるようである。朝鮮族譜などに拠ると、辰韓王族の後裔の一派は蘇氏・金氏を名乗って、金官伽耶王家（金海金氏）や新羅の金氏王家（慶州金氏）となっており、伽耶、新羅、秦韓との濃い関係や一連の流れは認められる。

大内氏初期段階の人名も、楊井氏の系譜や志方大内氏のほうの伝承により傍証されるとしてよい。これらを含め、大内氏の検討にあたっては、本拠の周防・長門だけを見ても、おおいに活動した中世だけを見ても、検討範囲としては不十分であると痛感する。

なお、大内氏の一族・同族の末裔からは、萩藩毛利氏など毛利一門の大名家の家臣に見えるものの、幕藩大名家も殆ど出さず、従って、明治の華族に列した家も殆ど出ていない。ここで「殆ど」と言ったのは、常陸牛久藩主山口氏が尾張に分岐した支流という系譜をもつからであるが、これも実際の系譜が多々良姓大内氏の支流なのかは疑問がある（大内教幸の子という任世が僧となり、尾州愛智郡星崎庄に来て還俗し、山口と名乗ると伝えるが、この裏付けがない）。天日矛後裔の児島高徳の後という系譜を称した三河田原藩主三宅氏も、三宅姓には系統が幾つかあり、実際には三河古族の衣君支族の流れかと推される。

まとめ──百済王族諸氏についての総括

ここまで韓地系の諸氏を古代から中世まで大きな流れで見てきて、関連氏族の範囲が広いのと居住地が畿外にもかなりあり、中央で活動した者も多くないので、一概にまとめることは困難ではあるが、百済系諸氏を中心にごく簡単に一応のまとめをしておく。

百済系の諸氏族は、百済王家と百済の支配者階層の後裔であり、総じて言うと、主に大化後の百済滅亡のとき倭地に渡来してきたものだから、奈良時代の文化・技術や宗教など多様な面で影響を及ぼしたのは確かではある。政治的には、中央政界で大きな役割を果たしたとは言いがたい。それが一時期だがあったのは、桓武天皇の生母の実家、和史氏が百済王族末裔を称したことでその本宗の位置づけとされた事情が百済王氏の政治的地位に影響し、それとともに、百済王明信など後宮関係者の重要な役割などがあって、中世まで続く百済王氏の「氏爵」対象という特殊な地位につながった。

なお、中国本土から韓地（百済・新羅・伽耶）を経て渡来してきた秦氏、東漢氏、西文氏等は、主に応神朝から五世紀代前半に来たから、先に来た中国系のほうは倭地に影響力を広く様々に及ぼした事情がある。その殆どが、なかでも百済・伽耶あたりを経由しており、これは、中国系渡来氏族として拙著『秦氏・漢氏』のほうで、既に見たところである。

朝鮮半島の三韓のなかで、百済は倭（日本）と最も親密であり、こうした国際関係を反映して百済からはその王家・有力臣下等相当高い地位のある支配者階層から文化や各種技能者まで、長い期間のうちに倭地に投化してきた人々は多数にのぼった。更には、西暦六六〇年の百済滅亡時に多くの百済遺民が日本列島に渡来、流入してきた。

百済王家扶余氏（また余氏）は扶余王家・高句麗王家の支流と伝え、漢江下流域に興った馬韓の伯済国を基盤に起こり、馬韓地域を統合してからは、高句麗や新羅と朝鮮半島での覇を争い、日本と政治的・軍事的に協力関係にあった時期が長く、様々な交流が生じた。これらの諸事情が基礎にあって、平安前期の畿内には先祖が韓地にあったと伝える諸氏が多くおり、『姓氏録』の所載合計で一一八二氏のうち未定雑姓の諸氏まで含めると、畿内の有力氏族の三割弱ものウエイトを占める。この関係をいろいろな方面から検討したのが本書であるが、どこまで目的が達成されたかは読者のご判断にお任せする。

百済王氏は、本朝に渡来した百済王族のなかで最も王統に近かった者の後裔であり、河内国交野郡に本拠をおき、平安朝初期前後には後宮の宮人や有力官人を多く出した。それも、九世紀中葉頃から次第に活動を低下させていった。それでも特異な氏爵で叙位者を出せる氏として、交野禁野司の一族が細々と南北朝頃まで史料に活動が見える。

この系統に伝えられる「百済王氏三松家系図」の史料価値について、長い歴史期間をカバーするから、一概の評価は難しい面もあるが、百済王姓を賜った禅広から平安前期頃までの系譜は、それなりに重要性を評価されてしかるべきものと考えられる。それ以降の中世までの同系図の検討に際しては、氏爵などの関連史料にも十分、留意される。

その他韓地系諸氏について総括

高麗氏関係者の流れでは、高句麗の滅亡により渡来してきた諸氏がかなり多い。なかに高麗王及び肖奈王の姓を賜った者がいたが、その王族出自は認められても、具体的な出自・系譜は明確ではない。しかも、高麗氏関係の一族は、総じて配置された東国で展開したこともあって、高倉朝臣福信を除き、中央における政治的な影響力があまりなかった。とはいえ、畿内の山城南部の相楽・綴喜両郡あたりに居た狛氏関係者は多いし、一族が渤海国相手の外交面で果たした役割や、雅楽などの文化活動も考慮される。

高麗氏関係について個別に活動が検討すると、史料に現れるところでも興味深いものがあり、新羅系や伽耶系の諸氏でも、この辺は同様である。地方在住者が周防の大内氏一族を除くと国衙機構に入り込めなかった事情が、中世での動向を左右したとも言えよう。

天皇家との系譜関係で言えば、伽耶系の諸氏が倭地に渡来した後はあまり目立った活動ができなかったのは、やや解せない感がないでもない。

百済や高句麗、伽耶諸国は、朝鮮半島ではいずれも六、七世紀に滅びたものの、その後裔たちが移遷先・連行先で果たした役割もかなり大きかった。倭地のみならず唐本国での活動から見ても、重要である。百済系及び高句麗系の流れには、太陽祭祀や牛頭天王の祭祀が顕著に見られることにも留意される。各地に根付いた韓地系諸氏の後裔たちの関係で、もっと何らかの新史料発掘ができないか、と願う次第でもある。

おわりに

韓地系諸氏の歴史・事績やその大元の朝鮮半島の長い歴史の流れを考える時に、最も重要だと感じるのは、その上古年代についての的確な把握である。この地域に総じて史料が少ないことから、成立の遅い『三国史記』の記事にどうしても頼りがちだが、これには、後世の成立書という基本点に加え、紀年記載上における暦法の解釈・把握には大きな問題がある。これまでの日・韓・中それぞれの歴史学研究者の殆どは、こうした問題意識がなぜか弱く、その結果として具体的な紀年把握に誤りがあり、古代朝鮮半島の史実把握にあたり大きな悪影響を及ぼしてきた。これは、いくら強調してもし過ぎない。日本の研究者では、『記・紀』の年代遡上を多くが言うにかかわらず、なぜか『三国史記』の紀年はそのまま受け入れがちである。各種史料の比較で言うと、中国関係を含め各種の史書・資料などをもっと活用し、生物学的な具体的活動を踏まえて、総合的に検討したほうがよい。

そして、戦後の津田史学の悪弊をうけて、すぐ造作論的な思考で検討を進め、史料切捨てや人物実在性の否定に走るという傾向が強い。これは、科学的な歴史観では決してないし、こうした姿勢を改めないかぎり、韓地・倭地ともどもの歴史の原像・実態に迫り得ないと思われる。要は、限定寿命をもつ生き物としての「人間」について、具体的なライフ・サイズの的確な把握をしていないことが多いということである。

渡来系の百済氏や高麗氏についての著述には、中国からの渡来系の秦氏・漢氏以上に古代資料が総じて乏しい事情から、当初には、論考記事に新味があまり出せないのではないか（書く意義に乏しいおそれ）という懸念もあった。最近では、韓国で木簡の出土も報じられるが、質量ともにまだ乏しいことは否めない。それでも、日本列島や世界の各地で考古学など各種研究も進み、これらを併せ考え、いろいろ手探りで研究・検討を重ねてみた。その結果、様々な面で従来からの韓地系諸氏への理解や研究に関し、疑問の数々やアプローチの方法を次第に感じ出し、従来とは若干違った結論へもいくつか導かれた。要は、戦後古代史学の主流をなしてきた津田史学流の記紀否定的な考え方とそれに通じるものが、百済・高句麗など朝鮮半島の上古史やこれら朝鮮系の氏族の研究に関しても大きな影を落としており、それが研究内容として疑問な結果にでているとの認識である。

この辺をきちんと書きたいという気持が次第に強くなった。安易な史料切り捨て論が横行する傾向が津田史学の流れの研究者にはあり、同種の思考や丸呑み論が朝鮮半島の歴史関係の議論に多く見られて、これが「科学的合理的な研究」なのかと愕然とする。

この種の史学の思考法をもつ方々には、狭窄な視野での造作論、安易な史料切捨論、擬制血族論が総じて見られる。そして、これらの基礎に立っての様々な想像論の展開には、具体的な資料に基づく立証が殆どない。科学的思考が進んだはずの戦後でも、現実を無視した空虚な立論が歴史学界に多いことにも通じる。朝鮮半島との様々な交流・往来のなかで、それらを評価するのは当然として、とくに日朝の人物比定に関し多くの妄想やこじつけも目にして、十分な注意を要することを改めて実感もした。

個人的な感慨も併せて言えば、若い頃に巡り合わせで北京の日本国大使館で勤務し、壮年になって富山県で勤務のおりは、中沖知事提唱の環日本海諸国との文化・スポーツなど各種の交流・親善などつとめた経験があって、関係知識や視野・発想を広げてくれたと思われ、これらをこの地域に関する歴史研究にも活かせたらという気持ちもあった。

渡来系（帰化人）の氏族についても、渡来時期や故地、出身氏族などの事情に応じて、様々な色彩があり、具体的な史料・資料に基づいた冷静で合理的総合的な検討が、是非とも必要である（韓地の誰かが倭地に行って著名人物になるなどという妄想が、遺憾なことに多く見られすぎる）。だから、中心人物だけに焦点を当てずに、一族・随従の関係者や活動舞台について広く総合的に見る必要もある。こうした視野で考えて行けば、百済氏でも高麗氏でも、中世の大内氏でも、日本古来の古氏族同様に偽造系図など偽文書が数多くあることが分る。そうした問題史料に基づく論証展開については、十分な注意を要するから、まず適切な史料吟味が必要である。

これら諸検討のなかで、渡来系氏族といえども、日本及び東アジア地域における習俗・祭祀や系譜所伝、考古学知見という面の検討が重要なことを改めて実感し、できるかぎり丁寧に具体的に探索して、その辺を本書に書き込んできた。それでも、百済も高句麗も朝鮮半島で早い時代に滅びた国であり、その王族・重臣の後裔たちも中世の日本では殆どが衰滅し痕跡を消してしまうから、現在に残る史料は乏しい。それでも、唐に連行された人々や高句麗に逃れた人々、新羅に残った人々に比べ、日本列島では後世まで子孫を残し、まだ多少は多めの資料・痕跡を残してくれた。滅亡のどさくさで渡来した事情からそうした制約があって、総じてこの時期の渡来者には期待できがたいのだが。

ここまで百済氏・高麗氏を中心に韓地渡来系の諸氏や、関連して朝鮮半島を含む東アジアの古代史の大きな流れを検討し総覧してきて、古代の日本を造ってきた大きな力や、現代の日本人にまでつながる多数の人々の多種多様な交流を如実に感じる。金達寿氏も言うように、「日本の古代史というのは朝鮮との関係史であるということ、この関係を抜きにしては、その研究を正確にはできないということ」(『古代日朝関係史入門』)である。だからといって、なんでも朝鮮からの影響だとみるとか、朝鮮主体という視点で考えてよいわけでもない。様々な情緒的思考に陥らずに、『三国史記』や『日本書紀』の紀年記事や、考古遺物・遺跡年代の的確で合理的な把握が是非とも必要だと改めて痛感する。

そして、造作論・潤色論や反映論・モデル論といった津田博士亜流に見られがちな非合理的な論理を排して、具体的な根拠・資料から冷静かつ堅実に総合的に歴史像を積み上げていく議論展開が望まれる。

最後に、日本のみならず、中国・朝鮮半島の多くの研究者や様々な資料・情報の提示(ネット掲示も含め)に対しても、改めて深く感謝いたしたい。平安中期以降の百済氏については、氏爵関係の論考・研究や史料、とくに田島公氏の論考に恩恵をうけることが大きく、深く謝意を表したい。この関係でいろいろな示唆・教示をいただいた三松みよ子様に対しても、同様である。

〔資料編〕

ここでは百済及び高句麗の王家を中心に系図をあげておく。現存の史料がかなり乏しい事情にあるから、著者の推考を含む試論的なものとしてご理解されたい。新羅の王家系図（初期段階の部分）については、本シリーズの『天皇氏族』の巻末に掲載した資料編を参照されたい。

1　第1図　百済王家及びその遠祖の系図（推定試案）

2　第2図　高句麗王家及び高麗氏の系図（推定試案）

3　第3図　百済王氏及び三松氏の系図（推定試案）

4　第4図　百済王家の主要一族の系図（推定試案）

5　朝鮮系（韓地系）渡来氏族の姓氏と苗字

第1図　百済王家及びその遠祖の系図（推定試案）

※一部に推定・試論を含む。長幼の順は不定。

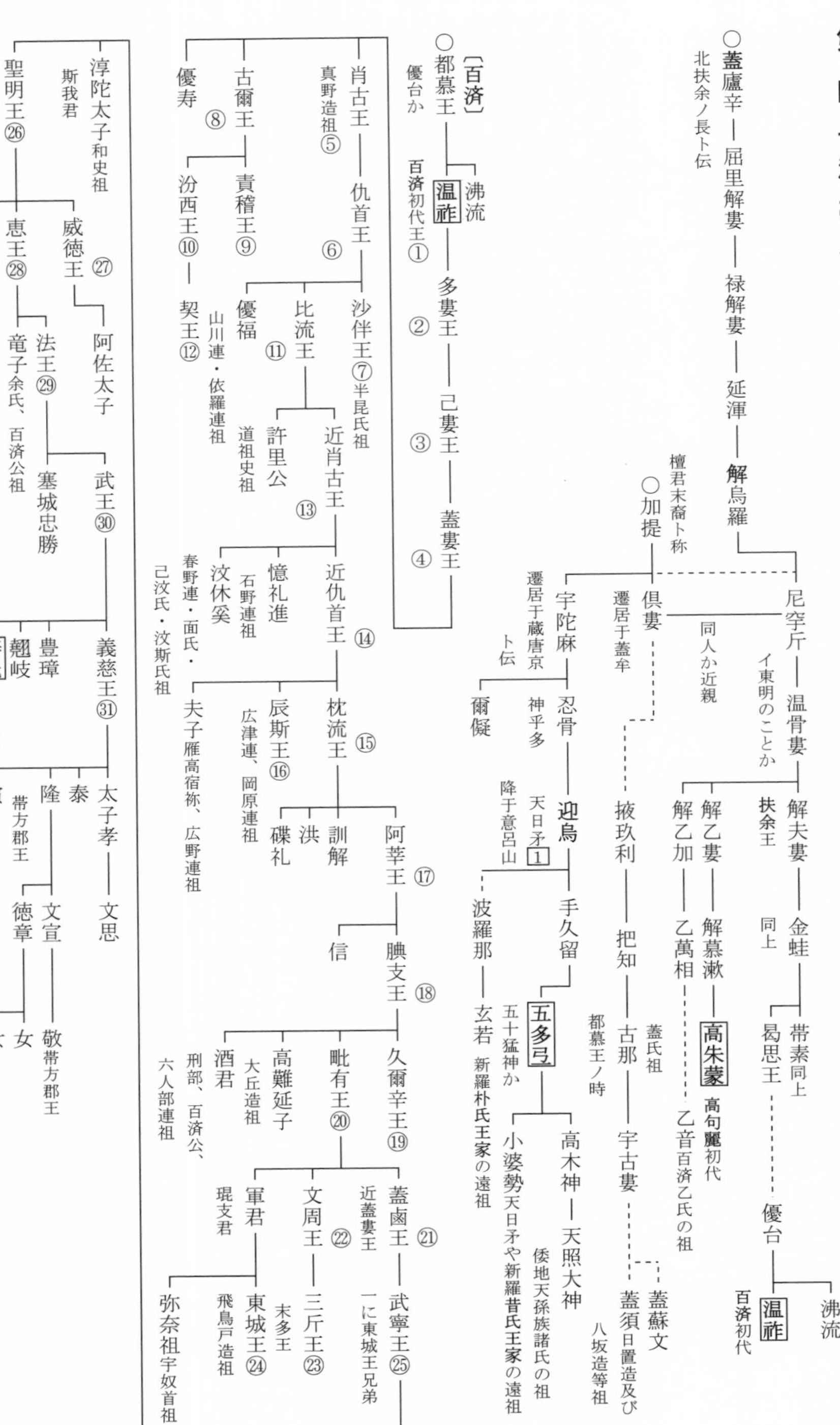

第２図　高句麗王家及び高麗氏の系図（推定試案）

※一部に推定・試論を含む。長幼の順は不定。

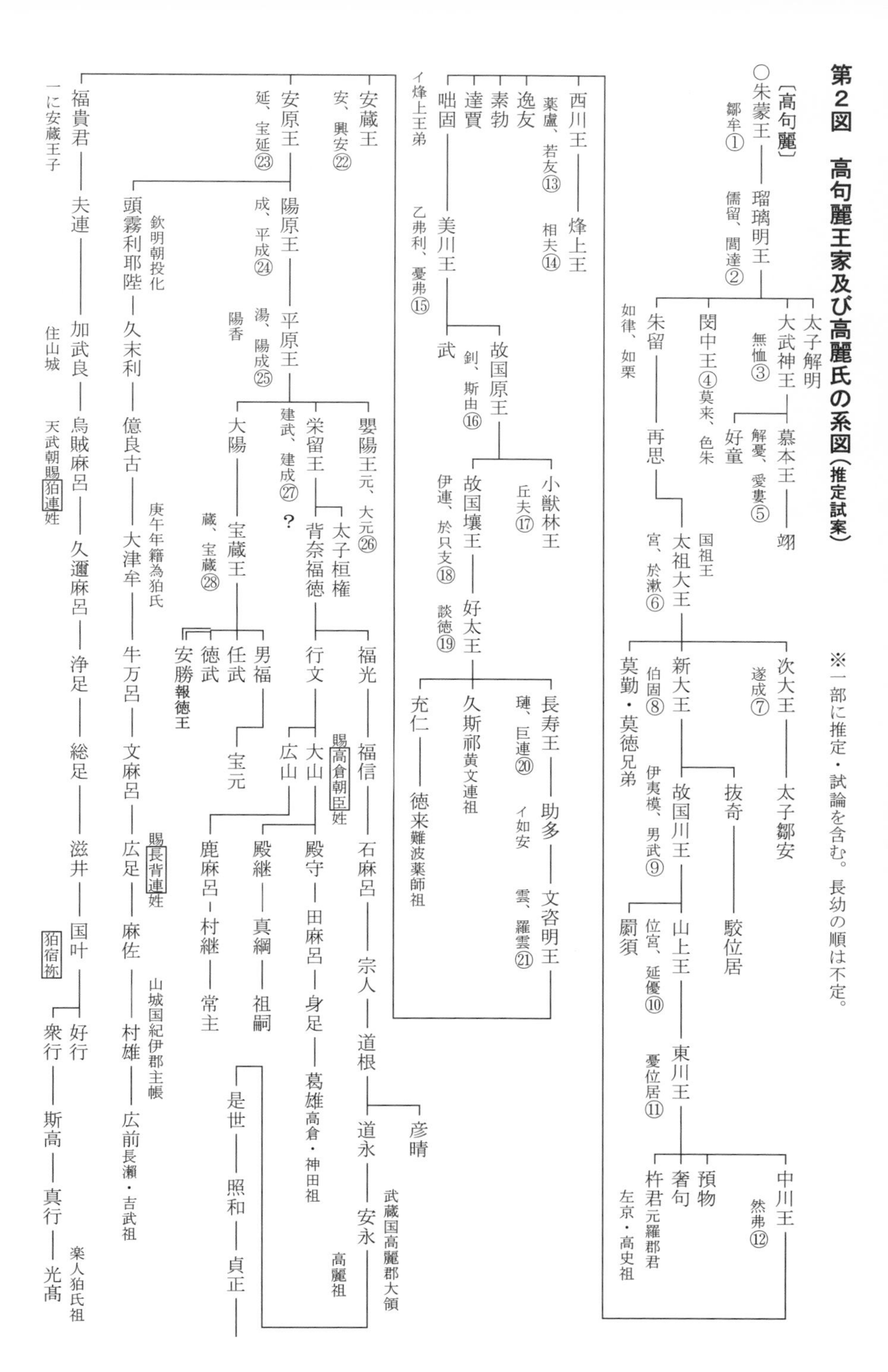

第3図　百済王氏及び三松氏の系図（推定試案）

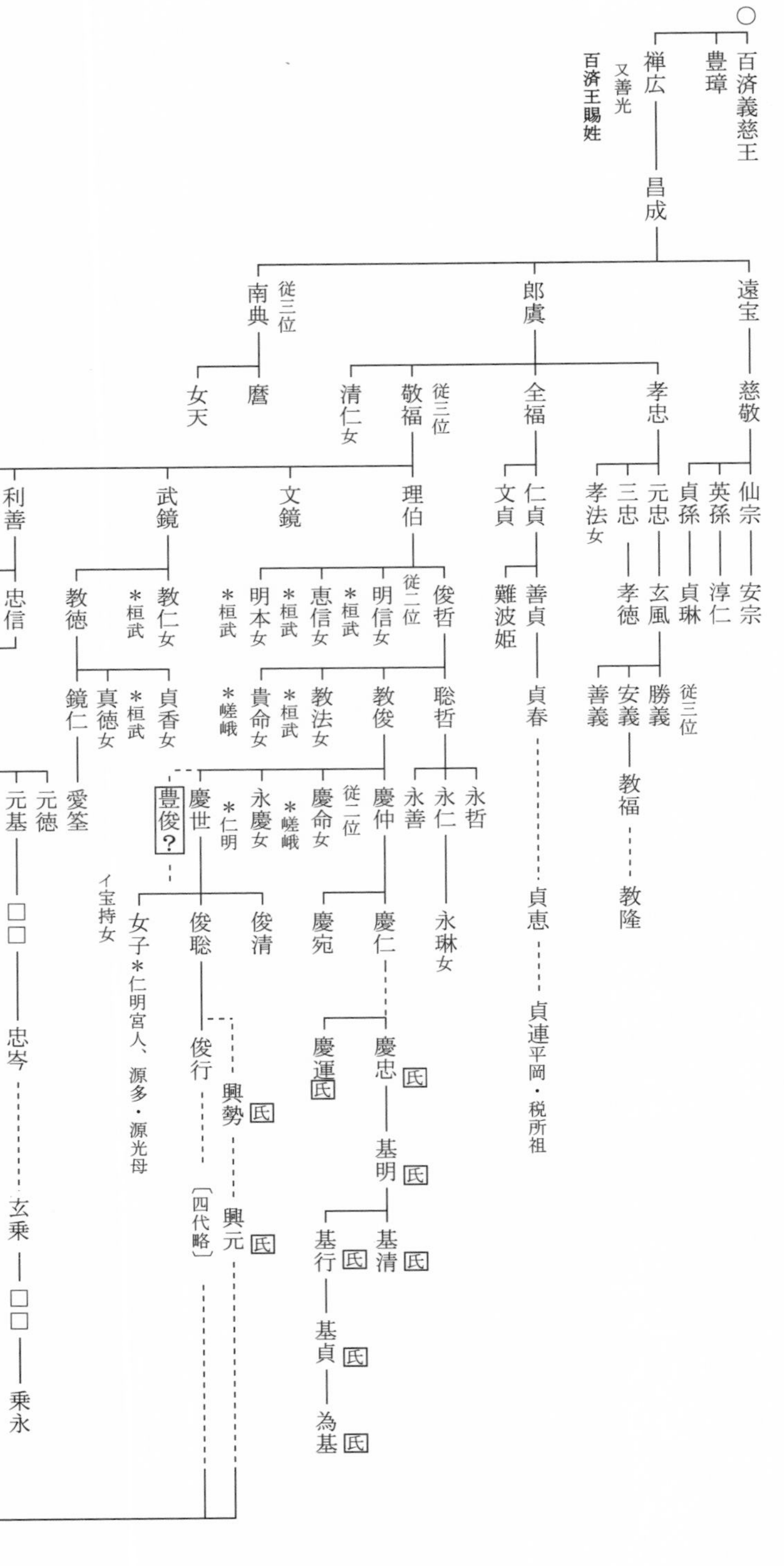

※一部に推定・試論を含む。長幼の順は不定。氏は氏爵にあずかった者。＊（左側）は妃・後宮女官。

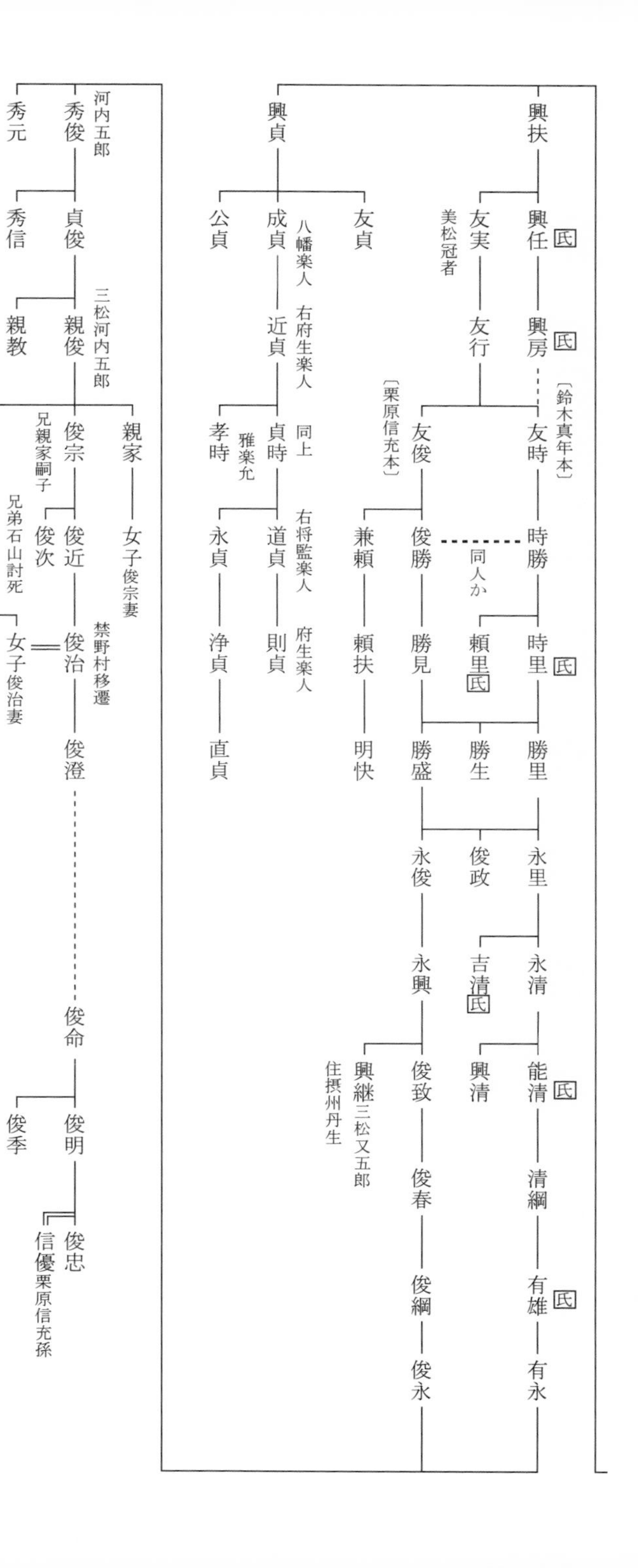

興扶
興任 氏
興房 氏
〔鈴木真年本〕
友時
時勝
同人か
時里 氏
勝里
永里
永清
能清 氏
清綱
有雄 氏
有永
友実
美松冠者
友行
頼里 氏
勝生
俊政
吉清 氏
興清
〔栗原信充本〕
友俊
俊勝
勝見
勝盛
永俊
永興
俊致
俊春
俊綱
俊永
兼頼
頼扶
明快
興継 三松又五郎
住摂州丹生
興貞
友貞
成貞
八幡楽人
近貞
右府生楽人
貞時
同上
道貞
右将監楽人
則貞
府生楽人
孝時
雅楽允
永貞
浄貞
直貞
公貞
秀俊
河内五郎
貞俊
親俊
三松河内五郎
親家
女子 俊宗妻
俊宗
兄親家嗣子
俊近
俊治
禁野村移遷
俊澄
俊命
俊明
俊忠
信優 栗原信充孫
俊季
俊次
兄弟石山討死
女子 俊治妻
親康
康俊
俊茂
俊村
俊幸
俊季
俊雄
秀元
秀信
親教

第4図　百済王家の主要一族の系図（推定試案）

※一部に推定・試論を含む。長幼の順は不定。

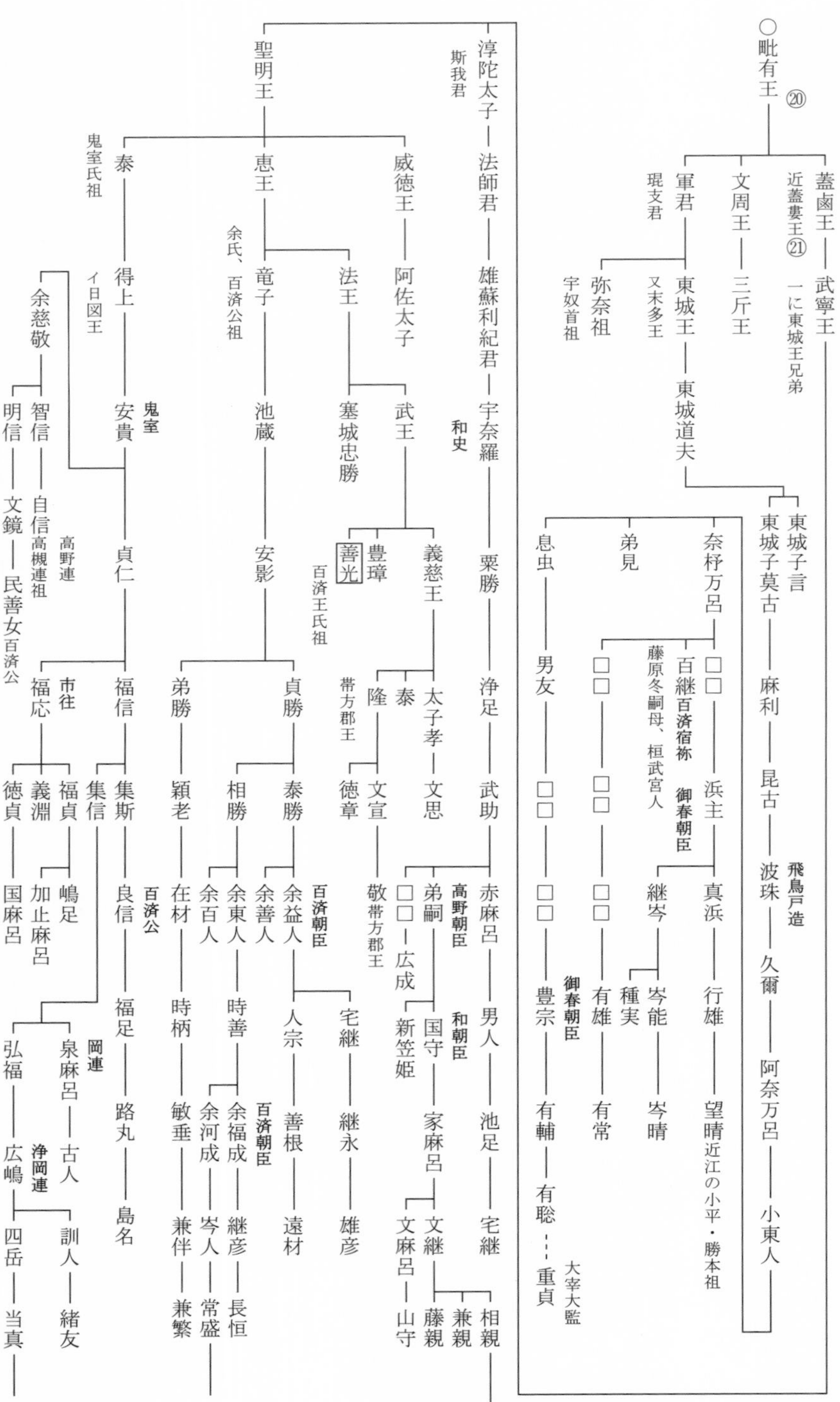

5　朝鮮系（韓地系）渡来氏族の姓氏と苗字

○朝鮮半島には、中国系の箕子朝鮮、衛氏朝鮮のあとでは、各地で韓族の祖先やツングース系種族（これらは、濊貊族が祖系にあるとみられるが、古代当時の種族の定義が極めて難しい）による建国がなされた。各国王系の世代比較などによる私見の推定では、高句麗（初代朱蒙王は西暦一世紀前葉頃に死亡か）、百済（初代都慕王は二世紀中葉頃に活動し、温祚王だと同二世紀後葉頃に活動か）、新羅（初代朴赫居世は二世紀後葉頃に活動か）、金官伽耶（初代首露王は三世紀中葉頃に活動か）の順で、建国の動きが始まった模様である。

建国初期にあっては、百済の前身（伯済）は馬韓の一国、新羅の前身（斯盧）は秦韓の一国にすぎず、各々が地域を統合したのは、西暦二八〇～二九〇年代ないしはそれ以降の時期かと推される。『三国史記』等にみえる百済、新羅、金官伽耶の紀年は、実際以上に相当古く遡上されており（その場合、造作ではなく、二倍年暦等の倍数年暦紀年法での表示も考えられる）、年紀の利用に際しては日本の記紀同様、十分な注意を要する。

○本書で朝鮮系（韓地系）渡来氏族と分類したのは、これら諸王家や朝鮮半島で有力な活動をしたとみられる部族・氏族の後裔である。ただ、中国系渡来氏族との境界は微妙であり、どちらに分類してもよさそうなものなど、判別し難いものがある。

朝鮮半島の王家でも、百済は高句麗ないし夫余と同祖と称して扶余氏（又は余氏）と号し、高句麗は天帝の子の後裔とも称した。新羅や任那（加耶）の王家諸氏の遠祖は系譜不明であるが、所伝の始祖の卵生神話・鍛冶伝承などからみて、高句麗・百済と同流で東夷の濊貊族系（ツングース種）

に出自するとみられるものの、月星祭祀関係では差違がある。

○朝鮮系（韓地系）のなかでは、百済系に次いで高句麗系が倭地に多く、新羅系や伽耶系はかなり少ない。いずれも、国の滅亡に伴い倭地に渡来した事情が多い。

①**百済系氏族**……王統は高句麗とともに夫余王族の流れとされる。本朝との外交関係が親密であったことで、百済系の諸氏が最も多く、百済の王族及び支配階層の後裔である。

②**高句麗系氏族**……高句麗王族の流れは多くはないが、若干見られる。後世、有力な氏をとくに出さないが、宮廷の伶人の家が出たほか、武蔵国高麗郡（後に入間郡の一部）を中心に繁衍した一派があり、同地に高麗神社を奉斎して現在に至る。

③**新羅系氏族**……新羅の三王家の一族及び支配階層の後裔で、総じてツングース系とみられるが、朴氏・金氏の系譜は二世紀後半より先には遡れず、高句麗・百済の王統との関係も不明。三王家のうち、昔氏同族の天日槍系が日本列島で最も繁衍した。

④**伽耶系氏族**……任那（加耶）諸国の王家及び支配階層の後裔であるが、周防に住んだ多々良宿祢姓が中世、大内一族として繁栄した。

⑤**朝鮮半島からのその他渡来系氏族**……新羅のあとは、十世紀前葉の王建による高麗、十四世紀後葉の李世桂による李朝（李氏朝鮮）と続くが、これら関係者の渡来は少ない。

Ⅰ　百済系氏族の姓氏及びそれから発生した主な苗字

(1)百済王家系

●余氏、百済王（録・右京。三松―河内国交野郡山田郷に住、奉仕百済王神社。交野、本多―河内人。平岡―常陸人、越後にも住。税所、健児所〔小仁所〕―常陸人）、伯済宿祢、百済朝臣（録・左京）、百済公（もと鬼室氏。録・左京、右京。なお、肥後の大族で称藤原朝臣姓の菊池氏にもこの系統の血が入るか）、市往公（録・右京）、岡連（録・右京）、浄岡連（清岡連）、清岳公、清岡宿祢、高野造（録・右京。高野―近江人）、高槻連（録・左京）……以上の姓氏の祖は百済国滅亡時に来朝、聖明王後裔氏族。

●和史（倭史。武寧王の子、斯我君が武烈朝来朝。以下同族）、和連（録・大和）、高野朝臣、和朝臣（録・左京）。

●飛鳥戸造（安宿造。録・右京、河内。東城王の子、徳率東城子莫古が欽明朝来朝。以下同族）、百済安宿公（百済飛鳥戸伎美）、百済宿祢、御春宿祢、御春朝臣（小平―住近江国小平庄。勝本―住江州甲賀郡勝本）。安宿戸（安宿部）や安宿首も同族か。

●白猪史（辰斯王の子、知宗王が応神朝来朝と伝える。以下同族であり、本来は王氏というので、百済王家とは別族であろう）、葛井連、葛井宿祢（録・右京。藤井―京官人や備前備中に住も、備中吉備津神官は本来は別族か。大藤―同上族）、蕃良朝臣、船史、船連（録・右京、摂津）、船直、船宿祢、船朝臣、御船連、御船宿祢（御船―備前人）、宮原宿祢（録・右京。宮原―紀伊国在田郡宮原荘に住、信濃国佐久郡、更に越中国射水郡に分る）、津史、津連、津宿祢（録・右京）、中科宿祢（録・右京）、菅野朝臣（録・右京。菅野―京人、播磨周防にも住）、岡原連（録・河内）、広津連（録・右京）。

白猪史の吉備における同族に、三宅（三家）史・三宅連が考えられ、族裔が南北朝期に邑久郡武士団で活躍する児島高徳一族とみられる（新羅系の三宅連の末とするのは疑問）。その子孫に宇喜多（浮田)、坂崎氏、一族に和田、三宅、射越などの諸氏がある。その同族の出で児島高徳の後と称する三河国賀茂郡人の武家華族三宅氏や伊保氏の系譜には疑問が大きい。

●昆解氏(近貴須王の子、夫子の後裔。以下同族)、昆解宿祢、雁高宿祢(鴈高宿祢。録・右京。蔭山―和泉国日根郡人)、雁高朝臣、広野宿祢。中世武家を多く出した三善宿祢もこれらと同族というが、疑問か。

●山川造(仇首王の曽孫、素祢志夜麻美乃君が応神朝投化。以下同族)、山川連(山河連。録・河内。山川―紀伊人。美作鋳物師の百済は、丹南鍛冶山川の末流かとみられる)、依網造、依網連(録・河内)。

●その他王族系とみられるもの

宇奴首(録・大和)、宇努造(録・河内。同上族)、不破連(録・右京)、刑部(録・右京)、百済公(録・和泉)、六人部連(録・和泉)、林連(録・河内。なお、左京も同族か)、億頼氏(憶礼氏)、石野連(録・左京。同上族。石野、有吉―備前人、あるいは磐梨別君同族か)、己汶氏(録・右京)、面氏(録・右京)、春野連(録・右京。面得敬らに賜姓)、汶斯氏(録・右京)、岡屋公(録・山城)、広井造、広井連(録・摂津)、広井宿祢、眞野造(録・右京)、半毘氏(録・右京。万昆氏と同じか)、万昆君、大丘造(録・左京。高難氏に賜姓)、大丘宿祢、百済伎(録・右京)、河内連(録・河内)、古市村主(録・河内)、百済氏(録・左京未定雑姓)、百済造、百済連。己汶史、川内史、真野首も同族か。

道祖史(録・右京。王孫許里公後裔。阿智使主党類の後裔ともいう)、惟道宿祢(同祖)。鯽魚戸直、岐(フナド)連も同族か。

(2)努利使主服務大の後裔……魯公伯禽後裔で姫姓孟孫（仲孫）氏一門の子服景伯後裔の服氏の振が、建興二年（四世紀前葉）、中国から乱を避けて帯方郡、次いで百済に入り、その有力な臣下となった。応神天皇朝廿年に努利使主は阿智使主に随従して本朝に渡来し、山城国筒木に居住し養蚕に従事した。

調首、調連（録・左京）、伊部造（録・山城）、白鳥村主（石和―信濃人）、長峰宿祢（長岑宿祢。岡西―山城人。甲斐国都留郡の長峯は族裔か）、白鳥椋人、桧隈民首、民首（録・右京、山城）、白原連、水海史（水海毘登）、水海連（録・河内）、調曰佐（録・河内）、豊田造。白鳥史も同族か。

(3)その他百済系……なかには、王族系も混ると思われるが（王又は公が名にある者の後裔が王族系か）、判別が困難である。

香山連（録・左京。百済達率荊貞常〔一作、員常〕後裔）、香山宿祢（同上族。香山―京人で番長家にあり、祢源姓）、広田連（録・左京、右京。辛臣君後裔）、賈氏（録・右京）、神前連（録・左京。賈受君に賜姓）、沙田史（録・左京。意保尼王後裔）、小高使主（録・左京。毛甲姓加須流気後裔）、飛鳥部（録・左京）、城篠連（録・右京）、清道造、清道連（録・右京。百済恩率の納比且止の後裔）、和徳史、大縣史（録・右京。同上族）、苑部首（録・右京）、園人首（録・大和。同上族）、答他〔託多〕氏、中野造（録・右京。もと答他氏）、坂田村主（録・右京）、不破勝（録・右京）、漢人（録・右京）。

末使主（録・山城。津留牙使主の後。和泉神別の三上氏族というのも同族か）、木曰佐（録・山城。同上族）、木勝（録・山城未定雑姓。同上族）、縵連（録・大和）、縵造、波多連（録・大和）、薦口造（録・大和。抜田白城君後裔。石見国邇摩郡の菰口は族裔か）、林連（録・左京。木貴公後裔）、林（録・右京。同上族）、大石林（録・右京。同上族）、大石椅立（録・右京）、為奈部首（録・摂津）、牟古首（録・摂津。片禮吉志の後）、三野造（録・摂津）、佐良々連（録・河内）、呉服造（録・河内）、信太首（録・和泉。信太―和泉国和泉郡の聖神社神主）、取石造（録・和泉。取石、新家―和泉国大鳥郡人。信太首と近住し、ともに百済人の後裔と称する系譜を『姓氏録』に記載も、同族で大伽耶族後裔か）、衣縫（録・和泉。神露命の後）。

小川造（百済人の佐魯牛養等に天平宝字五年賜姓）、丘上連（岡上連。百済人の刀利甲斐麻呂等に天平宝字五年賜姓。岡上、岡登―武蔵国都筑郡人）、韓連（録・大和。百済人狛の後という）国中連（もと国氏）、安峯連（安岑連。もと□戸）、安峯宿祢、韓部（備前人）、真道宿祢、清湍連（もと圭氏）、清篠連（もと甘良氏）、若江造（録・右京。陳の張良裔で百済奈率張安力の後裔。方士張福子の族裔か。若江、磯川―紀伊国那賀郡人）、若江宿祢（同上族）、堅祖氏（録・未定雑姓右京。百済人の堅祖為智の後裔）、枌谷造（録・右京諸蕃。堅祖州耳の後裔）、長沼造（もと延爾氏）、水雄造（もと烏那氏）、福地造（もと伊志氏）、清海造（もと斯臈氏）、城上連（もと甲氏）、羽林連（もと角氏）、呉氏（録・未定雑姓右京。百済人の徳率呉伎側後裔）、御立連（同上族）、浄上連（もと壹難氏）、古爾氏（古仁氏。百済の古爾王後裔か、族裔の古仁染思・虫名姉妹が天平時に見える）、玉井氏（もと古爾氏で甲斐人）、田井氏（もと甲斐人の百済要部。田井―甲斐人）、鞠部、大井氏（もと鞠部で甲斐人。大井―甲斐人）、沙宅氏、中井氏（もと解礼氏で甲斐国山梨郡人）。

清田造（百済人の科野支麻呂等に賜姓）、清田宿祢、石橋連（科野石弓に賜姓）、石川造（甲斐住

の百済人の止弥若虫等が延暦十八年賜姓。毛野一族の止美連と同族か。志田―甲斐国巨麻郡人)、広石野(甲斐住の百済人の久信耳鷹長等が延暦十八年賜姓)。羿鹵氏、羹見造(一に美見造と記。美濃国厚見郡人。不破勝の同族か)。

志斐連(靺鞨〔濊貊系ツングース〕の四比部の後裔、百済滅亡時に投化した達率四比福夫の後裔)、椎野連(同上の改姓。椎野―大和国宇智郡人)。解氏(高句麗、百済王族と同祖か)、徳氏(解氏と同じか)、念林氏、布利氏、木素氏、汶旦氏。

二　高句麗系氏族の姓氏及びそれから発生した主な苗字

高句麗系氏族は、高句麗王家及び高句麗支配者階層の後裔である。大和朝廷と高句麗との政治関係は対立状況にあった時期が多いが、それでも王族頭霧利耶陛(づむりやへ)の欽明朝の来朝、大伴狭手彦の朝鮮半島遠征からの帰国時の随伴、西暦六六八年の高句麗滅亡による高句麗遺民の渡来等、数次にわたる高句麗関係者の渡来がみられる。

(1) 高句麗王家系

●高麗王(玄武若光の後)、肖奈氏(肖奈は背奈とも記すか、以下同じ。栄留王の子ともいう背奈福徳が天智元年帰化し相模国に居、後に武蔵国に遷り高麗郡を建つ)、背奈公、背奈王、高麗朝臣(巨萬朝臣。録・左京)、高倉朝臣(肖奈以下同族。高麗―武蔵国入間郡人、高麗神社別当職。新井、吉川、勝、井上、新、高倉、神田―同郡人。町田―同都筑郡人)…以上、高句麗滅亡により渡来してきた本宗的存在。

なお、鎌倉中期の正元元年頃、焼失した系図再編のため参集した人々には、高倉・町田を除く諸氏と高麗井、駒井、丘登、岡登、岡上、本所、和田、大野、加藤、福泉、小谷野、阿部、金子、中山、武藤、芝木がいる。これらの諸氏は姻族を含む同族であろう。

●安蔵王の孫という夫連の後裔……敏達朝に大伴狭手彦に伴われ来朝、山城国に住。
　狛造（録・山城）、大狛造、大狛連（録・河内）、狛宿祢（野田、西、辻、上、東、奥、芝、窪—京・奈良の伶人）、陸奥白河連、陸奥安達連。

●安原王の子、頭霧利耶陛の後裔……王位継承の争いに敗れたことにより、欽明朝投化したものか、子孫は山城国の畝原・奈羅・山村に居住。
　狛氏、長背連（長瀬連。録・右京。長瀬—山城人、後に常陸国茨城郡に遷、肥後にもあり。山村—山城人。山口—常陸人。吉武—大和国宇智郡吉武名より起る、豊後国国崎郡に遷）、狛首（録・右京）。古衆連（もと狛氏）や山城国相楽郡の狛部宿祢も同族か。

　山城国の乙訓郡・大原野神社神主や葛野郡・松尾神社の宮仕の中沢氏は、狛宿祢姓といい、同国相楽郡の狛氏の流れか。

●その他……王族出自とみられるものをあげると、
　難波連（録・右京。好太王の後裔、雄略朝に遠祖徳来が投化、もと谷那氏）、難波朝臣、難波薬師（以上の同族は、徳来の五世孫医慧日の後裔）、島木史（島岐史。録・右京。能祁王後裔）、高井造（録・山城。汝安祁王後裔）、狛染部（録・河内未定雑姓。須牟祁王後裔）、狛人（録・河内未定雑姓。須牟祁王後裔）、直道宿祢（同上の改姓）。

　高史（録・左京。元羅郡杵王後裔）、河内民首（録・左京。安劉王後裔）、黄文連（黄書連。録・山城。久斯祁王後裔）、黄文造（同上族）、黄文画師、鋺師公（録・未定雑姓大和。宝輪王の後という）。

(2)伊梨須使主淵盖須及びその親族の後裔……淵盖蘇文と同族であり、伊梨須使主は斉明二年に投化した。淵蓋（泉蓋、また蓋〔盖〕、淵、泉）は「伊梨」と同じで、この氏は遙かに遠い先祖を檀君として、新羅王家の昔氏と所伝を同じくした。高句麗王家とも同祖か。

日置造（録・左京、右京、大和、摂津）、栄井宿祢（録・大和）、鳥井宿祢（録・大和）、吉井宿祢（録・大和）、和造（録・大和）、日置宿祢（安川―近江人。倉谷―紀伊国那賀郡人。花岡、中次―周防人、周防在庁の日置宿祢は出雲氏族出自の可能性あり）、三統宿祢（北川―近江国蒲生郡人）、島木（録・河内）、八坂造（録・山城。山本、建内〔竹内〕―京の祇園社神主家。堀田―尾張国津島の牛頭天王祠官、この一族より武家華族堀田氏が出る、称紀朝臣姓。矢田―同国春日井郡人で堀田一族）、八坂馬養造、日置倉人（録・大和）、長丘連（賓難氏及び蓋氏に賜姓）。

(3)その他の高句麗系……王族系もかなり混ると思われるが、判別が困難である。高句麗の五部は、内部と東部（盖）、西部（解、黒歯）、南部（多）、北部（高）から構成され、このうち内部は王族であって上部（次酒、王、己婁）、中部（乙、木劦）、下部（卦婁、孫、汶休）、前部（解、鼻利、曰佐）、後部（高）から成り立つという（鈴木真年著『朝鮮歴代系図』）。そうすると、以下に掲げる氏も大半が王族の末裔か。

高（録・左京。高助斤及び高金蔵の後裔）、福当連（録・左京。前部能婁後裔の高文信に賜姓）、福当造（録・左京。前部志発後裔）、御笠連（三笠連。録・左京。従五下高庄子後裔）、新城連（録・

左京。高福裕後裔)、男捄連(録・左京。高道士後裔)、浄野造(高牛養に賜姓)、殖槻連(高昌武に賜姓)、清原連(高禄徳に賜姓)。

高田首(録・右京。高麗人多高子使主後裔。高田—近江人)、田村臣(同上族。傍島)、出水連(録・左京。後部能致元の後)、田河造(信濃国筑摩郡の後部牛養等の改姓)、後部薬使主(録・左京)、後部高(録・左京未定雑姓、右京未定雑姓)、大井連(後部高呉野に賜姓)、王(録・左京)、後部王(録・右京)、高里連(後部王安成らに賜姓)、御犬連、御坂連(前部白君及び御犬連らに賜姓)、御坂造(前部安人に賜姓)、柿井造(前部選理らに賜姓)、広篠連(前部虫麻呂に賜姓)、雄坂造(上部君足らに賜姓)、広宗連(東部黒麻呂に賜姓)、広宗宿祢(同上族)、東部宿祢。

豊原連(録・左京が高句麗系で上部王虫麻呂の後、右京が新羅系で壹呂比麻呂の後とする。『続紀』では、天平宝字五年に上部王虫麻呂に賜姓、延暦元年に壹礼比福麻呂らに賜姓と記事)、豊原造(上部王弥夜大理らに賜姓)、豊原宿祢、豊原朝臣(豊—京伶人。高句麗系か新羅系かの判別では、雅楽に高麗楽の比重が強いので高麗系か、ただ本来両者は同族か。小熊〔小胡麻〕—尾張国葉栗郡人で「長秋記」に豊原姓で記すが、太田亮博士は和邇部の流れとしている。武家華族・幕臣の青山氏の一族で、豊原姓を称するものあり)。

島史(録・右京)、神人(録・和泉未定雑姓)、高麗使主、多可連(同上族の改姓)、松川造(出自不明)、高岑宿祢(同上族)、高岑朝臣(同上族)、狛竪部、高麗画師、竪部使主(竪部使主)、豊宗宿祢(以上の四者は同族)、須々岐(もと卦婁氏)、達沙、朝日連(もと達沙氏)、島野連(同上族)、御井(もと信濃国小県郡の高麗氏。三井—甲斐国巨摩郡人、称平姓。信濃国水内郡の三井氏も同族

か）、清岡（もと下部）、狛人、直道宿祢（同上族）、朝治（信濃国人前部貞麻呂が賜姓）、村上造（信濃の前部黒麻呂の一族か）、村上連、篠井（前部秋足らに賜姓）。

Ⅲ　新羅・伽耶系氏族の姓氏及びそれから発生した主な苗字

伽耶出自の氏族も新羅の出と伝えるなど、両地域が混同されることがままあるので、これを一括して記す。

(1)新羅系氏族……新羅の三王家の一族及び支配階層の後裔で、総じてツングース系とみられるが、朴氏・金氏の系譜は二世紀後半より先には遡れず、高句麗・百済の王統との関係も不明である。これらのうち、昔氏一族の天日槍（天日矛）系がわが国で最も繁衍しており、遅れた渡来であるが金氏の流れもあって、平安後期以降に陸奥で繁衍した。

①新羅王家朴氏後裔……新羅初代の王、朴赫居世の系統で、新羅王家が金氏の一氏に固定した後も、朴氏の血脈は貴族として長く続いて金氏王家と通婚し、新羅末期の十世紀前葉には神徳王等三代の王を出した。現代韓国の姓貫人口第二位（韓国経済企画院調査統計局の一九八七年発表で約二七〇万人）の密陽朴氏はこの族裔である。密陽は慶尚南道中央部、洛東江北方に位置し、安羅国のあった咸安の東方近隣で、金海の北方近隣にある。

朴氏は、本朝の神武天皇系統と遠祖が同じという系譜も考えられる。神武の兄・稲飯命にあたるかとみられるのが、赫居世治世の時代に見える重臣の瓠公であり、朴氏の一派の祖と伝える。この系統の姓氏では、

日根造（録・和泉。欽明朝に投化。日根野〔日根〕―和泉人、分れて美濃に遷住、称藤原姓）、新羅・

新良貴（録・右京皇別の新良貴は公姓が脱漏の可能性もあるか。祖先を神武天皇兄弟の稲飯命として、皇別とするのは疑問。天平宝字二年投化）。清住造（もと新良木舎姓、前麻呂等が天平宝字七年に賜姓）、清海造（もと斯藹で、賜姓）も同族か。百済国人後裔という右京人朴弟春は、承和三年に貞宗連姓を賜ったが、これも族裔か。

②同昔氏及びその一族後裔……新羅第四代脱解とその同族の後裔であるが、昔氏は朝鮮半島には僅かだけしか残らなかった。昔氏は鵲が脱解登場に関与したことで、鵲から鳥の字を省いた昔を姓としたといい、脱解はもと倭の多婆那国（周防の佐波地方か）の人と伝える。『姓氏録』に天佐疑利命後裔と称するものも、脱解王の後裔の流れであり、近義首、山田造（ともに録・和泉未定雑姓。応神朝に投化した微伐角汗の後）がある。日根郡に居住した近義首の族裔とみられるものに、近木〔小木〕、神前〔神崎〕、要、馬郡の諸氏がある。式内社の神前神社は江戸期の妙見社につながる（今は脇浜戎大社に合祀）。

同族の天日槍（天日矛、天日桙）の流れは但馬の出石地方に定住したが、嫡統の三宅連は、仁徳天皇時に設置された針間国飾磨御宅の管掌に因む。その後裔の姓氏としては、

多遅麻、三宅連（録・右京、摂津。三宅―京官人、摂津、伊勢に住）、三宅宿祢、三宅朝臣、蝮橘造、蝮椿造、蝮椿宿祢、橘守（録・左京）、椿守、橘連、椿連、橘戸、椿戸（椿―常陸国久慈郡人）、椿戸宿祢（椿部宿祢）、怡土県主、伊都宿祢、糸井部、糸井造（録・大和。上床〔神床〕―但馬国出石郡出石神社社家）、沙麼県主。但馬国出石郡の族裔とみられるのが、同郡菅八幡宮関係の菅・小坂・安良の諸氏で、称源姓。神護景雲三年四月に大伴部を賜姓した上野国甘楽郡人の糸井部・竹田部も

同族か。

筑前の怡土郡託社郷より起る宅蘇吉士は怡土県主の一族とみられ、同国の早良勝、穂波吉士もこの同族か。これらの族裔が豊前国田川郡香春神社祠官の鶴賀〔鶴我〕等か。南北朝期に活躍した備前の児島・三宅の一族は、天日矛の系統の出自ともいうが、これには疑問あり（百済系氏族を参照のこと）。三河田原藩主の三宅氏は、三河古族の衣君末流が実態とみられる。

③**同金氏後裔**……鶏林から出たという金閼智の後裔で、味鄒がこの系統から初めて新羅王（第十三代）となり、その甥で第十七代奈勿王以降は新羅王位を殆ど独占した。遠祖を蘇伐公というが、「蘇」は金（金属、とくに鉄）の意である。

この系統からも僅かで時期も遅いが、来朝した者があった。その姓氏としては宇努連（録・河内未定雑姓。欽明朝に投化）、金氏（持統朝投化の韓奈麻許満の族裔、初め武蔵国埼玉郡に居住し、次に陸奥に遷。金〔今、昆〕―陸奥国気仙郡等に住、美濃国恵那郡にも分る。気仙―気仙郡人。岩井、松川、安江、山目、泉〔和泉〕、今野〔金野、紺野〕、薄衣、米倉、金沢、狼河原、金成―以上は金一族で、陸奥国の磐井・気仙郡等に住。中沢―陸奥国磐井郡人）、海原造（録・右京）、海原連、竹原連（録・河内未定雑姓。摂津神別の竹原同族か。竹原―河内人）、金城史、真城史（同上族。録・山城）、国看連（国見連）。

④**その他**…小橋造（録・河内未定雑姓。多弖使主後裔）、杯作造（録・河内未定雑姓）、広岡造（もと沙良〔沙梁〕氏。広岡―武蔵国豊島郡人）、吉井連（上野国の子午足らに賜姓）、狩高造（もと須布呂比氏）。

(2)伽耶系氏族……任那(加耶)諸国の王家及び支配階層の後裔であるが、なかでは周防に住んだ多々良宿祢姓が中世、大内一族として繁栄した。

①**金官**(**本伽耶、南加羅**)**王家後裔**……金官王家の一族については、新羅による金官国の併合(西暦五三二年)の際、金官最後の王、仇衡王の流れは新羅に残り、重臣の金海金氏として続いた。金海金氏はその後も韓地で繁衍し、現代韓国では姓貫人口の首位を占める(一九八七年の韓国経済企画院発表では、約三七七万人で断然の第一位)。

新羅による伽耶の併合を契機として、欽明朝に投化してきた者もある。これらの流れの姓氏と主な苗字は、次の通り。

大伴造(大部造。録・大和。以下、豊滝宿祢まで同族。金官王家より出て欽明朝に投化)、韓人(辛人。録・摂津)、辛人宿祢、豊津造(録・摂津)、豊津史、豊滝宿祢。

多々良公(録・山城。金官王家より出た琳聖が欽明朝に投化)、多々良宿祢(大内—周防国吉敷郡大内邑より起り、一族が周防国内に繁衍して苗字が多く、大内本宗は後に多々良朝臣姓と称した。右田—防州佐波郡人。陶—防州吉敷郡陶村に起る右田支族で、とくに有勢。宇野、多々良、仁戸田、多、問田、野田、小松原、鷲頭、吉鋪〔吉敷〕、平野〔平埜〕、御郷、鰐石、得地、原、黒川、江木、末武、矢田、田中、由、野上、浅田、玉井、冷泉、小幡、松原、氷上、柿並、高名—以上は周防の大内一族。佐留志—肥前国杵島郡人。益成—肥後国益城郡人。山口—尾張国愛智郡人、武家華族、大内支族が僧となって尾張に来た者の後裔と称するが、系譜に疑問も留保。楊井〔柳井〕—周防国玖珂郡人。大山、小川、矢野、高守、楊田、川上、入野—楊井の同族で玖珂郡人。豊田、中村—長門人。由宇—玖珂郡に起る斯波氏重臣)、牟々礼公(周防国佐波郡住)、荒々公(録・摂津。深江—摂津人）。播磨国飾磨郡の田々利君・私部も多々良公同族か。

②**大加羅**（**大伽耶、高霊**）**王家後裔**……金官（駕洛）とはその始祖伝承を同じくすると伝える大加羅王族の流れからも投化したものがあった。

三田毘登（三田首。賀羅の賀室王〔嘉悉王〕後裔と称）、道田連（録・左京。同祖）。

次の「カラ」を名乗る次の諸氏も、百済国人・新羅国人の後などと称するが、実際には大伽耶同族か。加羅氏（録・未定雑姓右京）、大賀良、賀良姓（共に録・未定雑姓河内）、賀羅造（加羅造。美濃国席田郡領家）、席田君（美濃の同郡人）。天平時の経師に見える加良・辛を名乗る人々も同族か。

大加羅国人の都怒賀阿羅斯止の後裔（任那国主の牟留叱知王後裔）…その又名を于斯岐干阿利叱智干岐、蘇那曷叱智ともいわれ、崇神朝に来朝して垂仁二年に帰国したと伝えるが、その後裔と称する（その間に倭地で所生の子なのか、帰国後の子なのかは不明）。一方、推古廿年紀には百済人味摩之が帰化し、大市首・辟田首の祖となるという伝承を記し、両者の関係は不明。一族は大加羅王家の出の模様である。狭義の「任那」は、日本では金官説が多数のようであるが、韓国では従来から「任那＝高霊」説のほうが有力で、これが是か。

大市首（録・左京）、清水首（録・左京。清水―山城人。大和武士にも清水氏が見え、族裔か）、清水連、辟田首（録・大和。平田―大和人）、三間名公（録・右京未定雑姓。河内未定雑姓の中臣氏族の同名も同族か）、美麻那宿祢、美麻那朝臣、三間名干岐（紀伊国名草郡人。三間名公と同じともいう）。

その他、伽耶関係の後裔では、

葦屋村主（録・和泉。百済人の大根使主後裔と称も、大伽耶族後裔か。村主―摂津、駿河に住。

新宮、中村、鎖是―駿河国安倍郡人、浅間社・大歳御祖社祠官。村主姓かというが、本来和邇氏族か）、村主（録・摂津、和泉。同祖）、陵戸村主（同祖）。陵朝臣も見えるが、族裔か。卓淳氏（伽耶の卓淳国末裔）。

Ⅳ　その他韓地からの渡来系氏族の姓氏及びそれから発生した主な苗字

①古代の渡来系……箕子朝鮮、衛氏朝鮮などの古代渡来系の流れの諸氏。

箕子朝鮮関係では前漢初期の王・箕準のとき、寓客衛満により追われて韓地に走り、子孫は漢恵帝のとき韓王（馬韓）となり、韓氏を号した。その国が滅びると答本山下に居住し答本〔答㒳〕氏となると伝える。衛氏のほうは姫姓、周文王の子の康叔が衛に封じられるに因むといい、魏に殺された衛の懐君の子が衛満と伝え、服属した燕王盧綰が漢高祖に反したとき、朝鮮に奔り、箕子朝鮮国を簒奪したが、この流れも倭地に渡来があった。

麻田連（録・右京。箕準の後裔で、百済滅亡時に投化した達率答本春初の後裔、陽春のとき賜姓。麻田―摂津人）、麻田宿祢、広海造、広海連（録・右京。韓王信裔で、麻田連同族、馬韓王須敬後裔）、中山連（百済人韓遠知に賜姓）。箕子の族裔は朝鮮にも残り、忠清北道の清州韓氏などとなる（現在韓地に伝えられる系図の歴代は後世の偽造であることに留意）。録・未定雑姓の朝明史は高麗の帯方国主、韓法史の後というから、これも同族か。

筆氏（録・右京未定雑姓。朝鮮王衛満の後裔で、推古朝十八年にに高麗王が僧曇徴らとともに墨工を献じたときに渡来）、坂名井（筆氏同族。坂名井―京人）。

②**中世以降の渡来系**については、渡来の契機がいくつかあるも、総じて少ない。王朝変遷では、朝鮮半島の王朝は新羅のあとは、十世紀前葉の王建による高麗、十四世紀後葉の李世桂による李朝（李氏朝鮮）と続くが、これら王族や重臣関係者からは渡来者が殆どない。

高麗の王建の系譜は不明も、黄海道松岳（開城）地方の豪族の出自であり、高句麗の後継と称しており、その場合には、高句麗五部の内部（王族）のうち上部大人の王氏の末流かもしれない。李朝の李世桂の系譜は、中国の李耳（老子）の後の李氏の流れを汲むと称されるが、斯盧の楊山村に起る及梁部（のち中興部）の李氏の系統で、全羅道全州の李氏に出たと称し、一族は高麗時代から北鮮の咸鏡道で活動した。これも、実態は女真族の出かとみる説も多い（世桂の父・子春などの一族がモンゴル名をもった事情もある）。

中世・近世の韓地からの渡来者では、肥前長崎の在住が多い。秀吉の朝鮮出兵を契機に渡来してきたものも、同出兵関係各藩の家中にかなりあり、これらの姓氏苗字は省略する。

【著者】

宝賀　寿男（ほうが・としお）

昭和 21 年（1946）生まれ。東大法卒。大蔵省を経て、弁護士。古代史、古代氏族の研究に取り組み、日本家系図学会会長、家系研究協議会会長などを務める。

著書に『古代氏族系譜集成』（古代氏族研究会、1986 年）、『巨大古墳と古代王統譜』（青垣出版、2005 年）、『「神武東征」の原像』（青垣出版、2006 年）、『神功皇后と天日矛の伝承』（法令出版、2008 年）、『越と出雲の夜明け』（法令出版、2009 年）、『豊臣秀吉の系図学』（桃山堂、2014 年）など、著作・論考が多数。

「古代氏族の研究」シリーズは『和珥氏―中国江南から来た海神族の流れ』（2012 年 3 月刊）、『葛城氏―武内宿祢後裔の宗族』（2012 年 10 月刊）、『阿倍氏―四道将軍の後裔たち』（2013 年 3 月刊）、『大伴氏―列島原住民の流れを汲む名流武門』（2013 年 10 月刊）、『中臣氏―卜占を担った古代占部の後裔』（2014 年 5 月刊）、『息長氏―大王を輩出した鍛冶氏族』（2014 年 11 月刊）、『三輪氏―大物主神の祭祀者』（2015 年 8 月刊）、『物部氏―剣神奉斎の軍事大族』（2016 年 3 月刊）、『吉備氏―桃太郎伝承をもつ地方大族』（2016 年 11 月刊）、『紀氏・平群氏―韓地・征夷で活躍の大族』（2017 年 6 月刊）、『秦氏・漢氏―渡来系の二大雄族』（2017 年 12 月刊）、『尾張氏―后妃輩出の伝承をもつ東海の雄族』（2018 年 6 月刊）、『天皇氏族―天孫族の来た道』（2018 年 12 月刊）、『蘇我氏―権勢を誇った謎多き古代大族』に次いで 15 作目。

古代氏族の研究⑮

百済氏・高麗氏―韓地から渡来の名族

2019 年　12 月 18 日　初版印刷
2020 年　1 月　8 日　初版発行

著　者　宝　賀　寿　男
発行者　靍　井　忠　義

発行所　有限会社　青　垣　出　版
〒 636-0246 奈良県磯城郡田原本町千代３８７の６
電話 0744-34-3838　Fax 0744-47-4625
e-mail　wanokuni@nifty.com

発売元　株式会社　星　雲　社
〒 112-0005 東京都文京区水道１－３－３０
電話 03-3868-3275 Fax 03-3868-6588

印刷所　モリモト印刷株式会社

printed in Japan　ISBN 978-4-434-26972-1

青垣出版の本

「神武東征」の原像〈新装版〉
ISBN978-4-434-23246-6

宝賀 寿男著

神武伝承の合理的解釈。「神話と史実の間」を探究、イワレヒコの実像に迫る。新装版発売

Ａ５判３４０ページ　本体２,０００円

巨大古墳と古代王統譜
ISBN978-4-434-06960-8

宝賀 寿男著

巨大古墳の被葬者が文献に登場していないはずがない。全国各地の巨大古墳の被葬者を徹底解明。

四六判３１２ページ　本体１,９００円

奈良を知る

日本書紀の山辺道（やまのへのみち）
ISBN978-4-434-13771-6

靍井 忠義著

纒向、三輪、布留…。初期ヤマト王権発祥の地の神話と考古学。

四六判１６８ページ　本体１，２００円

奈良を知る

日本書紀の飛鳥
ISBN978-4-434-15561-1

靍井 忠義著

６・７世紀の古代史の舞台は飛鳥にあった。飛鳥ガイド本の決定版。

四六判２８４ページ　本体１，６００円

日本書紀を歩く①

悲劇の皇子たち
ISBN978-4-434-23814-7

靍井 忠義著

皇位継承争い。謀反の疑いー。非業の死を遂げた皇子たち 22 人の列伝。

四六判１６８ページ　本体１，２００円

日本書紀を歩く②

葛城の神話と考古学
ISBN978-4-434-24501-5

靍井 忠義著

葛城は古代史に満ちている。最高格式の名神大社が７社もある。遺跡に満ちている。謎に満ちている。

四六判１６５ページ　本体１，２００円

日本書紀を歩く③

大王権の磐余
ISBN978-4-434-25725-4

靍井 忠義著

多くの大王（天皇）たちが王宮を営んだ。海石榴市（つばきいち）は上ツ道と横大路と寺川が交差するこの磐余にあった？

四六判１６５ページ　本体１，２００円

青垣出版の本

宝賀 寿男著　古代氏族の研究シリーズ